杭州市电子商务发展报告

HANGZHOUSHI DIANZI SHANGWU FAZHAN BAOGAO

2015

杭州市商务委员会◎主编

中国财富出版社

图书在版编目（CIP）数据

杭州市电子商务发展报告.2015／杭州市商务委员会主编.—北京：中国财富出版社，2016.7

ISBN 978-7-5047-6184-2

Ⅰ.①杭…　Ⅱ.①杭…　Ⅲ.①电子商务—研究报告—杭州市—2015　Ⅳ.①F724.6

中国版本图书馆 CIP 数据核字（2016）第 142601 号

策划编辑 禹 冰	**责任编辑** 禹 冰	
责任印制 何崇杭	**责任校对** 梁 凡	**责任发行** 斯 琴

出版发行	中国财富出版社
社　　址	北京市丰台区南四环西路 188 号 5 区 20 楼　　**邮政编码**　100070
电　　话	010-52227568（发行部）　　010-52227588 转 307（总编室）
	010-68589540（读者服务部）　　010-52227588 转 305（质检部）
网　　址	http://www.cfpress.com.cn
经　　销	新华书店
印　　刷	北京京都六环印刷厂
书　　号	ISBN 978-7-5047-6184-2/F·2613
开　　本	787mm×1092mm　1/16　　**版　　次**　2016 年 7 月第 1 版
印　　张	12.5　　　　　　　　　　　**印　　次**　2016 年 7 月第 1 次印刷
字　　数	274 千字　　　　　　　　　　**定　　价**　60.00 元

杭州市电子商务发展报告 （2015）

编委会

主　　　编	杭州市商务委员会
执 行 主 编	刘晓明
副 　主 　编	郑永标
执行副主编	许　新　　胡新平　　王智海　　蒋长兵
编　　　委	孙　凡　　杨统昆　　朱红武　　麻晓筠
	山　琳　　李信赢　　穆　楠　　韩莉君
	施凌芸　　许翀寰　　陈庭贵　　毛超群
	刘东升　　张皓南
支 持 单 位	杭州市电子商务促进会

序　言

　　2015 年是中国电子商务发展"十二五"收官之年，又是"十三五"的谋划之年。随着"一带一路"、"互联网＋"行动计划、"大众创业·万众创新"、跨境电商综合试验区等国家战略的实施，电子商务已经成为经济发展的新引擎、产业转型的新业态、对外开放的新窗口。2015 年中国电商市场规模正式超越美国，成为全球第一大电商市场，几年的风雨兼程和探索发展使我国电子商务的发展规模和取得的成就令世界瞩目。

　　杭州是国际著名的风景旅游城市、长江三角洲南翼中心城市，人间天堂、风景如画是它所散发的人文和气质，电商之都、创新之城是它所表达的精神和魅力，作为中国电子商务之都和阿里巴巴的诞生地，杭州见证了电商产业在世界的发展、辉煌和创新。2015 年杭州深入贯彻落实"一号工程"，以建设国际电子商务中心为目标，不断夯实电子商务发展基础，作为国务院批复的首个中国跨境电子商务综合试验区，在跨境电商制度、管理和服务上不断开拓创新、先试先行；梦想小镇、跨贸小镇、云栖小镇的快速崛起也为无数创客搭建了梦想的舞台，营造了浓厚的创业氛围，小镇经济撬动了转型的大格局，杭州电子商务的全球辐射力和影响力不断提升。2016 年即将举办的 G20（20 国集团）峰会和 2022 年举办的亚运会，使杭州拥有了面向世界更宽广的视野，朝着"成为全球区域电子商务投资合作便利、产融创新突出、服务体系健全、营销环境规范且最具创新竞争力的国际电子商务中心"继续努力。

　　由杭州市商务委员会（杭州市粮食局）、杭州市电子商务促进会组织专家编写的《杭州市电子商务发展报告（2015）》的出版发行为其他城市电子商务的发展提供了相应的理论参考和决策建议，也为广大电子商务从业者、电子商务科研工作者、电子商务爱好者学习研究电子商务提供了必要的参考用书。相信本书将为企业与社会公众了解杭州电子商务发展和应用电商提供更好的理论依据。

杭州市商务委员会主任

二〇一六年六月

前　言

　　2015 年以来，杭州市紧紧围绕建设"国际电子商务中心"的目标，认真贯彻落实《关于加快发展信息经济的若干意见》（市委〔2014〕6 号）精神，深入实施"一号工程"，稳步推进中国（杭州）跨境电子商务综合试验区和国家自主创新示范区建设，杭州市电子商务产业继续高速增长，电子商务已融入文化、旅游、金融、医疗、生活服务等相关领域，发展态势迅猛。

　　从国家电子商务应用试点城市、国家电子商务应用示范城市、国内唯一的中国电子商务之都、国务院《长三角地区区域规划》明确的全国电子商务中心，到 2015 年确认为中国首个跨境电商综合试验区，杭州电子商务的快速发展，已成为我国信息经济浪潮汹涌来袭的最好见证。

　　鉴于当前杭州电子商务的发展趋势和现状，我们经过充分调研，编写了《杭州市电子商务发展报告（2015）》。本书分为三大部分：第一部分是杭州市电子商务发展整体报告；第二部分是杭州市电子商务发展各领域专题报告；第三部分是杭州市电子商务发展区县市分报告。这三部分比较详细全面地对杭州电子商务发展情况进行了介绍，希望对该领域的研究者以及机构单位提供参考。在报告撰写过程中，得到了杭州市商务委员会刘晓明主任、郑永标副主任，杭州市商务委员会电商处许新、胡新平、孙凡、杨统昆、朱红武、麻晓筠、山琳、李信赢，杭州市电子商务促进会王智海、韩莉君、施凌芸等领导，浙江工商大学蒋长兵教授、刘东升教授、许狮寰副教授、陈庭贵副教授、毛超群（研究生）、穆楠（研究生），中南民族大学张皓南等人不遗余力的支持。感谢杭州市电子商务促进会章剑林、张铁柱、琚春华、方永飞、李聪、沈继荣、陈文武、傅强、寿邹等各位专家的编写建议。由于时间和水平所限，错漏之处恳请读者批评指正。

杭州市商务委员会
杭州市电子商务促进会
二〇一六年六月

目　录

第三部分 杭州市电子商务发展区县市分报告

第一部分

杭州市电子商务发展整体报告

1　杭州市电子商务发展概况

杭州市是国家"九五"电子商务应用试点城市，国家"十五"电子商务应用示范城市以及国家信息化试点城市，也是目前唯一的"中国电子商务之都"。杭州市电子商务的建设与应用起步早、发展快、领域广、人才聚集度高，特别是近几年的快速发展，已经在全国乃至全球都形成了广泛的影响，电子商务成为杭州市名副其实的重点发展领域。2015 年以来，杭州市紧紧围绕建设"国际电子商务中心"的目标，认真贯彻落实《关于加快发展信息经济的若干意见》（市委〔2014〕6 号）精神，深入实施"一号工程"，稳步推进中国（杭州）跨境电子商务综合试验区和国家自主创新示范区建设，杭州市电子商务产业继续高速增长，电子商务已融入文化、旅游、金融、医疗、生活服务等相关领域，发展态势迅猛。

1.1　杭州市电子商务发展历程

随着经济全球化、社会知识化、信息网络化、文化多元化的快速发展，杭州市的电子商务经历了"由无到有、由小到大、由大到强"的发展道路。

在整个发展历程中，杭州以 B2B[①] 信息服务模式为主的电子商务建设国内领先，并与传统产业紧密结合，取得了良好的经济效益和社会效益。一批商贸、工业等大型企业以企业内部供应链为基础，加快发展 B2B 电子商务。大企业供应链与 B2B 电子商务结合的经济模式，已经在杭州形成并走向成熟。杭州市大中型企业 80% 以上建立了计算机管理和应用信息系统，注册域名数和网络用户数居全国前列。近年来，杭州市通过试点和示范，大力推广 CAD/CAM（计算机辅助设计）、ERP（企业资源计划）、CRM（客户关系管理）、SCM（供应链管理）等先进信息技术在企业生产、经营和决策等领域的应用，促进了企业和产品竞争力的提高。

杭州市面向城市百姓生活的电子商务网在国内独具特色，社区电子化服务水平得到快速发展，涌现出祐康电子商务公司、杭州网上商城、杭州粮网、三替购物网等一大批 B2C[②] 电子商务企业。他们以销售居民日常消费品为主，具有信息资讯、商品交

---

① B2B：企业与企业之间通过专用网络进行数据信息的交换、传递、开展交易活动的商业模式。
② B2C：企业对消费者的电子商务模式。

易、客户服务、物流管理和会员社区平台的功能，电子商务的开展不仅仅依赖于 Web 形式，还同时借助客户服务呼叫中心等多种媒介。

随着政府信息化建设与应用的不断推进，政府网上采购、报税、报关、年检等业务相继推出，并取得较好的成效。在杭州国税系统中，90% 以上的纳税人通过自助电子税务系统或电话报税系统实行远程申报和缴纳税款。

2000 年 8 月，杭州市被列为国家信息化试点城市，同时，杭州市作为国家"九五"电子商务应用试点城市和"十五"国家电子商务应用示范城市，先后完成了基于城市信息化和旅游电子商务为主要内容的城市流通领域电子商务试点工程和现代物流电子商务示范工程。

2004—2008 年，杭州市已经连续五年被美国《福布斯》杂志评选为中国大陆最佳商业城市第一名，被世界银行评为中国城市投资环境"金牌城市"，被联合国评为"最佳人居奖"，被世界康乐组织评为"国际花园城市"。

2008 年 3 月，由《电子商务世界》杂志主办的"第三届中小企业电子商务应用发展大会"在杭州召开，入选 2007 年中国行业电子商务网站 TOP 100 的杭州企业共有 31 家。

2008 年 5 月 29 日，中国电子商务协会正式复函杭州市政府，决定授予杭州市"中国电子商务之都"称号。近年来，电子商务在城市经济转型升级中，起到了越来越重要的作用。杭州市在该产业已覆盖一、二、三全产业领域，渗透到电子商务的仓储、物流、快递、信息服务外包、商业模式创新等各个环节，形成了较为完备的产业链。电子商务的普及应用和服务水平处于国内前列。在"中国电子商务之都"的基础上，杭州市全力打造"全球电子商务之都"和"互联网经济强市"。

2009 年 9 月，由杭州市贸易局、共青团杭州市委、杭州市电子商务协会联合举办的"2009 年杭州市推进电子商务进校园——网上购物节"，是杭州市"1 + 9"购物节和大学生贸易节的重要组成部分，进一步推进了杭州市电子商务 B2C 的发展，引导大学生充分利用知识和网络，开展网上创业实践。同时，在新生报到期间，通过网上商城的促销活动，使大学生在网上能够买到价廉物美的商品，促进学生网上消费，都具有十分重要的意义。

2010 年，杭州电子商务产业园正式开园，总占地面积 28 亩，建筑面积约 6 万平方米，配套拥有报告厅、商务会议室、健身中心、党员活动中心、小型图书馆、员工餐厅、便利超市、地下车库等公共设施。杭州电子商务产业园作为国内最早成立的专业电子商务园区之一，集聚了品牌电商、代运营、第三方平台、电商培训、信息软件、物联网、移动互联网等电子商务相关企业，构建了良好的电子商务生态圈。杭州电子商务产业园以打造国家级电子商务示范园区、国家级科技企业孵化器为宗旨，在主园成功建设的基础上，以"一园多点"模式开拓分园，并进军跨境电商，打造杭州电子商务产业网络园区，为更多的电商企业、科技企业，以及其他国内相关企业开拓海外市场、高科技项目投融资对接进行全面服务。

2011 年 11 月杭州被国家发展和改革委、商务部、财政部等八部委列为全国首批 21 个国家电子商务示范城市之一，引领产业快速发展，电子商务实现服务收入 181.01 亿元，同比增长 63.9%；实现增加值 126.79 亿元，增长 47.2%。

2012 年 8 月，杭州市成为首批跨境贸易电子商务试点城市。为切实做好杭州市跨境贸易电子商务服务试点工作，率先发展跨境贸易电子商务，探索和规范电子商务管理，进一步加快推进杭州"中国电子商务中心"建设，促进电子商务健康快速发展，杭州市政府制定了《跨境贸易电子商务服务试点实施方案》。利用杭州市的现有产业平台与资源优势，探索制定跨境电子商务综合服务体系，以及跨境电子商务进出口所涉及的在线通关、检验检疫、退税、结汇等基础信息标准和接口规范，实现海关、国检、国税、外管等部门与电子商务企业、物流配套企业之间的标准化信息流通，率先形成跨境贸易电子商务产业集聚区。

2013 年 5 月，根据国务院和各部委的文件精神以及《杭州市创建国家电子商务示范城市工作方案》的要求，结合《杭州市"十二五"电子商务发展规划》，出台了《杭州市人民政府关于进一步加快电子商务发展的若干意见》，包括 8 个方面共 29 条，从宏观层面对杭州整个电商发展进行了全面的指导，围绕电商产业所涉及的各个环节提出了针对性的意见。确立了杭州市进一步加快电商发展的基本原则，是后续政策的精神之依，进而为电商健康快速发展创造良好环境，为杭州电商大发展奠定基础格局，也为已经或者即将"触电"的企业打了一针定心剂。国家电子商务产品监测中心落户杭州。武林商圈获"中国最具竞争力中央商务区"称号。

2014 年 9 月，阿里巴巴集团在纽约证券交易所正式挂牌，IPO① 融资额达到 250.3 亿美元，开盘总市值 2383 亿美元。资金规模超过了 Facebook②、亚马逊和 eBay（易贝网），也超过了腾讯和百度的总和，成为仅次于谷歌的全球第二大互联网公司。2014 年的"双 11"，淘宝销售额突破 571 亿元，产生 2.78 亿个包裹。以阿里巴巴成功上市为标志的平台发展增强了杭州在国际电子商务领域的影响力，带动了新一轮电商经济的发展。

2015 年 3 月 7 日，国务院国函〔2015〕44 号批复，同意设立中国（杭州）跨境电子商务综合试验区，明确提出要以深化改革、扩大开放为动力，着力在跨境电子商务交易、支付、物流、通关、退税、结汇等各环节的技术标准、业务流程、监管模式和信息化建设等方面先行先试，通过制度创新、管理创新、服务创新和协同发展，破解跨境电子商务发展中的深层次矛盾和体制性难题，打造跨境电子商务完整的产业链和生态链，逐步形成一套适应和引领全球跨境电子商务发展的管理制度和规则，为推动我国跨境电子商务的发展提供可复制、可推广的经验。

---

① IPO：首次公开募股。
② Facebook 是美国的一个社交网络服务网站。

1.2 杭州市电子商务发展概况

1.2.1 电商产业规模持续扩大

1. 从整体数据来看，杭州电商产业在全省乃至全国继续保持领先优势

从国家电子商务应用试点城市、国家电子商务应用示范城市、国内唯一的中国电子商务之都、国务院《长三角地区区域规划》明确的全国电子商务中心，到2015年被确认为中国首个跨境电商综合试验区，杭州电子商务的快速发展，已成为我国信息经济浪潮汹涌来袭的最好见证。在"互联网＋"上升为国家重大战略的新时期，杭州将信息经济"一号工程"确立为主攻方向，其核心正是以电子商务为代表的新经济。当前，杭州以跨境电子商务综合试验区和"电商换市"工程为核心载体，努力营造电子商务创新发展新环境，加快建设具有杭州特色的国际电子商务中心。

2015年，浙江省网络零售总额7267.0亿元，同比增长48.4%，规模排名全国第2位，仅次于广东省（见表1-1）。根据中华全国商业信息中心发布的"2015年度中国网络零售百强城市榜单"，浙江省11个地市除舟山市外，其他10个地市全部入围百强，其中杭州全国排名第1；根据阿里研究院发布的"2015年中国大众电商创业最活跃的50个城市"排行榜，浙江省9个城市入选，其中金华排名第2，杭州排名第4（见表1-2）。

表1-1　　　　　　2015年网络零售交易额前十名省/直辖市排名

排名	省/直辖市	交易额（亿元）	同比增长（%）
1	广东省	8567.2	29.7
2	浙江省	7267.0	48.4
3	北京市	7024.3	63.6
4	上海市	4904.0	41.1
5	江苏省	2832.0	45.3
6	福建省	1342.8	37.9
7	山东省	933.8	26.8
8	湖北省	647.2	43.8
9	河南省	468.0	42.5
10	四川省	451.0	25.7

资料来源：中华全国商业信息中心。

表1-2 2015年度浙江省各地市各类排行榜

城市	各市GDP排名（省内排名）①	全国网络零售100强城市排名②	全国大众电商创业最活跃的50个城市排名③	全国GDP100强城市排名④
杭州市	1	1	4	10
宁波市	2	11	18	16
温州市	3	10	7	35
嘉兴市	6	12	8	50
湖州市	8	30	15	94
绍兴市	4	26	22	36
金华市	7	6	2	54
衢州市	9	67	—	—
舟山市	11	—	—	—
台州市	5	17	10	48
丽水市	10	50	30	—

资料来源：①浙江省统计局；②中华全国商业信息中心；③阿里研究院；④国家统计局。

经过多年的发展和沉淀，杭州市以电子商务为代表的信息产业呈现爆炸式增长，增长速度和产业影响力均位于国内领先水平，在云计算、大数据、电子支付、快递等领域，优质电商企业持续涌现，具有物种多样性的电子商务生态系统正逐步形成。

2. 从年度数据来看，杭州电商产业继续保持高速增长

据浙江省商务厅网络消费数据显示，2015年杭州市电子商务增加值达826.54亿元，同比增长34.5%，占全省（2347.5亿元）的35.21%，占全国（11962亿元）的6.91%，占杭州市GDP（国内生产总值）比重达8.22%，与杭州市社零之比达57.05%，如图1-1所示。2015年杭州市网络零售2679.83亿元，占全省（7610.62亿元）的35.21%，同比增长42.57%；全年实现居民消费额1119.1亿元，占全省（4012.34亿元）的27.89%，同比增长38.23%；实现网络零售顺差1560.73亿元，占全省（3598.28亿元）的43.37%，网络零售、居民网络消费和网络零售顺差三项主要指标均稳居全省首位（见表1-3）。

自2015年8月浙江省商务厅首次发布县（市、区）网络零售数据以来，杭州市西湖区、江干区连续5个月位居全省前三甲；萧山区、余杭区、滨江区、拱墅区、下城区连续5个月入围全省前十名；在排名前十的县（市、区）中，杭州市占据了70%。2015年杭州市有7个区县市网络零售进入杭州市前十名，其中西湖、江干区仅次于义乌市位居全省第二和第三，萧山区、余杭区、滨江区、拱墅区、下城区也入围前十名，如表1-4所示，杭州市网络零售无论是占比还是增速都远超过同期GDP表现，由此可见网络零售是杭州市保持GDP高速增长的新引擎。

占全省比重　　　　　占全国比重　　　　与杭州市GDP之比　　　与杭州市社零之比

图1-1　杭州市电子商务增加值的各类占比

资料来源：浙江省商务厅。

表1-3　　　　　　浙江省2015年各地市网络零售和居民网络消费基本情况

地市	网络零售（亿元）	占比（%）	同比增长（%）	居民网络消费（亿元）	占比（%）	同比增长（%）	顺差（亿元）
全省	7610.62	100.00	49.89	4012.34	100.00	39.63	3598.28
杭州	2679.83	35.21	42.57	1119.1	27.89	38.23	1560.73
宁波	703.94	9.25	59.72	586.86	14.63	33.53	117.09
温州	893.55	11.74	50.32	568.39	14.17	44.05	325.16
嘉兴	835.6	10.98	36.76	311.51	7.76	30.03	524.09
湖州	223.57	2.94	83.99	163.43	4.07	54.70	60.14
绍兴	235.44	3.09	58.58	288.8	7.20	49.80	-53.36
金华	1344	17.66	58.43	394.91	9.84	34.15	949.09
衢州	66.88	0.88	90.15	76.43	1.90	51.12	-9.55
舟山	12.01	0.0016	0.8954	80.33	0.02	0.5108	-68.32
台州	494.37	6.50	45.73	321.65	8.02	41.43	172.72
丽水	121.43	1.60	76.00	100.94	2.52	45.93	20.49

资料来源：浙江省商务厅。

表1-4　　　　　　杭州市2015年各区、县、市网络零售基本情况　　　　（单位：亿元）

序号	县（市、区）	网络零售
1	上城区	121.20
2	下城区	173.22
3	江干区	473.45
4	拱墅区	228.28
5	西湖区	554.45
6	滨江区	312.60

续　表

序号	县（市、区）	网络零售
7	萧山区	356.26
8	余杭区	332.02
9	桐庐县	26.18
10	淳安县	15.82
11	建德市	15.97
12	富阳市	41.32
13	临安市	29.06

资料来源：浙江省商务厅。

杭州市在重点监测第三方电子商务平台上共有活跃网络零售网店 26.23 万家，活跃网络零售网店数在全省排名第一。以天猫为例，杭州市活跃天猫网店 7400 家，活跃网店占比 74.07%。活跃天猫网店中旗舰店、专营店、专卖店分别为 6167 家、1856 家、938 家，旗舰店占比达到 68.82%，各区、县、市天猫网店数量基本情况如表 1-5 所示。

表 1-5　　　杭州市 2015 年各区、县、市天猫网店数量基本情况

县（市、区）	活跃天猫网店数量（家）	活跃天猫网店占比（%）	杭州市排名
西湖区	1250	78.62	1
江干区	1126	76.86	2
萧山区	880	79.35	3
余杭区	806	78.86	4
滨江区	733	78.90	5
拱墅区	665	77.87	6
下城区	453	70.45	7
上城区	317	76.39	8
富阳市	118	79.19	9
桐庐县	97	68.79	10
临安市	88	76.18	11
建德市	55	80.88	12
淳安县	48	64.00	13

资料来源：浙江省商务厅。

从从业人员数据来看，杭州市电子商务氛围浓厚，电子商务成为"大众创业、万众创新"的新引擎，杭州市约有1/3以上的创新创业项目集中在电子商务相关领域。电子商务人才发展迅速，直接解决就业岗位66.41万~69.62万个，间接带动就业岗位181.98万~190.79万个。具体数据如表1-6所示。

表1-6	杭州市 2015 年各区、县、市电商从业人员数		单位：万人
县（市、区）	直接从业人员	间接从业人员	合计
西湖区	12.09	33.14	45.23
江干区	11.93	32.65	44.58
萧山区	8.68	23.78	32.46
余杭区	7.56	20.72	28.28
滨江区	7.47	20.41	27.88
拱墅区	5.85	16.03	21.88
下城区	4.51	12.35	16.86
上城区	3.12	8.55	11.67
富阳市	0.97	2.67	3.64
桐庐县	0.78	2.13	2.91
临安市	0.69	1.89	2.58
建德市	0.46	1.27	1.73
淳安县	0.40	1.10	1.50

资料来源：浙江省商务厅。

1.2.2 跨境电子商务稳步拓展

2015年3月12日，国务院发布同意设立"中国（杭州）跨境电子商务综合试验区"的批复，杭州成为首个国家战略层面的跨境电商综试区。综试区获批以来，国务院常务会议多次研究跨境电子商务发展工作，相继出台《关于促进跨境电子商务健康快速发展的指导意见》等系列政策文件，强调要大力支持中国（杭州）跨境电子商务综合试验区建设，用"互联网＋外贸"实现优进优出。2015年10月9日，汪洋副总理再次到杭州综试区视察调研，充分肯定综试区建设取得的成绩，给予了"士别三日当刮目相看"的高度评价，认为综试区真正站在全局高度进行跨境电子商务顶层设计，真正履行了试验者的责任，已经形成了一些可复制、可推广的宝贵经验。

1. 争取支持，先行先试政策落地顺利

国家有关部委及省有关部门对综试区建设给予大力支持，出台了一系列创新举措。杭州海关积极向海关总署争取，制定出台《中国（杭州）跨境电子商务综合试验区海关监管方案》，建立跨境电子商务 B2C 和 B2B①监管模式和通关作业流程，便利跨境电子商务进出境商品高效通关。省市检验检疫局积极向质检总局争取，率先出台支持中国（杭州）跨境电子商务综合试验区发展的 16 条政策；确立跨境电子商务进出口产品检验检疫监管模式；支持综试区生鲜、水果、肉类指定口岸建设。海关和检验检疫部门加强合作，实现"一次申报、一次查验、一次放行"。国家外汇管理局浙江省分局在积极服务跨境 B2C 发展基础上，争取国家外汇管理局同意在综试区试行促进跨境电子商务便利化的八条新政，重点支持综试区跨境 B2B 发展。省市国税局深入研究税收政策，积极争取财政部和国税总局支持，对跨境电子商务零售出口货物实行一定条件下的"无票免税"政策；提升跨境电商企业出口退税管理类别；推行出口退税"无纸化管理"，提高退税效率。市市场监管局率先制定出台《杭州市网络交易管理暂行办法》，探索建立"网上消费纠纷仲裁庭"，积极争取国家工商总局出台支持杭州综试区建设若干意见。市质监局发起成立全国电子商务产品质量信息共享联盟，加快建设国家电子商务产品质量监管协作平台和国家质检总局电子商务产品质量风险监测中心及 12365 投诉举报处置指挥中心。

2. 协同推进，"单一窗口"建设初见雏形

"单一窗口"平台是综试区的数据交换枢纽和综合管理服务平台，通过一点接入，实现"关""税""汇""检""商""物""融"数据的互联互通和共享共用。目前已完成所有硬件平台的搭建，以及与海关、国检、国税、公安、工商等监管部门的联调对接和上线测试，B2C 和 B2B 政务服务都已上线运行。"单一窗口"平台以互联网思维为导向，运用大数据手段和负面清单管理制度，通过建立跨境电子商务数字化监管模式，促进政务管理创新，进一步提高监管服务效率，有效解决"部门多头管理""企业多头申报"等难题。同时，通过链接金融、物流、电商平台、外贸综合服务企业等，为跨境电子商务企业和个人提供物流、金融等供应链配套服务，便利企业开展跨境电子商务进出口业务。平台业务运行以来，累计传输的 B2C 出口申报小包超过 6956 万票，交易额超过 29.3 亿元；传输的 B2C 进口申报小包超过 2610 万票，交易额超过 43.9 亿元；传输 B2B 出口业务已达 1950 单。

3. 政企联动，跨境电商产业增长势头良好

综试区建设坚持把"发展跨境电商 B2B"作为重大突破口，推动外贸稳增长促转型。围绕"促进产业发展"，综试区从 2015 年 7 月中旬启动实施"做大做强跨境电商 B2B 专项行动"，集中 3 个月时间，联合阿里巴巴，组织各区、县（市）和开发区，通过上门走访、业务培训、政策解读、企业沙龙等活动，引导传统外贸和生产型企业上线经营，增强开展线上交易的能力，帮助传统企业实现电商化、在线化、直接化，通过创新"互联网＋跨境贸易＋中国制造"商业模式，重构企业的生产链、贸易链、价

---

① B2B：企业与企业之间通过网络进行数据信息的交换、传递，开展交易活动的商业模式。

值链。跨境电商 B2B 已初步实现了信息发布、交易达成、合同签订、支付报关、结汇退税全链条在线化，形成了跨境电子商务交易的完整闭环。专项行动共对接走访和培训传统外贸企业和制造类企业 5500 家，目前仅在阿里巴巴国际站上经营的杭州企业数超过 3500 家，新增有实绩的企业 1534 家，为企业加快转型升级提供了一条切实可行的路径。2015 年，杭州实现跨境电子商务出口 22.73 亿美元，进口 11.91 亿美元，培育企业上线 2633 家，拉动杭州外贸出口增长 5.4 个百分点。

4. 科学布局，跨境电商生态圈逐渐完善

制订出台综试区跨境电子商务产业发展和空间布局规划，加快完善园区综合配套服务和生态系统，着力构建完整的产业链和生态圈，为跨境电子商务创造更多便利条件。下城、下沙、空港、临安、江干、萧山、余杭、富阳、邮政速递九大园区错位发展、各显优势、协同并进。围绕打造更有活力的跨境电商生态圈，综试区广泛集聚企业、人才、资金等要素，大力推进金融服务和智能物流体系建设，积极支持外贸综合服务企业发展，不断完善综合配套服务，敦煌网、大龙网、京东跨悦等一大批跨境电商龙头企业纷纷落户，企业集聚效应日渐显现，综试区已经成为"大众创业、万众创新"的热点领域和良好示范。初步统计，综试区集聚了包括天猫国际、苏宁易购等 40 个平台电商、44 家垂直电商、40 家电商服务企业，已经初步形成了跨境产业集群。

5. 统筹发展，基础工作扎实推进

在加快完善跨境电商产业链和生态圈的同时，综试区注重统筹发展、综合施策，加快专业人才培养，培育发展中介组织，制定出台扶持政策，充分发挥市场主体作用，加快推进跨境电子商务健康快速发展。一是加快人才培养。制定实施《综合试验区人才培训计划》，推动部分在杭高校开设跨境电子商务专业和课程，为跨境电商发展提供人才支撑。二是发挥中介组织作用。成立杭州跨境电子商务协会，促进行业转型升级、研讨交流和宣传推广，保护会员企业合法权益。建立跨境电子商务综合试验区研究院，开展决策咨询、学术研究、人才培养和品牌传播活动。三是建立统计监测体系。在海关、统计部门的大力支持下，以申报清单、平台数据为依据，建立起跨境电子商务统计监测体系。

1.2.3 农村电子商务迅猛发展

2015 年浙江省建成 280 个淘宝村①（全国排第一，见表 1-7），其中杭州市拥有 29 个淘宝村（全国排第九，见表 1-8）、5 个淘宝镇，淘宝村和淘宝镇分布如表 1-9 所

---

① 淘宝村与淘宝镇的定义："淘宝村"是大量网商聚集在某个村落，以淘宝为主要交易平台，以淘宝电商生态系统为依托，形成规模和协同效应的网络商业群聚现象。淘宝村的认定标准主要包括以下三条原则：经营场所在农村地区，以行政村为单元；电子商务每年交易额达到 1000 万元以上；本村活跃网店数量达到 100 家以上，或活跃网店数量达到当地家庭户数的 10% 以上。一个镇、乡或街道符合淘宝村标准的行政村大于或等于 3 个，即为"淘宝镇"。这是在淘宝村的基础上发展起来的一种更高层次的农村电子商务生态现象。

示。杭州市累计建成农村电商县级区域服务中心 11 个，村级服务点 1973 个，杭州市桐庐县已实现了农村淘宝项目县域全覆盖，杭州市实现农产品网络销售额达 60 亿元以上。创建年电商销售额千万元以上的电子商务村 34 个。

表 1-7　　　　　　2015 年全国各省、市、区已发现的淘宝村数量　　　　单位：个

排序	省、市、区	淘宝村数量	排序	省市区	淘宝村数量
1	浙江	280	10	天津	3
2	广东	157	11	四川	2
3	江苏	127	12	云南	2
4	福建	71	13	北京	1
5	山东	64	14	湖北	1
6	河北	59	15	吉林	1
7	河南	4	16	辽宁	1
8	湖南	3	17	宁夏	1
9	江西	3			

资料来源：阿里研究院。

表 1-8　　　　　　　　2015 年全国淘宝村数量前十名的地级市

排序	城市	省份	淘宝村数量（个）
1	金华	浙江	56
2	温州	浙江	56
3	泉州	福建	47
4	汕头	广东	44
5	台州	浙江	43
6	广州	广东	38
7	菏泽	山东	35
8	佛山	广东	30
9	杭州	浙江	29
10	嘉兴	浙江	27
11	苏州	江苏	27

资料来源：阿里研究院。

表 1-9 2015 年杭州市淘宝村和淘宝镇分布

区/县/市	镇/街道	村	合计（个）
西湖区	西湖街道	梅家坞村	1
萧山区	瓜沥镇	永联村	6
	南阳街道	横蓬村	
	闻堰镇*	黄山村	
	闻堰镇	山河村	
	闻堰镇	长安村	
	益农镇	众力村	
余杭区	瓶窑镇	凤都村	2
	瓶窑镇	彭公村	
桐庐县	分水镇	东溪村	3
	横村镇	方埠村	
	横村镇	横村	
建德市	杨村桥镇	杨村	1
富阳市	富春街道	春华村	2
	富春街道	秋丰村	
临安市	昌化镇*	白牛村	14
	昌化镇	后营村	
	昌化镇	西街村	
	岛石镇*	岛石村	
	岛石镇	江川村	
	岛石镇	仁里村	
	锦北街道	平山村	
	龙岗镇*	无他村	
	龙岗镇	新溪新村	
	龙岗镇	兴龙村	
	清凉峰镇*	湖门村	
	清凉峰镇	马啸村	
	清凉峰镇	新都村	
	清凉峰镇	玉屏村	

资料来源：阿里研究院；＊为淘宝镇。

1.2.4 电商人才培养政企合力

为顺应电商发展大趋势，解决电商人才缺口问题，杭州市政府制定并落实了扶持电子商务人才培养的各类政策，加大对电子商务人才培训的财政支持，将进一步完善电子商务发展环境，通过各种渠道的培育构筑电子商务人才高地，培育出更多的"小马云"，制定并落实好扶持电子商务发展的各类政策，加大对电子商务发展的财政支持，营造电子商务创业创新的氛围，优化服务，优先吸引电子商务人才来杭州创业。杭州市商务委发布的《2014年杭州市电子商务发展报告》指出，打牢基础服务、保障电商发展，首先要建立人才体系，应实施电子商务专业人才自主评价工程。

2015年，杭州市组织申报电子商务培训机构和实训基地，通过"电商城市·人才先行"电商巡讲、企业版权知识培训班、农产品电子商务专题培训等多种形式，开展各类电子商务培训752场次，培训人数达到73107人。市区县各级政府部门及电商人才培训企业在电商人才培养上形成合力，主要取得了以下显著成绩。

1. 电商人才培训产业规模初显

作为近几年新兴的产业，电商行业发展迅速，电商人才培训市场应运而生，而杭州作为电子商务之都，占据了电商人才高地，产业规模初显。据估算，目前杭州市电子商务培训机构数量达到200～300家，涌现出淘宝大学、中智汇、时代光华、聚一教育、海课教育等一批知名培训机构。2015年浙江省商务厅发布的首批《浙江省电子商务培训机构名录》共确定115家单位为电子商务培训机构，其中杭州市共有30家。培训机构大多聘请高校讲师或具有实践经验的实战讲师，开设课程基本覆盖各项电子商务活动，如推广、美工、客服、运营、数据和团队管理等，为不同层次的电商从业者提供培训和服务。以阿里巴巴集团旗下的核心教育培训部门淘宝大学为例，截至2014年，经淘宝大学培训的学员已超过500万；经淘宝大学认证的培训合作机构已逾百家；300余家大专院校也与淘宝大学建立了人才对接；由淘宝大学出版的书籍已达11本，公开发行量超30万册，点播课程已经超过4000门。

2. 电商人才培育门类体系基本形成

根据杭州目前的电商培训机构培训体系来看，大多数培训机构将课程分为基础班、中级班、高级班三个层次，分别针对不同水平的电商创业者、从业者，提供有针对性的培训课程和方法。根据培训人员工作经验又可以分为岗前培训和在岗培训。课程涉及的领域覆盖跨境电商、农业电商、外贸电商、移动电商、服务电商，根据服务平台分为淘宝店铺培训、微商培训、县域电商、企业转型培训等。

以淘宝大学为例，培训项目包括：①电商精英班——专业人才打造提升。紧密贴合网商的组织结构和岗位设置，研发系列基础提升课程，面向电商企业一线岗位人员提供操作技能式培训，形成网店美工、网店客服和网店推广三个方向内容，打造核心岗位竞争力；②网商特训营——电商中层成长之道。专门针对电商企业普遍存在的"腰部"力量薄弱、团队管理混乱等问题，深入分析电商的运营模型，挖掘不同岗位的胜任能力，结合经典案例剖析，帮助电商企业打造一支高效、专业的中层管理团队；③网商 MBA（工商管理硕士）——精英网商升级之旅。针对网商高端人士的管理研修班，学员云集淘宝和天猫平台年交易上千万元、知名淘品牌或是类目排名前列的网商企业或品牌商家负责人。通过对阿里集团高级管理层、业内专家、成功网商以及知名培训师等优势资源的整合，以现场授课、圆桌会议、课题答辩、校友会、系列班等多元化学习模式，全力打造最具领导力网商。除了对电商企业从业人员的培训，淘宝大学还开设了传统企业进驻电商总裁班，历经深度企业调研，针对传统企业发展现状及困境，深入挖掘转型痛点，帮助传统企业真正落地电商，实现企业的顺利转型升级。

3. 专业电商人才培育机构影响力日益显现

目前杭州市的电商人才培训机构中，以淘宝大学、中智汇、时代光华等机构较为专业，师资力量强、课程覆盖全、培训效果好、学员人数多，这些机构的影响力日益显现。淘宝大学是阿里巴巴集团旗下核心教育培训部门。淘宝大学以帮助网商成长为己任，历经多年的积累和沉淀，通过分析电商行业脉动，立足网商成长所需，整合阿里集团内外及行业内优势资源，已成为一个线上线下多元化、全方位的电商学习平台，为近 500 万学员提供了电子商务相关的专业知识培训。阿里巴巴对于渴望学习电子商务知识的人来说无疑是一块金字招牌，阿里巴巴各平台更是聚集了无数电商创业、从业者，作为国内规模较大、专业水平较高的培训机构，淘宝大学具有较高的行业影响力。

中智汇是国内领先的在线教育平台和专业电商人才培养服务商，采用人才预定的模式、O2O[①] 的培养方式，致力于电商人才岗位胜任力培养。截至 2014 年年底，中智汇在线教育平台已为 20 多万家电商企业提供培训服务，累计培养电商专业人才 106 万人。同时中智汇已与淘宝、天猫、京东、当当、唯品会等主流电商平台结成战略合作伙伴的关系，为全国近百家县市政府、产业园提供电商人才预定服务。

时代光华杭州公司是浙江本地规模最大的社会培训机构，通过近几年的积累与发展，时代光华已经成为国内课程数量最多、体系最丰富、市场占有率和品牌影响力最大的管理课程产品供应商，近十年来举办各类培训课程、内训课程 3000 余场，被誉为"浙江省管理培训行业首选品牌"。2014 年时代光华杭州公司开始涉足电商培训领域，并打造其自有品牌"步步为赢"，通过培训班、社交圈、发展解决方案等服务，逐渐将培训延伸至更为深入的企业服务环节。

---

① O2O：一种营销模式，是指线上营销、线上购买带动线下经营和线下消费。

1.2.5 电子商务园区量质齐升

根据浙江省商务厅公布的浙江省 2015 年度电子商务产业基地名录，杭州市拥有 40 家电子商务产业基地，数量位列全省第一（全省共 162 家），入园企业 8000 余家，杭州市科技企业孵化器总数 69 家，其中国家级 21 家，孵化总面积 226.78 万平方米，累计孵化企业 8133 家。拥有包括杭州东方电子商务园、杭州北部软件园、西湖区文三街电子信息街三个"国家电子商务示范基地"，中国跨境贸易电子商务产业园等一批省级电子商务示范基地，并呈现出不同的功能定位。一是立足于大中型网商集聚的产业园区，以东方电子商务产业园为典型代表，主要是为淘宝、天猫、京东等平台入驻的卖家提供集聚；二是立足于电子商务创业企业的园区，包括福地创业园、MR.I 电子商务创新基地、梦想小镇等，通过"场地 + 经验 + 团队 + 资金"四位一体的孵化模式，推动创业企业发展；三是立足于物流功能的园区，以 EMS（邮政特快专递服务）、申通等快递企业设立的园区为代表；四是提供一体化供应链解决方案的园区，以杭州储仓快杰物联网创业园为典型代表，提供仓储物流、产品分销、信息系统、渠道运营等服务。

1.2.6 网络基础设施日趋完善

杭州市已建成以电信、移动、联通和华数四大运营商为核心，拥有大容量程控交换、光纤通信、数据通信、卫星通信、无线通信等多种技术手段的立体化现代通信网络，"三网融合"稳步推进，全网综合通信能力在全国名列前茅。2015 年杭州市城域网出口扩容到 3.6T，出口能力增长两倍；互联网宽带用户 295 万户，同比增长 5.29%；城市家庭光网覆盖率达到 96.32%，基本达 100Mbps 宽带接入能力；农村家庭光网覆盖率达到 85%，基本达到 20Mbps 宽带接入能力。完成 2271 个移动通信基站建设，移动电话用户数达到 1726.76 万，同比增长 10.6%，4G 覆盖率达到 95%，4G 用户达 586.9 万户，同比增长 274.78%，如图 1 - 2 所示。整合 i - hangzhou 体验质量，推动滨江无线城市、下城"天网工程"、上城南宋御街无线街区等项目建设，优化无线网络布局，累计室外公共场所 WiFi 免费热点达到 4000 多个，注册用户达 320 余万人。

1.3 杭州市发展电子商务的主要工作举措

1.3.1 先行先试，全面推进综试区建设

一是按照"六体系两平台"总体建设框架（信息共享体系、金融服务体系、智能物流体系、电商信用体系、风险防控体系和统计监测体系，线上"单一窗口"平台和

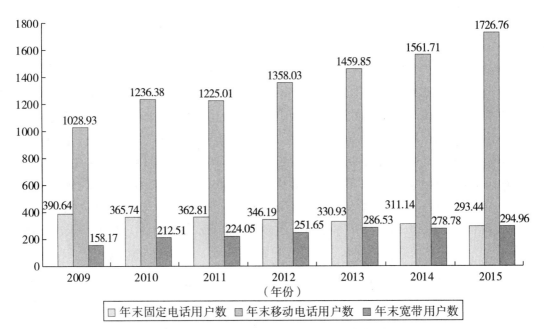

图1-2　杭州市通信基础设施使用用户数量
资料来源：杭州统计信息网。

线下"综合园区"平台），以"单一窗口"平台为核心，提供统一申报入口，实现"一次申报、一次查验、一次放行"。二是积极培育跨境园区。在已建成跨境电子商务产业园下城园区、下沙园区和空港园区的基础上，培育了临安园区、江干园区、萧山园区、余杭园区、富阳园区和邮政速递产业园，从而使杭州市跨境电子商务产业园总数达到9个。三是积极推进企业建立海外仓。杭州全麦电子商务有限公司在俄罗斯莫斯科、日本东京、德国、印度尼西亚雅加达、阿联酋迪拜、马来西亚雪兰莪、泰国曼谷建立的7个海外仓和浙江点库电子商务有限公司在澳大利亚墨尔本建立的1个海外仓，被省商务厅、省财政厅列入省级跨境电商公共海外仓建设试点名单。

1.3.2　扩展深化，电商应用全面提升

一是农村电商发展迅猛。2015年杭州市实现农产品网络销售额达60亿元以上，拥有29个淘宝村，杭州市累计建成农村电商县级区域服务中心11个，村级服务点1973个，杭州市桐庐县已实现了农村淘宝项目县域全覆盖。二是电商开拓市场成效初显。"杭州特色馆"自2014年年底上线以来，已入驻本地卖家504家，累计访问量达6669万次，下单量近150万单，销售额达2.1亿元。"双11"期间，馆内订单量达13.5万，成交额达1046万元。12月29日，以杭派女装为主题的"杭州产业带"正式上线运营，入驻企业近5000家。"临安特色馆""桐庐产业带""临安产业带""建德产业带"均已建成，运营良好。三是社区电商服务网络日臻完善。社区电商服务网络建设，连续两年被杭州市纳入"为民十件实事"范畴，杭州市共计有809个

社区电商智能投递终端通过验收，落实省财政补助资金 500 万元；杭州市累计投入运营智能投递终端 3000 余个，有 86 家快递公司、2 万余快递员经常使用智能快递箱，累计近 3000 万快件通过智能投递箱寄送，已投放的智能投递箱平均使用率达到 50%，节约投递成本约 30%。

1.3.3 探索创新，试点工作有效推进

2014 年 9 月杭州市被确定为全国首批电子商务与物流快递协同发展试点城市。2015 年，杭州市规模以上快递服务企业业务量累计完成 12.57 亿件，同比增长 48.66%；业务收入累计完成 143.75 亿元，同比增长 40.62%。其中，同城业务收入累计完成 19.27 亿元，同比增长 58.63%；异地业务收入累计完成 78.61 亿元，同比增长 36.91%；国际及港澳台业务收入累计完成 14.76 亿元，同比增长 9.06%；其他业务收入累计完成 31.11 亿元，同比增长 62.65%。经向社会公开征集项目，确定了邮政、顺丰、圆通、德邦等 17 家企业的 29 个试点项目，涉及智能投递箱、园区建设、仓配一体化、投递车辆等方面，带动社会投资规模约 43 亿元。在 2015 年 8 月商务部下发的试点工作评估报告中，杭州市综合得分 81 分，位居全国 5 个首批试点城市首位。在杭州市召开的全国试点工作会议上，商务部高度重视杭州市网仓项目和云之涞项目的案例材料，拟向全国推广。据初步统计，自试点工作开展以来，智能投递箱等末端配送设施从鲜为人知到被广泛应用，通过智能快递箱送达的快件占杭州市全部快件的比重由试点前的 2% 迅速增长到现在的 5%；通过社区便利店送达的快件占杭州市快件的比重由试点前的 1% 上升到现在的 2%；仓配一体化的第三方仓储在效率和成本上的优势逐步被电商企业认知，有 3600 余万件快递由分散寄件变集中寄件，降低快递成本 20% 左右。

1.3.4 引领带动，示范创建工作再创佳绩

在示范基地方面，杭州东方电子商务园和杭州北部软件园被商务部评为第二批"国家电子商务示范基地"。在示范企业方面，浙江珍诚医药在线股份有限公司、阿里巴巴（中国）有限公司、杭州卷瓜网络有限公司、浙江英特药业有限责任公司、杭州熙浪信息技术股份有限公司 5 家企业获评"2015—2016 年度全国电子商务示范企业"。临安市白牛村、桐庐县城东村被评为浙江省（首批）"电子商务示范村"，浙江兴合电子商务有限公司等 5 家企业被评为浙江省"农村电商龙头企业"，许兴等 4 名企业家被评为"农村电子商务创业带头人"，陈哲华等 5 名企业家被评为"农村电子商务创业示范青年"。在市级层面，杭州市开展了农村电商示范创建工作工程，评定了横蓬村等 12 个农村电子商务示范村，南阳街道等 6 个电子商务示范镇（街道），螺山村村邮站等 12 个农村电子商务村级示范服务点，沈理斌等 7 名农村电子商务创业带头人，以及杭州艺福堂茶业有限公司等 5 家农产品网络销售突出贡献企业。

1.3.5 丰富载体，大力宣传推介电子商务品牌

一是成功举办博鳌亚洲论坛 2015 年年会杭州系列活动。2015 年 3 月 26—29 日，杭州市组团参加了博鳌亚洲论坛，并举办了"电子商务：线上线下的融合"分论坛、"杭州之夜"等系列活动，活动共吸引了包括美国前商务部长古铁雷斯、香港特别行政区前财政司长梁锦松等在内的知名嘉宾、企业领袖、领军人物、媒体记者共 280 余人次，提高了杭州电子商务产业的知名度和影响力。二是成功举办 2015 中国（杭州）国际电子商务博览会。10 月 28 日至 11 月 1 日，第二届中国（杭州）国际电子商务博览会顺利举行，本届电博会吸引累计 12 万余人次参观、参会或参与活动，其中包括 1500 多位政界、学界、电商界、投资界和金融界的官员、专家学者及企业高管，200 多位来自 28 个国家和地区的业界人士，来自国内 29 个省（自治区、直辖市）的 140 余个城市代表团，以及 430 余家知名和成长型电商企业。三是成功举办首届中国（杭州）国际快递业大会。11 月 13 日，首届中国（杭州）国际快递业大会在杭州市桐庐县召开，国务委员王勇、省长李强、国家邮政局局长马军胜出席会议并作重要讲话，会议解读了《国务院关于促进快递业发展的若干意见》，并发布了 2015 年第三季度中国快递发展指数。四是成功举办 2015 金麦奖暨中国（杭州）国际电商营销峰会。2015 年 12 月 15—16 日，由省商务厅、《浙江日报》报业集团和杭州市主办的"2015 金麦奖颁奖盛典暨中国（杭州）国际电商营销峰会"顺利举行。峰会以"跨界、跨境、跨越，商业改变未来"为主题，评出了五大类共计 47 个电商奖项。峰会还发布了"2015 金麦奖年度榜单"和《2015 年中国互联网营销白皮书》。五是成功举办第二届中国县域电子商务峰会。2015 年 7 月 8—9 日，第二届中国县域电子商务峰会在桐庐县成功举办，来自全国各地的 400 余位县市领导参会，共同探讨农村电商的发展大业。作为农村电子商务的排头兵，桐庐县启动运营全国第一个县级服务中心和第一个村级服务站，并于 5 月率先启动"农村淘宝合伙人"计划。

1.3.6 创新服务，电商发展环境继续优化

一是精心制订规划和政策。出台了全国第一部地方性网络监管法规——《杭州市网络交易管理暂行办法》，编制了《杭州市建设国际电子商务中心三年行动计划（2015—2017 年）》《杭州市"十三五"电子商务发展规划》。二是继续培育电子商务服务产业。建立电商统计考核监督机制，组建杭州市电子商务专家咨询委员会，建成电子商务公共服务平台，分层次培训电子商务人才，营造电商发展舆论氛围。三是规范电商市场秩序。为做好电商消费维权，杭州市共开展网络巡查 18224 次，网上建档 61801 个；在大型电子商务企业建立了网络安全警务室，推广网络安全等级保护，实行分级管理。四是加强产品质量监管。开展电子商务产品质量风险监测和专项抽查工作，及时发布风险预警信息，跟进电子商务平台处置情况；成功争取

电子商务产品质量风险监测中心、12365 投诉举报处置指挥中心和国家电子商务产品质量信息服务平台落户杭州。五是支持电子商务企业创新。支持在杭保险机构运用互联网技术，为杭州市小微企业提供风险保障和创业资金的双重支持。其中，诞生于杭州市的网络购物运费损失险保费收入从最初的 3.8 万元增长到去年的 10 亿元，已成为互联网金融最大规模的保险产品。六是发展互联网金融。支持设立蚂蚁小微金融服务集团，成立浙江网商银行，筹建芝麻信用、网金社等互联网金融机构，从而使杭州市在互联网银行、互联网征信、互联网金融资产交易等领域具备了一定影响力。

1.4 电子商务产业存在的问题

杭州电子商务产业在发展过程中遇到了一些共性的障碍性因素和亟须解决的问题，主要体现在以下方面。

1.4.1 管理体制和法律法规有待理顺

电子商务跨行业、跨领域发展，商业模式不断创新，许多业务在政策未明确的范围内发展，国家发展和改革委、公安部、财政部、商务部、工业和信息化部、文化部、人民银行、银监会、工商总局等部门均有相应的管理职能，但部级协调机制缺失，多头管理和监管真空并存。目前的行业管理体制还无法适应电子商务的发展特点，难以及时应对和有效解决电子商务发展过程中出现的各种问题。

1.4.2 商业规则和法律法规不完善

近年来，国务院和有关部委出台了一系列关于电子认证、网络购物、网上交易、支付服务等的政策、规章和标准规范，优化了电子商务的发展环境。不过，由于电子商务是新兴业态，目前适应电子商务发展的商业规则尚不完善，在具有权威性、综合性的电子商务法律法规方面还是空白，部分规章和标准缺乏可操作性，难以有效规范电子商务交易行为。

1.4.3 电子商务服务企业融资困难

电子商务服务企业成长性高、风险大，需要投入大量资金。如美国等发达国家电子商务服务业快速发展时期，总是有发达的风险投资行业伴随，而我国风险投资行业起步较晚，导致我国电子商务服务企业的融资需求长期得不到重视。特别是风险投资领域的法律法规不健全，极易产生道德风险，风险投资行业对电子商务服务业的支撑力度比较低。

1.4.4 综合性人才缺失现象比较严重

现代电子商务服务业具有高技术含量、高人力资本含量和高附加值等特点，加之其固有的创新特点，对从业人员的要求很高。相对而言，现有电子商务服务人员要么只懂技术、要么只懂市场、要么只懂管理，界线分明，既懂技术又懂管理和市场营销的综合性人才非常缺乏，导致电子商务服务人员对于市场和消费者的需求反映不能做到尽善尽美。

1.4.5 技术层面的问题突出

电子商务服务与互联网相伴而生，互联网发展中存在的技术问题，在电子商务服务领域也基本存在，如网络安全问题。统计数据显示，在不敢或不愿使用网银的网民中，有超过七成是因为担心网络安全得不到保障。很多电子商务服务网站的电子支付安全主要依赖 Web 提供的 SSL 安全协议，在黑客手中只需要几分钟就可以破解，这无疑极大威胁到了消费者账户安全。特别需要指出的是，当前我国提供电子商务服务的企业，其主机、服务器、交换机都放在国外，如果不能建立独立自主、安全有保障的电子商务环境，这些天然的缺陷会给我国电子商务服务业发展带来巨大安全隐患。

1.4.6 市场同质化竞争严重

电子商务服务业与其他行业有着相同之处，那就是模仿、缺乏创新，一个好的创意往往会引来多个网站同时模仿。如许多行业电子商务网站大多采取了"信息＋推广"式服务平台，其业务模式非常简单，几乎都是相互复制而产生的。没有形成优势产业集群和巨头企业。阿里巴巴在美国上市造就了全球排得上号的中国电子商务服务企业，这是中国目前最大的电子商务服务巨头企业。但除了市值超过 2000 亿美元的阿里巴巴，杭州其他电子商务服务企业的发展规模都比较小。电子商务服务产业集群式发展的任务还非常艰难。此外，电子商务基础设施落后、信用服务体系不完善等问题也制约着中国电子商务发展。

1.5 电子商务产业发展趋势

电子商务产业发展从总体上看呈现六大趋势，即从 PC 端①走向移动端、从政府鼓励发展走向规范经营、从城市走向农村、从国内走向国际、从实物走向服务、从线上走向线下。

---

① PC 端：接入个人电脑的接口。

1.5.1 从 PC 端走向移动端

据统计，2015 年有超半数的手机网民曾在移动端购物。移动电商成交额首超 PC 端，移动端将成为电子商务主要的交易渠道。数据显示，截至 2015 年年底，我国移动购物用户规模达到 3.64 亿人，同比增长 23.8%，预计到 2018 年我国移动电商用户规模将超过 5 亿（见图 1－3）。2015 年"双 11"各大电商移动端成交额占比接近七成（天猫移动端交易占比 68%，京东移动端交易占比 74%，苏宁易购移动端交易占比 67%，聚美优品移动端交易占比 67%），电商移动化渐成主流。随着智能终端和移动互联网的快速发展，移动购物的便利性越来越突出。在主流电商平台的大力推动下，消费者对于通过移动端购物的接受程度亦大大增加，用户移动购物习惯已经养成。在支付规模方面，受 2015 年春晚腾讯阿里的"红包大战"影响，移动支付规模于 2015 年年初实现井喷式上升。移动支付是移动电商实现闭环的重要一步，移动支付的普及和完善，极大地促进了移动电子商务的快速发展。

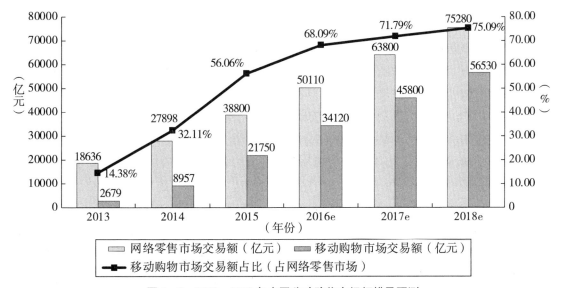

图 1－3 2013—2018 年中国移动购物市场规模及预测

资料来源：商务部，艾媒咨询（iiMedia Research）

另有数据显示，2015 年在用户曾经进行购物的应用中，手机淘宝以 74.2% 的占比遥遥领先，京东商城以 46.0% 的占比位居第二（见图 1－4）。移动购物用户浏览移动购物（服务）应用的主要原因是有购物需求（57.3%）和有促销优惠（54.8%），在移动端进行消费的习惯正在形成。

1.5.2 从政府鼓励发展走向规范经营

作为新兴产业的电子商务正处于快速扩张时期，电子商务企业得到了中央和地方

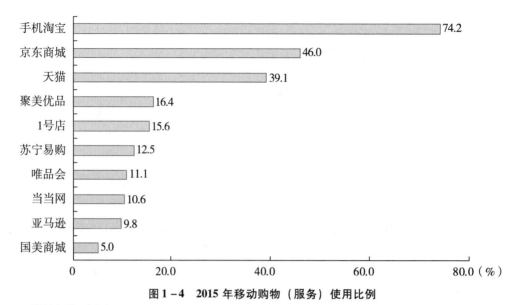

图 1 - 4 2015 年移动购物（服务）使用比例

资料来源：商务部，iiMedia Research

政府在土地、财政、税收、人才、投融资、进出口等方面的政策支持和鼓励。但近年来随着电子商务的迅猛发展，网络购物欺诈、售后服务形同虚设、个人信息遭泄露等问题频频出现，各级政府亟待出台相关法律法规和标准来规范电子商务企业的经营。

以浙江省为例，2015 年浙江省质监局和省商务厅联合发布了 8 项电子商务的地方标准：《电子商务商品编码与追溯管理规范》《电子商务商品分类编码规范》《电子商务平台安全管理规范》《电子商务产业基地建设与经营规范》《电子商务快递智能终端技术与管理要求》《电子商务仓储管理与服务规范》《农村电子商务服务站（点）管理与服务规范》《电子商务交易产品质量网上监测规范》，这 8 项规范已于 2015 年 8 月起实施。加上已经在实施的《电子商务企业服务与管理规范》，浙江已经有了 9 大电子商务地方标准。

另外，电子商务立法已列入十二届全国人大常委会五年立法规划，目前法律草案稿已经形成，将尽早提请审议。电子商务立法坚持问题导向，对电子商务经营的主体责任、交易与服务安全、数据信息保护、维护消费者权益以及市场秩序、公平竞争等内容都进行了规范。

1.5.3 从城市走向农村

2015 年绝对是农村电商值得纪念的一年，政策的密集出台，电商企业的纷纷下乡，农村人才的加速回流，发展模式的竞相探索，让 2014 年下半年刚刚热起来的农村电商在一年后已经初具规模，尽管其中也有问题，但无疑已经掀开了电商历史新的一页。

1. 政策密集出台

2015 年 2 月正式公开的中央一号文件拉开了 2015 年电商政策的序幕，这份文件第三次部署电商，并从农产品电商、涉农电商平台建设、电子商务进农村三个方面进行了重点部署；4 月，秉承"党有号召、团有行动"光荣传统的团中央及时与商务部启动农村青年电商培育工程；5 月，国务院《关于大力发展电子商务加快培育经济新动力的意见》正式印发，大家称为电商"国八条"，将电商提升到前所未有的高度，从八个方面进行了全面部署；同月，国务院扶贫办在陇南启动电商扶贫试点；6 月，国务院办公厅下发《关于促进跨境电子商务健康快速发展的指导意见》；7 月，国务院印发《关于积极推进"互联网＋"行动的指导意见》，提出 11 大行动，多处提及电商；同月，财政部、商务部下发《关于开展 2015 年电商进农村综合示范工作的通知》，启动 200 个县的试点；8 月，商务部等中央 19 部委下发《关于加快发展农村电子商务的指导意见》；9 月，国务院办公厅出台《关于推进线上线下互动加快商贸流通创新发展转型升级的意见》；同月，农业部、国家发改委、商务部出台《推进农业电子商务发展行动计划》，提出 20 项行动计划；而全国供销总社牵头建设的全国性涉农电商平台于 9 月底上线试运行，融合多种交易形式于一体；10 月，国务院下发《关于促进快递业发展的若干意见》，提出打造"工业品下乡"和"农产品进城"双向流通渠道；11 月，国务院办公厅下发《关于促进农村电子商务加快发展的指导意见》，提出三项重点任务和七项措施；同月，国务院扶贫办下发通知，联合苏宁开展新一轮电商扶贫试点。一系列政策的密集出台，传达了非常明确的信号，电商要当作一件大事来抓，农村电商是重要领域！

2. 电商下乡加速

2015 年是阿里巴巴"千县万村"计划的全面落地年，该计划在 2014 年 10 月推出，截至 2015 年 12 月底已经在 200 个县建设了 1 万个农村淘宝服务站。京东紧随阿里巴巴步伐于 2014 年 11 月推出农村电商计划，且推进速度相当快，到 2015 年 11 月已开 600 个县级服务中心，1100 个京东帮服务站，招募了 12 万名乡村推广员。苏宁在 2015 年 1 月才提出农村电商计划，2015 年计划建成 1500 家苏宁易购服务站，到 11 月实际建成 1000 家，同时还启动了电商扶贫"双百计划"。中国邮政加速农村电商布局，仅陕西就新建村级服务点 3000 个，而 2014 年就开始试点的山东、河南建设规模更大。中国电信也开始觊觎农村电商，在青海省开展了村级电商服务点建设试点，从代收费服务切入农村电商市场。一直在农村有服务网点的电力系统更是坚信"手中有电何愁商"，试图以此来切入农村电商市场。联想投资农资电商云农场引发了农村电商又一个热点，农资电商平台建设纷纷上马，辉丰股份、诺普信、金正大、大北农等多家上市公司宣布介入。农村电商的"地方诸侯"也纷纷跑马圈地，浙江的赶街大举出省扩张，年底有望覆盖到 10000 个村；山西的乐村淘也向临省输出模式，村级站点达到万余个；淘实惠、村掌柜等多个类似的农村电商平台纷纷成立，下乡刷墙的互联网企业已经达 60 多家。

3. 县域电商升温

2014 年阿里巴巴集团在杭州举办的首届县域经济与电子商务峰会拉开了县域电商竞争的大幕，当年 176 个县长参加会议。到 2015 年第二届峰会时，参会县长已经突破 400 人，总体参会人数多达 1600 人，关注度之高由此可见一斑。作为县域电商的重要承载，电商园区发展迅猛。截至 2015 年 3 月，全国电子商务园区数量超过 510 个，遍布于 29 个省、市、自治区、超过 110 个城市；其中，县域电子商务园区超过 100 个，正在成为发展新热点。各地在县域电商的发展中逐渐摸索出适宜本地的独特模式，如遂昌的生态打造、武功的要素聚集、成县的单品突破、通榆的系统委托等。

4. 市场潜力初现

2015 年"双 11"，农村消费者积极踊跃。"双 11"开始后仅 8 分钟，村淘销售便超过千万元；截至 12 日 0 时，农村淘宝消费数据突破 2 亿元。在浙江、江苏、山东、福建和安徽，"土豪村"不断出现，浙江省温州市平阳县万全镇中镇村的村民购买了一辆价值 50 多万的保时捷，是本次"双 11"村淘的最大一单。农村淘宝中最受欢迎的十大单品中，平板电视占了三个名额，汽车占据两个名额。来自京东的数据同样显示，农村市场销量最大的是 50 英寸的大屏幕电视。农村淘宝的表现让人深刻感受到农村消费正在升级，释放更多的潜力，如果农村商业体系不能顺势而为，那么网购带来的冲击将是致命的，因为后者更好地满足了消费者。

1.5.4 从国内走向国际

近年来，我国经济下行压力加大，制造业成本不断上升，传统外贸竞争优势弱化。相比于传统外贸形式，我国跨境电子商务迅猛发展，表现出了明显的发展优势。我国互联网经济和跨境电子商务发展正在领跑全球。跨境电商通过缩短国际贸易产业链，可以产生扩大企业利润空间、增强国际市场竞争力和提升终端消费者福利的效果。跨境电商有助于帮助我国传统外贸企业实现转型升级。目前，中国以人民币计价的电子支付及相关金融产品正在趋于成熟。跨境电商的快速发展和"碎片化"特点，给人民币这种新兴的国际货币提供了一次良好的发展机遇，将为中国货币金融走向世界拓宽道路。跨境电商构建的开放、高效、便利的贸易环境，将帮助各国企业特别是小企业拓宽进入国际市场的路径，优化生产和外贸产业链，为产品创新和品牌创立提供便利的平台和宝贵的机遇，同时会催生出符合未来 DT 时代[①]发展要求的国际经贸新规则。

跨境电商正在成为新时期我国深化国内改革和对外开放的新窗口。目前，跨境电商服务试点城市已经在我国有条件的城市全面铺开，其中跨境电商进口试点城市有 8 个。2015 年 3 月，中国（杭州）跨境电商综合实验区正式成立，旨在通过制度创新、管理创新、服务创新和协同发展，破解我国跨境电商发展中的深层次矛盾和体制性难

---

① DT 时代：数据处理技术时代。DT：Data Technology。

题，逐步形成一整套适应和引领全球跨境电子商务发展的管理制度和规则。

近年来，我国各个试点城市在海关程序、检验检疫、外汇税收、负面清单制度等领域积极改革探索，为我国新时期通过"先行先试"和"由点及面"的方式，积极稳妥全面深化改革开放、引领制定跨境电商国际规则奠定了良好基础。与此同时，发展跨境电商对于落实"一带一路"倡议、实现我国和世界各国的共同发展具有重要意义。一方面，跨境电商有利于促进我国与"一带一路"国家的贸易往来和中小企业发展；另一方面，跨境电商可以帮助"一带一路"中的发展中国家、落后地区和传统产业实现"变道超车"发展，更好地对接国际市场和拥抱互联网经济发展，从而增进"一带一路"各国企业和人民之间的互信合作和共同发展，打造一条"网上丝绸之路"。

1.5.5 从实物走向服务

电子商务不仅仅是实物产品的交易，电子商务发展未来会逐步由实物买卖转向服务提供，包括两个方面，一是为电子商务应用提供的服务，即面向机构或个人的电子商务应用的服务，如软件服务（如电子商务 ERP/电子商务 CRM，促销软件，商品管理工具等）、营销服务（如精准营销、效果营销、病毒营销、邮件营销等）、运营服务（如代运营、客服外包等）、仓储服务（电商仓储、物流服务等）、支付服务等；二是为服务业包括旅游、餐饮、出行、家政、汽车租赁、网络支付、互联网金融等行业提供的电子商务服务，如携程、艺龙、去哪儿、途牛等旅游电子商务，饿了么、美团、百度外卖等餐饮电子商务，滴滴出行、uber（优步）、一号专车等智能出行电子商务，云家政、阿姨帮等家政电子商务，神州租车、至尊汽车租赁、一嗨汽车租赁等汽车租赁电子商务，支付宝、财付通、易宝、百付宝、快钱等网络支付电子商务，陆金所、人人贷、玖富等 P2P[①]/众筹互联网金融电子商务等服务性电子商务提供商。

以滴滴出行为例，第一财经商业数据中心 CBNData 和无界智库联合发布了《中国智能出行 2015 大数据报告》，报告基于滴滴出行平台全量数据解读中国城市出行，并通过智能出行情况反映城市民生现状，具有较高的参考借鉴及深度分析价值。报告指出，分享经济是智能出行的重要方式，通过释放社会化运力，可以有效解决高峰期的出行难题。滴滴的大数据同时显示，在互联网公司里，360 超过阿里巴巴成为下班最晚的互联网公司。报告显示，截至 2015 年年底，智能出行平台上活跃着 3 亿乘客和 1000 万车主，注册用户数以月均 13% 的速度增长。仅以滴滴平台为例，2015 年累计完成订单 14.3 亿单，行驶时间 4.9 亿小时，行驶里程 128 亿公里。

1.5.6 从线上走向线下

线上到线下（O2O）模式正迅速发展成为中国零售业最重要的趋势之一，其中许

---

① P2P：互联网金融的一种，指个人与个人之间的小额借贷交易。一般需要借助电子商务专业网络平台帮助借贷双方确立借贷关系并完成相关交易手续。

多新型数字科技譬如定向广告、移动支付、定位信标技术、互动显示和移动端忠诚平台的广泛应用，都为零售商创造了更好服务消费者的机会。消费者的传统购物流程都是直线的，先有购物愿望，再去商店浏览，然后直接付款拿货。

线上的流程早期也是直线模式，差别是浏览和付款部分在网上完成，货物则通过物流配送到家。但由于新科技发展飞速，尤其是智能手机和社媒 App 让购物行为成为非线性的过程，淡化了线上和线下的界限。譬如，如今许多消费者在店里看到心仪的产品，会先用手机上网查看更多信息，例如价格，回到家再上网订购；或者在网上订购，但选择送货到离家最近的商店提货，方便直接试用、退换；或者原来毫无购物意愿，但看到好友在"朋友圈"上的推荐而决定购买，这些行为都使线上线下的界限变得更加模糊，对零售商提出更多的挑战。

数字化改变了零售商与中国消费者之间的互动能力，研究显示，中国消费者数字化成熟度上已经超越全球。从商品发现的角度来看，数字化渠道已成为中国消费者互动的最重要途径。中国 85% 的消费者选择首先利用数字化渠道来研究新产品，并有 58% 的消费者表示通过数字化渠道进行购买，而相比之下全球平均仅有 47% 的消费者会这么做。

中国实体零售商必然会首当其冲承受电子商务崛起的压力，但实体商店在零售业全渠道中仍是必不可少的一部分。为更好地取悦消费者，企业应该淡化线下和线上购物的界限，因为研究显示，当被问及"您为何在门店而非在网上购物？"时，有 60% 的消费者表示他们在店内购物的原因是能够触摸、感觉和试用商品。

线上线下界限的模糊，不仅发生在购物环节上。对于许多卖家来说，他们希望能跟踪消费者整个购买进程（从商品认识到交易），特别是那些同时涉及线上和线下的交易，这样才能让品牌商和零售商的营销投资与回报，以及效果的"消费循环"呈现出来，进而了解到在消费者购买度及忠诚度等方面真实的投资回报率。

1.6 杭州市电子商务发展的对策和建议

1.6.1 宏观环境层面

1. 营造电子商务服务业良好发展环境

在经济全球化的今天，服务业竞争日趋激烈，为电子商务服务业发展提供良好环境变得愈加重要。一方面要加快立法。电子商务服务已经深入到国民经济的方方面面，在越来越多的产业发展中发挥着重要作用，但我国的相关立法工作滞后。虽然早在 2013 年国家就成立了相应立法小组，但截至目前，《电子商务法》仍未出台，部门法规制定也比较滞后。事实上，除了前两者外，制定包括在线支付、第三方支付、第三方物流等在内的开放式法律体系任务也很艰巨。另一方面要营造良好的政策环境。电子商务服务业有着明显的"融合剂、润滑剂"作用，它有助于杭州市"转方式、调结构"战略目标实现。因此，政府应积极出台相应投融资、财政补贴、税收减免等政策，加强政策引导，扶持电子商务服务业发展。

2. 开展国际交流与合作

不断拓宽外商投资领域，进一步扩大电信、金融、商品流通、社会中介服务、旅游等领域的开放程度。采取委托招商、中介招商等国际通行引资方式，着力吸引国际知名的跨国公司总部、现代服务业企业和品牌，大力发展总部经济，加快提升城市核心服务功能，带动现代服务业整体需求和发展。加强与欧美等发达国家和地区政府间在金融、信息服务等重点领域的项目合作，全面促进杭州市电子商务服务业结构的调整和优化。

3. 加强市场监管

加快制定和完善法律法规，规范现代服务业市场行为。对现代服务业的行业标准、服务范围、价格收费、产权管理、奖惩办法、职业道德、纠纷仲裁等做出明确和合理的规定，建立健全现代服务业的监管、调查、统计、信息发布制度。坚持严格执法，加大力度整顿市场秩序，打击制售假冒伪劣商品行为，全面清理无证照经营，为现代服务业的发展营造公平竞争的文明环境。加大宣传力度，使社会各方面对现代服务业的功能作用、发展规划和政策导向有全面正确的认识。

1.6.2 产业生态层面

1. 打造电子商务服务业集群竞争优势

产业集群是现代经济发展中一种常见发展模式，通过打造产业集群可以使企业的区域营销优势、资源优势、市场优势和竞争优势更加凸显。一是积极打造电子商务服务企业聚集工业园区。将现有电子商务企业和有关高校纳入工业园区内，通过加强电子商务领域知识产权保护，加大产学研合作，加快成果转化，进一步加速电子商务服务企业集聚，鼓励电子商务服务企业创新，逐步形成集群经济。在当前的高新技术企业优惠政策基础上，出台针对电子商务服务业发展的政策，加大物流、港口等基础设施建设，推动电子商务服务集群经济发展。二是围绕具有竞争力的电子商务企业打造产业集群。目前国内一些电子商务服务企业如阿里巴巴、苏宁、京东等已经积累了一定实力，围绕这些企业打造产业集群，可以让分散的电子商务服务商形成竞争同盟，有助于发挥龙头企业优势，实现规模经济与专业化分工共存以及基础设施共享，加快人才合理流动，增强集群内企业参与国际市场竞争的实力。三是围绕重点高校打造电子商务服务产业集群。如成都市借助四川电子科技大学科研力量打造IT产业集群，西安市借助西安交通大学科研力量发展软件产业集群等。电子商务服务业是人才密集的产业，重点科研院校拥有大量专业人才，可以为电子商务服务业发展提供大量专业人才，进而减少电子商务服务企业搜索人才的运作成本，为产业集群形成作贡献。

2. 实现电商服务产业与其他产业协同发展

通过与其他产业形成战略联盟，可以有效壮大电子商务服务业。一是联盟高新技术产业。电子商务服务企业深谙电子商务运营特质，其与电子商务需求最为迫切的高新技术产业进行联盟具有广阔空间。利用电子商务服务企业提供的资源、技术、人才等，高新技术企业可以更加专注于技术研发和技术创新，极大节约企业资源。电子商务服务企业则可以借机不断拓展自身服务内容，努力打造企业品牌，获得更大的市场份额。二是联盟传统产业，不断扩大电子商务服务业的影响力。近年来，农业、装备制造业乃至旅游业对电子商务的需求也越来越强烈。如随着技术进步和网络覆盖面扩大，智慧农业、精准农业等现代农业逐渐兴起，电子商务服务企业可以围绕智慧农业打造专业服务，从农业选种到农业灌溉再到农产品销售，都可以在电子商务环境下完成，实现全程订单式管理。依此类推，外贸、现代工业、文化旅游等产业都可以实现与电子商务服务业的联合发展，逐步形成以各自产业为基础的电子商务服务产业集群。如在鞋帽等制造业发达地区，通过搭建 B2B、B2C 交易服务平台，为众多生产企业迅速找到买家和经销商，及时将客户需求反馈给生产企业，使生产企业既不用担心销路，又可以获得更多国家和地区客户。

3. 建立功能完善的电子商务服务产业园

电子商务产业园区应努力打造电子商务产业链，从平台服务、支付与金融服务、物流服务、诚信评估服务、软件服务等各个层面来组合企业，构建产业生态集群。政府需要给予政策、资金及税收等多方面的优惠，引进与电子商务产业集群发展所需要的各项服务机构，如专业电子商务服务商、电子商务创业咨询服务机构、专业物流企业、金融与支付组织机构以及其他各类中介服务组织。建设第三方服务平台及攻击技术服务平台、电子商务网站公共孵化平台、法律保证平台及人才服务平台等，为园区内中小电子商务企业提供各项服务，降低电子商务企业的运营成本。

4. 加强电子商务服务业人才培养

电子商务服务业是人才密集型行业，其人才培养的层次结构和数量影响着产业发展。20 世纪 90 年代，我国逐步建立了比较完善的 IT 人才培养体系，从中职到高职再到高等院校，都建立了各自的 IT 专业，但电子商务服务业人才需求并不局限于 IT 人才或营销人才，其对创新型、复合型人才的需求更加迫切。因此，传统 IT 人才培养机制已经难以适应其需求。一是改革现有人才培养机制，要使培养出来的人才真正适应电子商务服务业发展需求。如鼓励学校建立创业实训基地，开展订单式培养，促进实践性人才培养；建立产学研一体化培养机制，鼓励电子商务服务企业与政府、高等院校合作；加强现有从业人员的培养、培训工作，提高从业人员整体素质。二是加大高端人才引进力度，营造良好电子商务服务发展环境。加强与发达国家电子商务服务产业集群的合作，积极引进熟悉我国电子商务服务实践的海归人才和企业管理人才；鼓励有条件地区建立面向海归人才的创业环境，吸引并帮助具有国际视野的创新型、创业型人才成长，有效促进电子商务服务业持续健康发展。

1.6.3 企业管理层面

1. 建立电子商务服务企业名录

推行电子商务服务企业名录管理制度。在企业自愿申报、各地商务部门推荐基础上，市商务局征求相关部门意见后，将符合条件的企业列入《杭州市电子商务服务企业名录》（以下简称《名录》），并正式发文对外公布。同时《名录》实行动态化管理，每年进行一次动态调整。对列入《名录》的企业可享受杭州市和省有关电子商务服务业产业政策，同时入驻杭州市电子商务综合服务平台，为杭州市企业提供电子商务服务。

2. 开展电子商务服务企业等级评定

按照"政府指导、标准先行、协会负责、多方参与"的原则，在杭州市范围开展电子商务服务企业等级评定工作。制定出台有关电子商务服务企业管理和服务规范的地方标准。通过等级评定加强电子商务服务行业管理，努力发展一批信誉良好、服务优质、具有较好品牌影响力和一定经营规模的电子商务服务企业。

3. 建立完善电子商务服务行业统计制度

进一步完善杭州市电子商务行业统计工作，将电子商务服务业单独作为一个统计项目。各地商务主管部门要做好本地区电子商务服务企业摸底调查工作，积极会同统计等部门，对辖区内电子商务服务企业数量、服务内容及经营情况等定期进行统计。统计工作中涉及企业商业机密的应予以保护。电子商务服务企业要按照有关统计要求，真实及时地填报相关数据。统计工作情况将作为企业享受相关产业政策的重要依据。

4. 加强电子商务服务企业行业自律

加强电子商务服务企业行业组织建设，按照整体性和专业化的要求，在省电子商务促进会整体框架下，建立电子商务服务企业行业组织，提高电子商务服务业的自我管理、自我服务、自我监督能力，促进同行合作共赢，倡导诚信经营和规范有序发展。各地可根据实际情况，推动当地电子商务服务行业组织建设，为杭州市电子商务服务行业发展夯实基础。

1.7 2016 年杭州市发展电子商务的思路

根据市委、市政府部署，继续深入实施"一号工程"，坚持把支持电子商务发展作为服务杭州市经济稳增长、调结构、促转型的重要抓手，将扶持电子商务创业作为促进"大众创业、万众创新"的关键举措，大力推进"国际电子商务中心"建设工作，以举办 G20①/B20② 峰会、2016 中国（杭州）国际电子商务博览会等活动为契机，扎实高效有序推进杭州市电子商务产业发展，继续保持杭州市电子商务在全国的领先地位、全球的优势地位。

1.7.1　继续深化与阿里巴巴的战略合作

一是加强"杭州特色馆"合作。顺应移动互联网发展趋势，进一步探索 O2O 发展模式，着力推动杭州馆 App（应用程序）移动客户端的开发和应用，同时通过一系列线上线下促销活动，继续扩大和提升杭州馆的知名度和影响力，争取把杭州馆打造成杭州国际电子商务中心的又一张新名片。二是推进"杭州产业带"建设。进一步加大招商力度，做好对入驻企业的培训，有力提高杭派女装在网络市场的占有率和杭州女装企业开展电子商务业务的能力。三是推进重大活动协作。加大与阿里巴巴的对接力度，在 G20/B20 峰会、2016 中国（杭州）国际电子商务博览会等重特大活动上加强合作，争取更多支持。四是用足用好杭州市与阿里巴巴达成的战略合作伙伴机制，加强与阿里巴巴的对接互动，争取建立信息共享机制，放大名城名企、珠联璧合效应。

1.7.2　推动完善电商服务产业发展

一是继续推进电子商务公共服务中心建设。完善中心组织架构，明确中心各部门职责，形成高效有序的日常工作流程，扩大公共服务平台服务商规模，提升服务质量，通过城市间交流学习，实现资源共享，力求推进服务质量整体提高、促进行业整体发展，加强电商公共服务联络点建设，形成电商服务网络。二是完善专家咨询委员会机制。根据实际工作需要，不定期组织相关专家座谈和会商，研究部署电子商务领域的重大问题。根据杭州市电子商务发展实际，邀请相关专家咨询委员会成员开展相关课题研究，参加杭州市电子商务重大项目评估论证。三是加强电商人才培训。重点做好电商知识普及培训，如专业人员培训、电商职业经理人培训，加强大学生村官电商培训，打造一批大学生村官电子商务实践基地，鼓励大中专院校开办电子商务相关专业，大力引进培养高层次人才，提升杭州市电商人才层次。四是加强电商对口帮扶工作。积极对接黔东南州、阿克苏市等对口帮扶地区，摸清当地电子商务发展需求，科学制订帮扶计划，努力推进对口支援工作。五是推动电商产业集聚。支持区、县（市）建设电子商务产业园，有条件的乡镇、街道和行政村建设电子商务楼宇、创业园和孵化园，促进园区间工作交流，推动电商特色小镇建设，提升产业集聚度。六是推动行业协会建设。通过政府购买服务等方式，对行业协会予以扶持，加强对协会业务指导，增强协会服务企业意识。

---

① G20：20 国集团，它是一个经济合作论坛。
② B20：20 国集团工商界活动。

1.7.3 推进示范创建工作开展

一是继续开展各层级的示范创建工作。积极组织企业申报国家、省级电子商务示范工程，做好市本级电子商务示范创建工程，发挥示范引领效应，带动企业发展，指导创建省、市级电商特色小镇创建，完善电商生态系统。二是促进示范企业间的交流。大力开展企业间交流合作，强化资源共享，学习借鉴先进模式，形成优势互补，促进行业信息沟通及时有效，推动行业稳健、可持续发展。三是加强示范创建工作的宣传。通过电视、报纸、杂志等传统媒体对示范企业整体打包宣传，依托微信公众号等互联网媒体加强宣传力度，推广市场认可的商务创新模式。

1.7.4 做好重特大会展活动的举办

一是积极服务好 G20/B20 峰会。在中央和省委省政府的统筹下，以主人翁的姿态，主动参与，有所作为，努力承办好 G20/B20 峰会，提升杭州市对外开放水平，促进开放型经济发展。二是筹备举办 2016 中国（杭州）国际电子商务博览会。认真总结第二届电博会举办的成功经验，坚持早谋划、早准备，突出 2016 电博会特色亮点，大力宣传推介电博会作为国际电子商务产业高地和精神高地的影响力和知名度。

1.7.5 重视强化调研分析能力建设

一是增强调研意识。电子商务作为一种全新的商务活动，新情况、新问题层出不穷，运行规律和发展方向难以精确把握。牢固树立围绕工作抓调研、强化调研促工作理念，围绕杭州市电子商务总体布局和产业规划，把调查研究作为推进电子商务工作的重要抓手，紧紧抓住电子商务的热点、难点和重点问题开展调研，通过调研推动杭州市电子商务工作发展。二是强化调研深度。围绕建成"国际电子商务中心"目标，注重深入基层，深入一线，深入企业和行业协会，注重深入调查研究，坚持把创新思路、完善机制、推进工作作为调研重点，及时反映工作中的困难和问题，全面总结和推广工作中的新思路、新举措、新经验和新成绩。三是加强城市间和上级电子商务主管部门之间的交流合作。在提高自身能力的同时，实施"走出去"战略，加强与国内外电子商务先进地区、上级电子商务主管部门间的沟通交流，推动在规划、定位、模式、服务、监管等领域的务实合作，积极争取相关部门的支持，构建高水平对外交流格局，争取实现互利共赢。

第二部分

杭州市电子商务发展
各领域专题报告

2 电子商务交易平台发展专题报告

2.1 浙江省电子商务交易平台发展概况

随着"中国互联网第一股"网盛生意宝与阿里巴巴先后上市,第三方电子商务平台进入新一轮高速发展与商业模式创新阶段,衍生出更为丰富的服务内容与盈利模式。目前,浙江电子商务第三方交易平台的发展开始进入发展稳定期,平台开始向信息流、资金流和物流融合的方向发展;浙江省第三方电子商务交易平台发展水平位居全国前列:一是从平台的数量来看,全省平台网站逾千家,仅杭州地区电子商务网站数量就占全国总数的1/7;二是从平台的实力来看,全球市值最高的第三方电子商务平台企业(阿里巴巴)、全国交易额最大的网络零售第三方平台(淘宝网)和B2C平台(天猫商城)、最大的网上支付平台(支付宝)都在浙江;三是从平台的类型来看,浙江的第三方电子商务平台呈现"百花齐放"的发展态势,包括以"麦包包"为代表的自建B2C第三方垂直平台,以"5173"为代表的第三方虚拟产品交易平台,以"新华大宗商品交易所"为代表的大宗商品第三方交易平台和以"支付宝""贝付"为代表的第三方支付平台。同时,浙江资本还通过投资自建、直接并购、参股等方式进军海外第三方电子商务平台。

浙江省第三方电子商务交易平台呈现出以下发展特点。

1. 线上线下结合更加密切

全省各大专业市场依托实体市场,通过自建平台或与专业第三方平台合作实现线上线下融合发展。绍兴轻纺城旗下的全球纺织网与网上轻纺城网站已拥有200万会员,网上商铺60万家,累计在线交易超过170亿元,已成为纺织行业内领先的B2B在线交易平台。余姚塑料城自建的"中国塑料城"交易额达1062亿元,比上年增长24%,是全国最大的塑料原料网上交易市场和专业市场,其塑料价格成为中国塑料行情的"风向标"。义乌小商品市场与阿里巴巴"1688"平台合作建设"产业带",在全国产业带中排名第一。

2. 新商业模式层出不穷

浙江第三方电子商务平台也开始从单纯为商品交易服务,向资金流、信息流等领域发展。互联网金融方面,阿里巴巴旗下蚂蚁金服首创以网络信用为基础的小额贷款模式,为小微企业解决融资需求,为金融创新作出了有益尝试;网上支付方面,支付宝是全国最大的第三方支付平台；物流配送方面，浙江出现了一批专注于细分物流领域的第三方平台，如"专线宝"是连接零担物流需求方（上游发货方）与供应方（下游专线物流商），并引进第三方担保支付、货运保险的一体化物流服务平台。此外，还出现了一批立足本地生活服务的第三方平台，如"19楼"围绕生活领域个性化服务为商家提供线上线下无缝融合的互动营销解决方案，建立了独特的社会化营销商业模式。

3. 移动端第三方平台发展迅速

移动端第三方电子商务平台的发展体现在两个方面。一是现有的第三方平台纷纷开展移动端业务，搭建与PC端平台相通的移动端平台。如阿里巴巴集团旗下三大平台"淘宝网""天猫商城"和"聚划算"都已开发了对应的手机客户端。二是涌现出一批独立的移动端第三方电子商务平台，如主打金融理财的"挖财"、建设微商城的"有赞（口袋通）"等。

2.2 杭州市电子商务交易平台发展状况

杭州市的电子商务交易平台服务业是杭州市重要的支柱产业之一。阿里巴巴、网盛生意宝等一批具有全国甚至世界影响力的电子商务领军企业及行业网站均集聚杭州。据不完全统计，全国有超过1/3的综合性电子商务网站和专业网站，包括全球最大的B2B电子商务平台、全球最大的网络零售交易平台、全球最大的电子支付平台均在杭州。同时，在电子支付、云计算、快递、网络营销、信息技术、运营服务等领域涌现众多专业的电子商务服务商，形成了全国完整的电子商务生态链和丰富的业态应用。

全球最大的电子商务交易平台阿里巴巴也落户杭州，涵盖了零售与批发贸易两大领域。淘宝、天猫与聚划算构成"中国零售平台"；阿里巴巴国际站和1688.com，分别是国际与国内批发贸易平台；速卖通是阿里旗下的国际零售平台。2014年9月19日，阿里巴巴登陆纽交所，开盘92.7美元，市值突破2314亿美元，近乎等于百度和腾讯的总和，成为中国最大的互联网上市公司，同时也超越了Facebook（脸书），成为仅次于谷歌的全球第二大互联网公司和全球最大的电子商务公司。阿里巴巴集团财报显示，截至2015年12月31日的2016财年第三季度（2015自然年第四季）财报，营收为人民币345.43亿元（约合53.33亿美元），同比增长32%。净利润为人民币163.58亿元，较上年同期的人民币131.15亿元增长25%。中国零售平台活跃用户数猛增至4.07亿，单季增长2100万人；移动月度活跃用户达3.93亿，单季净增长4700万人。零售平台交易额达9640亿元人民币，移动交易额占比68%，这一季度天猫获得史上最大增长，净增长达1260亿元人民币。国家统计局公布数据显示，2015年10—12月三个月社会消费品零售总额为84851亿元。而阿里巴巴零售平台10—12月三个月交易额总量为 9640 亿元。新经济拉动了 11.3% 的社会零售总额。在 2015 年宏观环境下，阿里不仅助力中国消费和服务业增长的长期趋势，更依靠科技驱动，把消费和服务业落地为实体经济增长，在云计算服务、企业级应用、数字营销、物流网络、线上线下融合上取得了令人瞩目的成绩。这一季度，阿里继续加快从电子商务向新经济基础设施的升级，阿里财报首次公布钉钉已覆盖超过 100 万家企业和组织，一年之内成为中国排名第一的企业社交平台。阿里云收入同比增长 126%，已经连续三季度同比翻倍增长。菜鸟网络实现了北上广苏杭成都武汉的当日达服务，全国 88 个城市实现次日达。与苏宁物流整合已经完成，线上线下零售整合正在不断深入。消费方式正在从源头改变，国家统计局的数据显示，网购成为拉动消费的火车头。而阿里巴巴占据了主导地位，线上成交额和网购用户占全国比重超过 90%。2015 年全年，全国实物商品网上零售额 32424 亿元，而财报显示阿里 2015 自然年全年成交额将近 3 万亿元。全国网购用户 4.13 亿，阿里中国零售平台 4.07 亿年活跃用户占据几乎覆盖全部网购人群。移动互联网给了中国科技行业一个弯道超车的机会，也带来了巨大的结合实体经济的机会，阿里巴巴从一开始就全力推动随时随地、更加快捷的移动购物。财报显示，阿里的移动月度活跃用户这一季度达到 3.93 亿，占整个中国手机网民数量的 60%。为了服务更多消费者、推动移动浪潮，阿里还提前布局了全球化和农村两大市场，并依靠口碑、阿里旅行、淘宝电影等业务，向服务产品和数字产品领域扩展。该季度阿里云收入同比增长 126%，连续第三个季度同比三位数增长。钉钉经过短短一年的发展，成为中国第一的企业社交平台。阿里财报背后的趋势格外清晰：科技驱动的消费和服务产业，科技助推下的供应端改革，将是中国经济的核心增长点。阿里巴巴集团 CEO 张勇表示："这一季度阿里巴巴集团获得了强劲增长，达到了 4 亿年活跃用户的里程碑，并且继续在移动端保持着无可比拟的领先地位。我们给消费者带来了优质体验，帮助商家吸引、留住用户，这将会继续驱动我们未来的增长。阿里还将继续专注于其战略重点，包括全球化、农村、建设世界级云计算业务，以及继续增强一线城市的优势。"为了实现这一战略，阿里巴巴将继续推动消费升级、物流升级、线上线下融合升级。财报显示，这一季度实现 88 个城市次日达的菜鸟网络，已经完成和苏宁物流服务对接，将整合全球供应链，携手国内外的物流合作伙伴，如新加坡邮政、美国邮政、巴西邮政、苏宁、"四通一达"等，继续推出高效、安全、特色的物流服务。2015 年的"双 11"成功吸引了 1.15 亿消费者参与，其中 3000 万购买了国际品牌，同时这一季度天猫为中国消费者带来了可口可乐、星巴克、Woolworths 等超过 200 个全球品牌旗舰店。财报显示，阿里巴巴集团在这一季度产生自由现金流 237.19 亿元人民币，持有现金、现金等价物和短期投资 1183.2 亿元人民币。

2.3 杭州市电子商务交易平台发展新形势

1. 跨境电子商务

杭州作为"中国电子商务之都"于 2012 年 8 月正式获批成为跨境贸易电子商务服务首批试点城市。2013 年 7 月 8 日，杭州跨境贸易电子商务出口业务启动，杭州成为全国首个开展跨境电子商务实单运作的城市。2014 年 5 月 7 日，杭州跨境贸易电子商务进口业务启动，阿里巴巴天猫国际和网易考拉海购两大跨境电子商务交易平台落户杭州，两者均与杭州保税区合作，建立了保税仓库。2015 年 3 月 7 日，中国（杭州）跨境电子商务综合试验区正式获得国务院批准设立。目前，杭州地区已有杭州跨境电子商务产业园下沙园区、下城园区、空港园区 3 个试点现场，涉及一般出口、直购进口和网购保税进口 3 种模式。综试区成立以来，目前已备案企业 1700 多家，2015 年上半年已引进京东全球购、富士康、顺丰海淘等 117 家跨境电商产业链企业落户，杭州市政府对于发展跨境电子商务极为重视，2015 年 6 月 26 日，杭州市政府发布了《杭州市人民政府关于推进跨境电子商务发展的通知（试行）》，明确鼓励跨境电子商务平台建设：一是鼓励各类跨境电子商务平台为外贸企业开展跨境电子商务提供服务。对年成交额超过 1 亿美元的跨境电子商务平台，每招引 1 家年进出口额在 100 万美元以上的外贸企业在平台上开展跨境电子商务业务，给予不超过 2 万元的资金扶持。每家跨境电子商务平台的资金扶持总额不超过 500 万元。二是鼓励各类跨境电子商务平台针对特定国家和地区开设子网站或独立页面。对年成交额超过 1 亿美元的跨境电子商务平台，针对英语国家和地区开设子网站或独立页面的，给予不超过 10 万元的资金扶持；针对非英语国家和地区开设子网站或独立页面的，给予不超过 20 万元的资金扶持。三是鼓励各类跨境电子商务平台采取措施提高跨境电子商务成交额。对年成交额超过 1 亿美元的跨境电子商务平台，跨境电子商务成交额年增幅超过 1000 万美元的，给予不超过 10 万元的资金扶持；年增幅超过 5000 万美元的，给予不超过 50 万元的资金扶持；年增幅超过 1 亿美元的，给予不超过 100 万元的资金扶持。

截至 2015 年 11 月，杭州市共验放综试区跨境电子商务零售出口商品 5388 万单，货值 22.2 亿元，同比分别增长 99 倍和 58 倍；出口 B2B 商品 23 票，货值 204.3 万元；进口商品 1625 万单，货值 26.8 亿元，同比分别增长 16 倍和 13 倍，在海关备案的试点企业由 2015 年年初的 306 家增长到 2225 家，据不完全统计，杭州市今年新引进跨境电子商务产业链企业 263 家，尤其是在综试区北京推介会后，仅 7 月、8 月杭州市新引进跨境电商产业链企业近 100 家。

为促进杭州市跨境电商发展，浙江电子口岸还率先在杭州推出了"跨境一步达"综合服务平台，该平台是国家发改委和海关总署首批认定的跨境电子商务通关服务平台，旨在通过专业化的电商出口业务服务、电商进口业务服务、消费者海淘服务，为跨境电子商务企业及国内消费者提供便捷的通关、退税、结汇、身份认证、查询等服务。

2. 农村电子商务

杭州农村电子商务发展迅猛，依托阿里巴巴淘宝网等电子商务交易平台，涌现出了年网络交易额数千万元甚至上亿元级的农产品电子商务企业、网上销售额超亿元的电子商务村，带动了农民就业和大学生返乡创业，推动了产业发展，有效促进了农民增收、农业增效。借助电子商务交易平台，杭州市农村电子商务发展效果显著，主要表现在：一是发展群体增多。越来越多的农民群众参与到电子商务的发展浪潮之中，他们结合本地特色产业，通过开网店等创业，如余杭区中泰街道紫荆村仅网商就有70多家。而农业企业则充分利用电子商务转变经营理念与经营模式，不断提高企业的市场竞争力。据调查，杭州市已经有超过50%的市级以上农业龙头企业应用电子商务进行销售。二是发展规模增大。三是发展速度加快。因为网络市场无边界的特点和网购群体剧增的现状，使电子商务成为产业发展的"倍增器"，不少农村网商的网络交易额年增长超过50%。比如，杭州郝姆斯食品有限公司比上年增长280%，杭州市14个电子商务村的网络销售额同比增长69.2%。截至2015年年底，杭州市实现农产品网络销售额达60亿元以上，拥有29个淘宝村，杭州市累计建成农村电商县级区域服务中心11个，村级服务点1973个。

3 电子商务法律服务发展专题报告

3.1 杭州市电子商务法律服务业发展状况

1. 目前杭州电子商务法律法规的制定与执行情况

2015 年 3 月 7 日国务院发文批复同意浙江省人民政府设立中国（杭州）跨境电子商务综合试验区，一举奠定了杭州"中国电子商务之都"的地位。以此为分界线，配套中央政府及相关部委出台的电子商务法律法规及政策，省、市两级政府涉及杭州的电商法规及政策开始密集出台。无论是杭州市政府颁布全国第一个地方性电子商务规章——《杭州市网络交易管理暂行办法》，还是浙江省人民政府于 2015 年 6 月 25 日出台的《关于印发中国（杭州）跨境电子商务综合试验区实施方案的通知》，以及杭州市人民政府于 2015 年 6 月 26 日出台的《关于推进跨境电子商务发展的通知（试行）》，都为杭州调整、扶持电子商务产业，打造电商经济，培育"中国电子商务之都"指明了新的方向，新的监管办法提供了更加宽松、规范的公共环境。

截至目前，浙江省及杭州市已出台的电商政策法规，包括《浙江省人民政府关于印发杭州跨境电子商务综合实验区实施方案的通知》《质检总局关于支持中国（杭州）跨境电子商务综合试验区发展的意见》《杭州市网络交易管理暂行办法》杭州市人民政府《关于推进跨境电子商务发展的通知（试行）》《杭州市人民政府办公厅关于做好 2015 年跨境电子商务推进工作的通知》等，涵盖了电子商务平台、电子商务企业、消费者权益保护、电商行业自律管理等各个方面。针对上述电商政策法律法规，课题组通过对电商企业、律师事务所、商标代理机构和专利代理机构（下称其他中介机构）等中介机构的调研，对政策制定和执行情况调研结果如下。

（1）政策法规效果评价整体呈正面趋势。

在针对企业目前所处的电商政策法律环境评价的调查中，电商企业认为"对企业发展无较大帮助"者占比 28.6%，认为"约束了企业快速、健康发展"者仅占比 14.3%。由此观之，对现有电商成长环境持负面评价的总占比为 42.9% 左右，换言之，企业受访者认为现有电商政策法律环境对企业有积极效应的比例占 57.1% 左右。总体而言，企业受访者对于现有电商政策法律环境的效果整体持认可态度。而针对同一问题，律师事务所认为"对企业发展无较大帮助"者和认为"约束了企业快速、健康发展"者各占比 25%；其他中介机构认为"对企业发展无较大帮助"者占比 25.5%，认为"约束了企业快速、健康发展"者仅占比 0.05%。上述数据表明，电商中介服务机构对于目前企业所处电商政策法律环境的整体评价也呈正面，其中商标代理机构和专利代理机构等其他中介机构的认可程度高于律师事务所的认可程度。

综合上述数据，目前杭州电商政策法律环境整体上对于杭州的电子商务产业发展起到了积极促进作用。值得注意的是，在上述调研问题中，企业受访者、律师事务所受访者以及其他中介机构受访者认为"很好地保障促进了企业发展"的比例分别为 28.6%、25%、40%，而这一比例显然仍有待提高，也同时表明杭州电商政策法律环境整体上还有不小的提升空间。

（2）政策法规普及的渠道较为丰富，但中介服务机构的渠道作用仍有待加强和提高。

在针对电商企业了解政府政策法规的渠道问题的调查中，课题组设置了"政府网站及新闻媒体""互联网途径（门户网站、微信、微博等）""行业协会/商会通知和活动""中介机构服务"以及"其他"五个选项，电商企业对前述备选选择比例分别为 57%、85%、57%、14.3%和14.3%。上述数据显示，"政府网站及新闻媒体""互联网途径（门户网站、微信、微博等）""行业协会/商会通知和活动"是电商企业了解政策法律的主要渠道，而上述渠道不仅涵盖了当下最主要有效的传播途径，同时也充分发挥了协会和商会等自律组织的信息传播和推介作用。同时，各大传播渠道的比例接近，也表明了各渠道之间的传播作用齐头并进，并无明显的偏废，也进一步表明了政策法规普及渠道丰富多样性。此外，在对企业无法获得政府补贴和政策扶持原因的调查中，电商企业认为"不知道、不了解政策"的比例也仅为 14.3%，该数据表明在政策法律渠道丰富的情况下，实际的普及效果也非常明显，电商企业对于政策法规了解较多。当然，上述数据中，中介服务机构作为政策法律普及渠道之一的认可比例仅为 14.3%，这表明中介服务机构在政策法律普及中的作用仍有待提高。中介服务机构基于其本身的专业服务能力和服务者定位，是电商产业发展中不可或缺的力量，理应在电商发展过程中发挥其应有的作用。普及电商政策法律并为电商企业提供相关政策法律的合规性服务，不仅可令中介服务机构作为其业务领域进行拓展，也是其应负起的社会责任。

（3）电商企业对于政策法规的了解熟悉程度与企业所需的法律服务关联性较强，对于纠纷解决类法规更为熟悉。

在针对企业所遭遇的电商法律纠纷和所需的法律服务问题的调研中，"电商纠纷争端解决服务（平台投诉、维权；仲裁、诉讼）"的选择比例为 57%，"电商消费者维权服务（消费者权益保护）"的选择比例为 43%，"电商平台法律服务（平台合规）"的选择比例同样也为 43%，远远高于"电商园区入驻法律服务""物流等第三方服务纠纷"等选项。同时，在针对电商企业对于具体政策法律了解情况调查中，对《杭州市网络交易管理暂行办法》的选择比例为 57%，高于《杭州市人民政府关于推进跨境电子商务发展的通知（试行）》《质检总局关于支持中国（杭州）跨境电子商务综合试验区发展的意见》等政策性文件的了解程度。

（4）补助、扶持政策的落地有待进一步提高。

就补助、扶持政策的落地情况进行的系列调查中，针对"若政府有补贴、扶持政策，贵单位是否愿意根据政策进行相应调整，以申请政府补贴"这一问题，受访企业选择"非常愿意，政府补贴能减轻企业成本"的比例为71%，选择"不确定，取决于调整的代价是否远小于可获得的补贴"的比例为29%，而选择"有钱也不要，对企业帮助不大"的比例则为0。由此可见，电商企业对于政府的补助、扶持政策均持认可态度，获取政府补助和扶持的意愿十分强烈。而在"企业无法获得政府补贴和政策扶持的原因"的调查中，受访企业认为"知道政策，但没人指导不知道如何调整以符合条件"的比例最高，约为43%；而选择"不知道、不了解政策"以及"不知道找哪个部门"的比例均仅为14.3%。由此可知，电商企业对于政府补助、扶持政策较为了解，但在如何获得相关政策补贴的问题上，存在申请和操作上的困扰，实际落地效果不理想。

2. 法律服务的规模和发展趋势

针对杭州电商法律服务的规模和发展趋势，课题组在电商企业的类型和规模、电商企业专门法务人员的设置情况、电商企业服务选择模式、中介服务机构的规模、业务部门设置、业务比例、人员培训等方面进行了系统的调查。

当前，电商企业规模整体两极分化明显，以发展期的中小型企业为主，成熟期的大型电商企业数量较少。从电商企业的类型来看，B2C类型的企业占比最高，约占71%；而企业人数方面，人数在30人以下者占比43%，30~80人区间内占比29%，总计占比72%左右的受访企业人数在80人以下。在企业注册资本方面，100万元以下者占比29%，100万~500万元区间内的比例则为43%，为最高；而1000万元以上占比亦为29%；至于企业发展阶段，则以"发展期企业"比例最高，占比72%，"初创企业"和"成熟企业"各占比14%。

中介服务机构方面，呈现与电商企业相同的特点，也以中小型服务机构为主，大型服务机构数量较少。律师事务所中"人员少于20人"的比例为12.5%，"20人以上50以下"的比例为25%，"50人以上100人以下"的比例为40%，"100人以上"的比例则为12.5%，结合律师事务所人员配置的客观情况，中等规模的律师事务所占比最大。商标代理机构、专利代理机构等其他中介机构方面，"人员少于20人"的比例为40%，"20人以上50人以下"的比例为50%，"50人以上100人以下"以及"100人以上"的比例各占0.5%，整体上以小规模机构为主。

值得注意的是，当前各中介服务机构已经开始涉及电商法律业务。在对律师事务所的"是否设置有专门是电商法律业务部门"的调查中发现，"未设置部门，但有做相关业务的律师"的比例占37.5%，"设有电商业务部，但其他业务也做"的比例为

62.5%，而"设有专做电商法律服务的业务部门"的比例则为0。由此可见，目前几乎所有律师事务所都已经从事电商法律服务。同样的问题，在对商标代理机构、专利代理机构等其他中介服务机构的调查中发现，"没有，但有做这块业务的代理人"的比例为80%，"设有电商事务部，但其他业务也做"的比例为10%，总体上也有90%的机构已经开始从事电商业务。但是与律师事务所一样，"设有专做电商法律纠纷的事务部"的比例也为0。

但是，电商中介法律服务机构在业务开展、服务水平上仍有待提高。在设立电商法律事务部的时间上，律师事务所1年以下的比例达到50%，1年以上不足3年的比例为25%，总体设立的年限不长。其他中介服务机构也呈现相同的特点，1年以下的比例达到70%。而电商法律事务部业务开展的情况上，受访律师事务所认为"做得非常好，已形成稳定的客户源"的比例为25%，认为"一般，业务需求量不是很大"的比例为50%，而认为"正在学习摸索过程中"的比例同样也为25%。其他中介服务机构方面，认为"做得非常好，已形成稳定的客户源"的比例仅为0.05%，认为"一般，业务需求量不是很大"的比例为20%，而认为"正在学习摸索过程中"的比例同样为50%。

上述数据表明，对于大部分中介服务机构而言，电商仍属于新的业务领域，业务的拓展和服务水平仍主要取决于律师或者代理人，专业、稳定、规模化的服务机制仍有待进一步建立和完善。当然，从目前态势来看，"星星之火燎原之势"已成，随着发展期的电商企业的进一步发展，必将释放出更大的电商法律服务需求，在业务需求的刺激下现有电商法律服务中介机构中电商法律事务部门业务开展将稳步提升，得益于此，其服务水平也将获得更大的提升空间，构建专业、稳定、规模化的中介机构电商法律服务机制将成为可能。

为进一步了解电商企业的电商法律服务需求和倾向性解决方式等情况，以便为中介服务机构的发展提供准确的方向，合理对接双方供需，共同促进电商产业发展，课题组还针对法律服务类别和内容，解决方式、途径和处理结果，外部律师还是内部法务处理等方面进行了深入调查。

（1）法律服务类别和内容。

针对电商企业所需要的法律服务调查中，受访电商企业的选择比例各有高低，凸显出在法律服务需求量以及重要性上的区别。但同时，基本所有选项都有电商企业选择，也表明所需的法律服务呈现出多样化的特点。受访电商企业的数据显示，选择"电商纠纷争端解决服务（平台投诉、维权；仲裁、诉讼）"的比例为57.1%；选择"电商消费者维权服务（消费者权益保护）"的比例为42.3%；选择"电商平台法律服务（平台合规）"的比例为42.3%；选择"电商园区入驻法律服务"的比例为14.3%；选择"跨境电商法律服务"的比例为28.5%；选择"农村电商法律服务"的比例为42.3%；选择"P2P金融法律服务"和"物流等第三方服务商之间的纠纷"的比例同为 14.3%。

对律师事务所调查的数据显示，律师事务所认为企业所需要的法律服务与企业的选择呈现"总体上相近，个别处区别"的特点。其中"电商纠纷争端解决服务（平台投诉、维权；仲裁、诉讼）"的比例为 87.5%，"电商消费者维权服务（消费者权益保护）"的比例为 75%，选择"电商平台法律服务（平台合规）"的比例为 50%，此三类法律服务表现为需求最大的法律服务。选择"电商园区入驻法律服务"的比例为 25%，略高于电商企业的 14.3%，而同一选项在律师事务所实际涉及的业务比例中则为 12.5%，由此可知，在"电商园区入驻法律服务"上电商企业的需求和实际发生的纠纷基本对应，律师事务所对于该块法律服务需求的需要性认知过高。

选择"跨境电商法律服务"的比例为 12.5%，低于电商企业的 28.5%，但同一选项中律师事务所实际涉及的业务比例则为 25%，与电商企业的需求基本持平，也反映出律师事务所在该类法律服务需求的需要在认知上过低。选择"农村电商法律服务"的比例为 25.5%，低于电商企业的 42.3%，而实际目前律师事务所业务涉及比例为 0。该项选择比例如此悬殊，或与农村电商刚刚起步、相应法律需求未在实务中爆发出来有关。但有需求就有市场，律师事务所作为中介服务机构应当在农村电商法律服务上进行相应的研究和法律服务产品开发，以应对今后的此类法律服务需求。选择"P2P金融法律服务"的比例为 40%，远高于电商企业的 14.3%，而在同一选项中律师事务所实际业务涉及的比例则为 50%。从数据对比中，不难看出选择律师事务所的选择有基于其实际业务比例的现实考量。而"P2P 金融法律服务"比例在律师事务所实际业务中涉及比例占据 50% 的高比例，则与此前 P2P 金融监管政策不完善、P2P 平台跑路等事件频发等相关。从当前来看，P2P 金融监管的政策仍有待细化和落实，P2P 行业的合规需求以及后续政策出台的二次合规需求依然会长期存在，故而此类法律服务业应当是律师事务所研究的重点领域之一。至于电商企业 14.3% 的需求比例，或与受访企业 71.4% 为 B2C 型电商企业，业务涉及 P2P 金融者少有关。选择"物流等第三方服务商之间的纠纷"的比例为 25.5%，略高于电商企业的 14.3%，与律师事务所实际业务涉及比例的 25% 基本持平。通过对律师涉及的电商与第三方服务商之间的纠纷了解，相当部分纠纷的产生与电商企业的不重视有关。缔结合同的随意、服务质量约定宽泛、付款要求不严等因素，往往会演变为双方之间的纠纷。从前述数据来看，电商企业对"物流等第三方服务商之间的纠纷"仍然不够重视，需要予以警惕。

（2）解决方式、途径和处理结果。

在对电商企业法律需求解决渠道和各解决渠道效果评价的调查中，数据显示，选择"委托中介机构（如律师事务所、专利事务所、商标事务所）的比例最高为 57%，同时在最优服务评价中该选项比例也最高占 71.4%。可见中介机构的专业能力和较高的服务水平，是促使其成为电商企业解决法律需求最主要渠道的重要原因。

选择比例仅次于"委托中介机构（如律师事务所、专利事务所、商标事务所）

的选项是"行业协会/商会"和"自有法务人员",两者在渠道选择的比例和服务效果的比例上均持平,前者为 42.9%,后者为 57.1%。可见杭州电商行业组织的法律服务能力和水平已经相当高,其对杭州电商企业的行业管理和服务已经成为杭州电商产业发展的一大积极因素。此外,数据也说明了杭州电商企业具有较强的法律意识,其内设专职法务人员的服务能力总体呈现也较为优秀,能满足企业的基础性法律服务需求。

(3)外部律师与内部法务。

通常,聘请外部律师解决和内部法务消化解决是企业解决自身法律服务需求的两大渠道,前述相关数据也已证明了这一事实。但是,电商企业在选择何种渠道侧重上仍有区别,在对电商企业就"配备专门法律部门情况"进行调查时发现,目前电商企业"单独设立法务部门"的比例仅为 28.6%,"未设立法务部门,有法律服务需求时临时外聘律师"的比例则为 57.1%。通过上述数据,显而易见,电商企业在有法律服务需求时更偏向于外聘律师。在对企业解决法律需求的模式的调查中获取的相关数据也进一步支撑了前述事实,"一般情况由法务部门解决,重大法律事务外聘律师合作"的比例为 28.6%;"一般事务交由法务或外包律所处理,涉及专业性强的如知识产权、P2P 金融则会另聘专业律师处理"的比例为 42.9%,两者合计占比 71.5%,而全部交由法务处理的比例则只有 14.3%。那么影响电商企业做出不同选择的因素主要有哪些呢?课题组针对这一问题进行了更为深入的调查,通过对法务素质现状、两大渠道的成本等要素进行调查,获取了相关数据。

数据显示,在企业选择设立内部法务部门的理由中,除认为"企业信息不方便透露"的比例最高为 42.9% 外,其他各项选择包括"中介结构收费高、响应不及时""法务部门已经完全能够满足法律服务需求"的比例持平,同为 28.6%。而在企业选择"法务 + 中介"的服务模式的原因调查中,认为"专业事须专业人做,中介机构更专业"的比例为 57.1%,"专门法务能够及时响应常规法律需求"的比例为 28.6%,而认为"优质法务人才较少,无法满足全部法律服务需求"的比例则为 0;此外,在对企业选择全部法务外包模式的原因调查中,认为"日常法律需求并不多,没必要设立专门岗位,可节省人力成本"的比例为 28.6%,认为"满足企业要求的法务人才少,人力成本大"的比例为 28.6%。

通过上述数据可知,影响电商企业选择外部律师或内部法务解决法律需求的主要因素有:专业能力、人力成本、法律服务需求的多少、企业信息保密的需要、法律服务响应速度等。其中,中介机构的专业能力是电商企业最为看重的要素,但同时其收费较高、响应速度不如内设法务部门也是阻碍电商企业选择的两大掣肘。而优选内设法务的主要因素则在于目前法务人员的素质普遍较高,基本能满足电商企业的法律服务需求,但是在专业事项的解决能力上是其短板,同时法务人员的人力成本与法务外包之间的成本对比也是影响企业是否内设专门法务人员的重要因素。

（4）新的解决方式和机制。

在对电商法律服务需求解决途径和解决效果评价的调查中，"行业协会/商会" 和 "自有法务人员" 的选择比例和效果评价中的比例持平，凸显出 "行业协会/商会" 已经成为一种重要的服务需求解决方式。这与《网络平台交易管理办法》《杭州市网络交易管理暂行办法》，以及相关电商政策所倡导的强化行业组织的自律及服务能力休戚相关，也是相关政策法规落实良好的一大表现。

当然，"行业协会/商会" 能发挥如此作用的客观环境也不可忽视，即当前大部分行业协会/商会与政府有挂钩，其扮演的角色相当于政府代理人。但是，2015 年 7 月 8 日印发的《行业协会商会与行政机关脱钩总体方案》也给行业协会/商会脱钩制定了时间表，那么在行业协会/商会与政府脱钩后，如何保持现有的服务活力和能力也是需要各方考量的一个问题。

此外，电商园区作为当前电商经济中的一个重要组织方式，其在电商企业中的组织、沟通作用也非常重要。但从调研数据显示，目前电商园区在为园区企业提供法律服务需求解决上并无多少建树，其比例仅为14.3%。这一数据也同时为电商园区服务领域拓展提供了一个新方向，抓住这一方向从社会意义上而言，能够丰富电商企业的法律服务需求解决途径，促进其进一步多样化发展，而从电商园区自身业务角度而言，也可以培育其核心竞争优势。

3. 政策和法律的特殊，以及因此取得的成效

从目前杭州地区涉及电商的政策和法律法规的情况来看，政策明显多于法律法规，而这也与政策和法律法规本身的特性相关联。

首先，两者的表现形式不同，法律法规表现的形式相对固定，往往表现为 "条例" "规章" "办法" 等；而政策的表现形式相较而言更为丰富，包括 "决议" "通知" "意见" "会议纪要" 等。其次，两者表现形式的不同，也决定了两者产生的方式和程序不同，政策的制定相较于法律法规的制定，其程序要求较为简单，主要取决于政府部门的决策，甚至 "会议纪要" 也是一种重要的政策表现形式。而法律法规与之不同，其制度程序和权限由《立法法》予以规制，其制定周期也往往长于政策。甚至从市一级行政建制而言，享有地方性法规立法权的市本身就少。最后，两者政策与法律法规所调整的社会关系也存在较大不同。前者调整的社会关系更具多样性，所调整的往往是关乎区域政治经济的具有较大影响的社会关系，而这些社会关系调整的需求也决定了政策相对于法律法规的稳定性较弱，而短期的指导性更强。后者调整的社会关系倾向于对既有社会关系的确认、保护和控制，故其稳定性较强，利于解决既有纠纷，构建纠纷解决机制。

政策和法律法规作用各有突出，从杭州目前的电商产业发展情况来看，政策成效较为明显地体现在行业协会/商会的服务水平的提升上，以及三大跨境电商园区的建设上。而法律法规的成效则体现在电商纠纷争端解决、电商平台规范管理、规范行政执

法，明晰执法尺度、保障消费者权益等方面，客观上促进了杭州电商产业的有序发展。

3.2 杭州市电子商务产业发展的法律制约因素

1. 政策、法律法规落地的制约因素

针对电商政策、法律及法规的落地情况，课题组调查后的数据显示整体落地效果不错，但也有相应的制约因素，具体呈现以下特点。

（1）政策了解渠道和解读需要进一步合理化。

在此前的调查中已经发现，电商企业对于政策法规的了解程度，与其法律服务需求呈现一定的正相关性，对于法律法规的了解多于政策。而对于其不甚了解的政策，"中介机构"作为宣传渠道的疲软是很明显的一个原因。此外，在针对"政府机关在推进扶持、补贴政策落地时，应当在哪些方面进行加强"的调查中，认为应当"建立专门的政策发布和调整的网站，做到'单一窗口'查询"的比例占57.1%，认为应"针对最新政策和法规，举行新闻发布会进行释明"的比例占42.9%，认为应"针对最新政策和法规，及时发布释明文件和实施操作意见"的占比也为42.9%。上述数据显示，政策的分散发布无集中的"单一窗口"可供统一查询了解，是政策了解渠道的一大制约因素，毕竟大数据的查找和分析并非所有电商企业都擅长。此外，对政策的了解不足，没有权威释明的渠道以及政策本身原则性强而可操作性弱的特点也是掣肘政策落地的一大制约因素，需要政府在今后的信息公布方式和政策释明过程中予以解决和完善。

（2）中介服务机构需求对接不匹配。

中介服务机构是电商产业发展的重要推动力量，然而从调查反馈的数据显示，中介服务机构在与电商企业的服务供需对接上存在相当程度的不匹配。

例如，在对律师事务所"针对最新出台的政策法规是否有进行过相应的推广，以何种方式推广"这一问题的调查中，62.5%的受访律师事务所选择了"公益解读，包括举办公益讲座、发表解读文章"。而在对电商企业关于"现在网络流传的，关于新的政策法规的解读"较多。"贵单位认为，目前网络流传的政策解读对企业是否有实际意义"这一问题的调研中，高达71.4%比例的受访企业认为"作用不大，解读不深入，无法实际操作，只侧重于宣传"，有14.3%的受访企业认为"解读较为混乱，常有观点打架"，认为"作用大，能帮助企业了解政策"的比例甚至为0。

此外，在服务费用方面，针对电商企业"选择中介机构进行政策合规性调整，能接受的服务费范围是"这一问题的调查中选择"3万~5万元"的比例为0，所能接受的费用上限仅为3万元。而对律师事务所就"设计的最新政策法律服务产品，期待的收费标准是多少"的问题调查中，"3万~5万元"的比例为25%，而同时5万元以上的比例也占据25%，合计3万元以上，即高于企业所能接受服务价格上限的比例为

50%，在服务价格的供需对接上不匹配程度非常明显。

上述调查数据表明，中介服务机构与电商企业供需的不匹配，限制了中介服务机构相关政策服务产品的推广，打击了中介服务机构的服务产品开拓积极性，也降低了电商企业对于中介机构政策服务产品的信赖和采用欲望，导致中介服务机构对于电商企业发展的推进作用被弱化，而这是推进电商产业发展亟须解决的制约因素。

2. 政策法律环境的制约因素

杭州有"中国电子商务之都"的称号，电子商务优质企业众多，杭州市人民政府2013年7月24日出台的《关于进一步加快电子商务发展的若干意见》也明确表示要加快"全国电子商务中心"和"全球电子商务之都"建设，提升杭州市电子商务总体发展水平。

从此次的调查数据来看，在针对企业目前所处的电商政策法律环境评价的调查中，企业受访者对现有电商成长环境持正面评价的总占比为57.1%左右，对现有电商成长环境持负面评价的总占比为42.9%左右，虽然企业受访者对于现有电商政策法律环境的效果整体持认可态度，但是从以上比例来看，电商企业对杭州市政策法律环境的认可程度还有较大的上升空间。

由于电子商务是跨地域性的，有很多问题也是全国电商环境存在的通病，因此杭州市政策法律环境的制约因素会受到外部和内部的影响，结合此次的调查数据并进行分析，我们发现有以下几个问题制约了政策法律环境的健康发展。

（1）相关行业限制、禁止、准入的政策法规不明确。

在此次调查中，受访企业在针对目前正面临的法律难题中有57.1%的企业选择了"相关行业限制、禁入准入的政策法规不明确"。这同样也是全国电商企业遇到的难题，虽然随着2014年8月28日《中华人民共和国电子签名法》的颁布，我国陆续出台了一些关于电子商务的法律政策，但是缺乏一个专门性的法律，同时也缺乏基本法律的权威性，而且只是局限于网络安全、基础设施管理方面。这些政策法规的不明确导致电商企业对相关行业限制、禁入、准入的不清楚，不利于民间资本在电子商务行业的公平竞争。

（2）市场准入门槛限制过宽，导致市场无序竞争。

在此次调查中，受访企业在针对目前正面临的法律难题中有42.9%选择了"市场准入门槛限制过宽，导致市场无序竞争"。近年来，我国电商行业得到快速发展，但是我国电商法律体系对这种新业态普遍关注不够，监管力度也不够，导致市场准入门槛限制过宽，特别是互联网金融，仅仅凭借一台电脑，一套200元采购来的源代码就可以搭建一个P2P网贷平台，因此不可避免地出现了一些骗子利用P2P网贷平台恶意骗款跑路的事件，给投资者造成了巨大的损失。

（3）行政审批事项繁多、过程冗长。

在此次调查中，受访企业在针对目前正面临的法律难题中有42.9%的企业选择了

"行政审批事项繁多、过程冗长"。电商企业作为传统行业转型升级，催生新兴业态，成为提供公共产品、公共服务的新力量的主力军，为了鼓励电商企业的发展，政府在行政审批上应该给予更加宽松的条件。而目前来讲，电商企业和传统企业在行政审批上并没有任何的区别对待，反而因为相关行业限制、禁止、准入的政策法规不明确，导致在行政审批上增加了更多的条件和程序。

（4）企业融资途径少。

在此次调查中，受访企业在针对目前正面临的法律难题中有28.5%的企业选择了"市场准入门槛限制过宽，导致市场无序竞争"。资本是电商企业的命脉，当前我国电商行业取得如此巨大的成绩从某种程度上来讲也是金融资本驱动的结果。目前，我国电商企业融资市场并不健全，主要以PE（私募股权投资）、VC（风险投资）和有少量的银行信贷、IPO上市融资。同时，政府也缺乏针对这一新兴弱势产业的融资扶持政策，使得现实中大量电子商务企业融资较为紧张。

（5）企业用地政策限制多。

在此次调查中，受访企业在针对目前正面临的法律难题中有28.5%的企业选择了"企业用地政策限制多"。农业和跨境两大双向流通领域的电子商务成为政府今后一段时间主抓的重点，而这两大电商模式都需要大量的企业用地用于解决生产、仓储、物流等问题。虽然杭州市建立了多个电商园区对电商企业的房租予以减免，但是从杭州市的土地利用政策和电商优惠政策中鲜见电商企业项目建设用地价格减免优惠政策，而北京、上海、贵州、成都等地均对电商企业的项目建设用地有很大的政策扶持。

（6）物流难。

在此次调查中，受访企业在针对目前正面临的法律难题中有28.5%的企业选择了"物流难"。随着互联网的发展，日益增长的网络交易和捉襟见肘的物流短板之间的矛盾愈发突出，物流领域也是电商巨头之间比拼的重点，而中小电商企业自建物流普遍面临着资金供应不足、物流配送点布局难管理、仓库土地难寻、物流人才难找、管理压力大等问题，因此亟须政府在电商物流仓储建设、道路通行等方面给予政策扶持、税收优惠。此外，在物流设计上，政府物流研究部门、高校以及企业间形成联动，减少电商企业的负担。

（7）对中小企业存在歧视。

在此次调查中，受访企业在针对目前正面临的法律难题中有14.3%的企业选择了"对中小企业存在歧视"。中小企业是浙江经济的重要主体，占全省企业的90%，虽然中小电商企业存在歧视现象，但并不是主流，从数据比例中也体现出来。但是，也能体现出杭州市对中小电商企业的扶持力度还是不够的。

3. 组织管理方面的制约因素

制约因素又可细分为企业内部制约因素和外部制约因素，分述如下。

（1）企业内部制约因素。

一是未设置相应的法务部门。对于大中型或专业性强的电商企业，不仅法律服务需求大，且对法律服务内容的专业性也有较高要求，但该电商企业内部通常尚未设置相应的法务部门，致使对于企业内部长期存在的问题未能进行及时的跟踪反馈并适时提出解决方案。二是未找到相应的对外连接点。对于小型电商企业，虽然不设置相应的法务部门对其组织架构可能更为有利，但其内部缺乏的组织架构（法务部门）却未能通过适时接入外部连接点（如合适的律所）得到弥补，因而该类电商企业一旦发生法律纠纷，只能临时仓促外聘律师解决问题。三是缺乏自行培养电商法律人才的动力。现阶段企业内部普遍缺乏相应的电商法律人才，但企业又不愿花时间精力去培养，之所以造成这种现象，一方面是因为现在整个行业关注重点在于业绩发展而较少考虑风险点，另一方面也与整体的外部环境有关（这一点将在外部制约因素中阐述）。

（2）企业外部制约因素。

一是律师事务所虽设立电商法律部门，但专业化程度不高。近年来电商发展迅猛，为了应对电商潮，虽然大部分律所都设立了相应的电商法律部门，也能提供一站式服务，但也都存在设立时间较短、电商法律服务覆盖面广的特点，即电商法律业务仍处于粗放型状态，律所既没有对电商业务进行精细化分解，也未推出有针对性的电商法律服务产品，甚至对一些电商业务还非常陌生，如农村电商、跨境电商、征信服务等。再加上电商法律业务总体需求量不大，法律服务收费也较低廉，因而所有这些都在一定程度上阻碍了律师对于系统研究电商法律服务的动力，最终导致电商法律服务总体专业化程度不高。二是其他中介机构专业性特长未能显现。除律师事务所外，其他中介机构虽然也开始关注电商业务，但其既未针对电商企业的特点（如商标侵权、专利侵权）设立相应的对接部门，也未设计相对应的产品迎合电商企业，而是仍以原有模式为原有客户提供服务。究其原因，一方面是因为电商企业大规模的法律服务需求尚未大量显现，其他中介机构对该类企业的服务意识尚未被激发；另一方面是因为其缺乏对电商企业的技术性了解（如互联网知识、电商交易规则等），致使其专业性特长无法得到发挥。三是中介机构与电商企业尚未形成有效对接。中介机构如与电商企业有效对接，将会形成真正的合力。但令人意外的是，根据调查结果，对于法律讲座或是公益沙龙的认可程度，中介机构与电商企业的态度截然不同。中介机构认为其推出的法律讲座或公益沙龙是非常成功的，对企业帮助很大，而企业对讲座的认可度较低，其认为该讲座与真正的法律需求还存有一定的差距，实用性不大。因此，可以看出，中介机构的相关部门在推出相关产品的时候，与企业的对接还存有一定的差距，尚未找准企业真正的需求点，因而中介机构与电商企业最终也就未形成真正有效的对接。四是人才培养方面的制约因素。对于电商法律人才培养缺乏系统性。主要表现在以下四个方面：高校未设置电子商务法律专业。系统、批量培养专业的电子商务法律人才是解决该类人才短缺最有效的方法，但不知是因为重视程度不够还是设置该专业具有一定的现实困难，总之，据现有掌握材料来看，尚无高校开通电子商务法律专业，更遑论对该专业的普及推广。五是尚无机构提供系统的专业培训。由于国内的电子商务大都处于低层次的高速发展，再加上实务中对于电子商务法律需求量并不多，因而很多从事电子商务的专业人员（如律师）事实上对于电商所涉及的业务领域的研究还很浅显，非常需要一些系统的专业培训，使其对该业务领域有一个整体的了解，但目前尚无机构针对该领域提供系统的专业培训。六是缺乏成型的培训教材。电商法律业务培训教材的编制有一定的难度，主要有几方面的原因：①没有专门的电子商务法。电子商务行为规则以政策为主，而政策具有易变性、时效性、原则性、不稳定性等特点，使得很难将政策转化为教材；②相关业务尚处在摸索学习过程中。电子商务是近年来蓬勃发展的一个产业，随着"互联网＋"的不断深入，越来越多的传统行业开始涉网，但相应的法律研究却滞后于行业的发展，如跨境贸易、农村电商，该方面的业务本身仍处于摸索学习试错过程中，此时尚不具备编制教材的现实可能性；③没有专门人员筹备教材的编制工作。电商业务本身具有的系统性与综合性，使得电商业务培训教材的编制也必须具备整体性，要完成这方面的工作，则必须整合多方面的专业人才进行专门的研究与编制，仅靠一己之力是无法完成的。七是中介机构缺乏培养电商法律人才的动力。不论是律所还是其他中介机构，对于电商法律人才的培养缺乏动力。这与经济因素有很大关系，因现阶段该方面的业务专业程度不高，收费不高，且需求量也不是很大，因而对于该块业务本身就处在可有可无的境地，所以，培养该方面人才缺乏足够动力。

3.3 杭州市电子商务法律服务产业发展建议和展望

1. 政策、法律服务的发展目标

从杭州市电子商务政策法律服务业的现状来看，目前发展目标包括如下几个方面。

（1）仍需继续加强政策和法律导向，达到政策灵活性和法律稳定性相结合的目标。

法律具有稳定性、可预测性和指导性，而对于电子商务领域的法律事务，因为不少事项都在尝试阶段，而国家的大力扶植政策也需通过时间来验证并修正，所以更多时候需要通过灵活、可变的政府政策对电子商务发展方向进行调整，法律服务也不例外。当然，对于稳定的法律法规也不能偏废，尤其是部分内容已经明确，为了起到更加明确的引导作用，有必要通过法律规范的形式加以固定。

（2）切合行业的发展状况，使得电商企业的需求与法律服务机构所提供服务进行有效对接。

目前，电商企业大量处于发展阶段，涉及的法律服务需求也将迎来井喷，无论是平台、商家还是消费者，都会在电商运营过程中产生亟待解决的法律服务需求。而根据目前所了解和调研的情况，课题组发现电商需求在对接外部法律服务机构过程中存在较大的差距，部分电商企业对于法律服务机构提供的服务认为不尽如人意。因此，有必要进一步加强双方服务需求和服务方式的对接，解决各方对于法律服务的供求矛盾。

（3）大力提升内部法务及外部服务机构的服务能力和水平，对服务需求进行及时响应。

对于大部分发展型电商企业，电商政策法律法规服务仍然处于较为初级的阶段，由此也使得电商企业对于法律服务将提出更多、更高的要求；而法律服务机构在为电商企业提供服务的过程中，并没有成熟的经验可循，而且根据调研，大部分法律服务机构的电商专门服务才刚刚起步，提供更为切合电商企业需求的服务内容，便成为了目前法律服务过程中的一个重点和难点，这需要内部法务和外部服务机构共同研究和提升。

（4）加强人员培养力度和拓宽人才培养途径，将外部服务机构和内部法务人员的培养作为发展电商过程中的重心之一。

虽然电商企业已经对法律服务机构提出了更高的服务要求，但是服务质量和水平的提高，归根结底还是人员的培养问题。由于市场存在信息不对称，电商企业的法律服务需求和外部法律服务机构之间并没有进行有效的沟通，进而在人才培养方面存在脱节的情形。因此，有必要动员社会力量，充分调动各方的积极性，将培养电商法律服务的人才作为目前电商发展过程中的重点工作之一。

（5）充分调动协会、商会和电商园区的积极性和主动性，促进电商企业能够快速、健康成长。

在调研过程中发现，协会、商会在电商法律服务对接过程中，已经起到了较大的作用，尤其表现在政策法律法规的解读和宣传等方面，而园区在这方面却存在较为不足的情形。课题组认为，这一方面是因为园区在运营过程中更多侧重于商业利益，将工作重心放在园区招商和扩容上，无法保证更多的人手和精力在电商法律服务提供上，另一方面也反映了协会、商会和园区对于为电商企业提供法律服务的积极性和主动性上存在差异。我们认为，园区和电商企业存在更为紧密的地缘关系，也更加能够及时反馈电商企业需求并提供帮助。因此，就电商法律服务方面，协会、商会和园区都不能偏废，应当共同在外部和内部提供更好的法律服务环境，促进电商企业的健康、快速成长。

（6）加大电子商务政策法律法规落实渠道和通路，使得政策法律法规能够迅速得到普及和执行。

调研过程中，同样也发现目前部分电商企业对于享受电商政策法律法规的了解程度不高，在对园区寻求更多帮助的期待值得不到满足的情况下，更多时候无法了解最新的电商政策法律和法规。政府部门和网络途径虽然在一定程度上起到了贯彻和落实政策法律法规的目的，但是从深度和广度上仍需进一步加强。

2. 政策法律法规服务产业发展的具体思路及对策

（1）建立以政策、法律法规的行政部门解读为主，外部服务中介机构解读为辅的机制，提高宣传的深度和广度。

目前，行政部门对于政策、法律法规的解读，是电商企业获取的最主要、也是最权威的途径，并取得了良好的社会效果，只是由于电商企业的迅猛增长，必然出现捉襟见肘的状况。此时，有必要充分调动外部中介机构的解读宣传的主动性和积极性，将更多的政策法律法规尽快宣传并落实，尽快达到政策法律法规的制定目的。

（2）加大内部培训和外部辅导研讨的次数和力度，创造内外良好沟通的机会。

由于法律服务的培训是一种有别于其他行业的特殊培训，即使是建立了专门的法律部门也无法仅仅针对事务进行简单的内部交流和培训，外部辅导研讨的必要性由此即凸显出来。更为合适的选择是内外结合，将电商企业内部法律服务需求和内容，与外部法律服务机构的工作方式和服务模式结合，以培训、研讨、交流等形式为主，创造一种共同发展、合作共赢的局面。

（3）建立电商法律服务人才的专门培养机制，由高校、电商企业和法律服务机构合力拓展培养方式。

除了内外交流合作之外，专门的电商法律服务人才的培养机制也极为重要，高校拥有了电商法律服务人才培养的理论基础和硬件设施，部分电商企业也拥有专业人才可以参与培训活动，尤其是外部的法律服务机构，更加应当在电商法律服务人才的培养工程中发挥重要作用，各方合力，建立并形成一个有效的电商法律服务人才的培养机制。

（4）在各个协会、商会和园区建立电商政策法律的服务点，建立应急反应机制。

电商企业虽然在创业发展过程中并不是单打独斗，相互联系沟通也不少，但对于政策法律服务方面的交流合作并不多，这就需要外部机构和行业组织能够起到催化剂的作用，建立起系统的电商法律风险和事务的处理体系，并尽可能依托于协会、商会和园区，设立专门的服务点，并建立起一套应急反应机制，处理重大、疑难，尤其是紧急的法律事务。

（5）拓宽外部渠道，对跨境电商法律服务进行专门的研究和辅导。

跨境电商，是今年伊始电商的一个重要发展方向，跨境电商并不是简单的"外贸＋电商"，其中涉及的与贸易有关的通关、支付、结汇等事务，与政策法律法规有着非常紧密的联系。跨境电商的法律服务需求，在目前的大环境下显得更为迫切，也需要得到行政机关和社会服务机构的更多关注。我们认为对于跨境电商的法律服务，有必要成立专门的部门和委员会进行专业的研究和辅导，以应所需。

4 电子商务物流发展专题报告

杭州作为中国电子商务之都，阿里巴巴等众多电子商务企业深深扎根于此。同时作为中国快递的发源地，"四通一达"等主要民营快递企业均出自杭州，历史底蕴深厚。近年来，杭州电子商务和物流快递行业持续保持高速健康发展。

4.1 杭州市电子商务物流发展现状

1. 物流快递行业持续发展

近年来杭州市快递业快速增长，市场规模逐年扩大。2015年杭州市规模以上快递服务企业业务量累计完成12.57亿件，同比增长48.66%；业务收入累计完成143.75亿元，同比增长40.62%，如图4-1和下表所示。2015年12月杭州市分专业快递业务收入比较如图4-2所示。2015年杭州市邮政函件业务累计完成1.33亿件，同比下降23.87%；报纸业务累计完成2.93亿份，同比增长0.31%；杂志业务累计完成1309.60万份，同比下降8.84%；汇兑业务累计完成169.15万笔，同比下降48.82%。

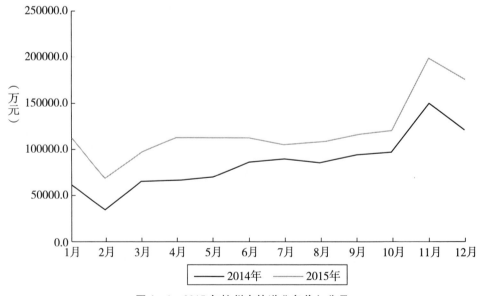

图4-1 2015年杭州市快递业务收入分月

2015 年我市各县（市、区）快递业务量情况

县（市、区）	业务收入（万元）		业务量（万件）	
	1—12 月累计	12 月当月	1—12 月累计	12 月当月
上城区	67705.75	8290.90	6127.80	822.34
下城区	112933.36	13075.80	12150.50	1345.69
江干区	135258.87	15974.71	15540.17	1757.41
拱墅区	212657.23	21700.17	14582.11	1477.03
西湖区	296324.93	37974.44	14164.31	1968.54
滨江区	307988.58	36227.30	252626.61	2971.17
萧山区	215553.80	31733.47	25364.99	3956.87
余杭区	50181.27	6280.58	7124.73	934.81
桐庐县	8916.64	1197.62	1183.91	187.73
淳安县	2143.95	214.46	264.42	26.14
建德市	4005.06	531.07	521.86	72.56
富阳市	11738.16	944.61	1340.41	118.39
临安市	12134.58	1228.05	1715.48	197.36
合计	1437542.18	175373.18	125707.29	14836.03

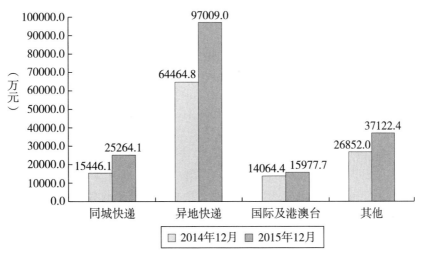

图 4 - 2　2015 年 12 月杭州市分专业快递业务收入比较

2015 年杭州市同城、异地、国际及港澳台快递业务收入和其他快递业务收入分别占全部快递收入的 13.4%、54.7%、10.3% 和 21.6%，如图 4 - 3 所示；同城、异地、国际及港澳台快递业务量分别占全部快递业务量的 27.6%、70.8% 和 1.6%，如图 4 -

4 所示。与 2014 年同期相比，同城快递业务收入的比重上升 1.5 个百分点，异地快递业务收入的比重下降 1.5 个百分点，国际及港澳台业务收入的比重下降 3.0 个百分点，其他业务收入上升 2.9 个百分点。

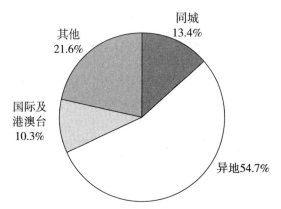

图 4 - 3　2015 年杭州市快递业务收入结构

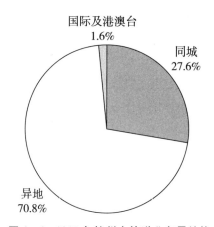

图 4 - 4　2015 年杭州市快递业务量结构

在电商物流协调发展大环境下，杭州将充分利用中国电子商务之都的优势，深化快递企业与阿里巴巴等电子商务企业战略合作，大力发展基于电子商务的快递服务，创新"网络购物＋快递高效配送"模式，强化快递业、电子商务与中小企业共同成长、消费者受益的多赢发展机制。推进快递业与杭州四季青服装市场、钱江服装市场、农副产品市场等，以及义乌中国小商品市场等专业市场合作，着力构建专业市场、快递企业与电子商务三方战略联盟，为专业市场提供高效便捷的快递服务支持。鼓励支持快递企业运用互联网、物联网、云计算等先进技术和网络优势，以杭州为中心，立足长三角辐射全国，进军电子商务市场和互联网金融等领域。

2. 仓储物流设施不断完善

在杭州电子商务飞速发展、竞争压力日益增长的环境下，仓储物流能力对于整个电商物流的发展起着至关重要的作用。杭州邮政包裹业务局运用"大仓"与"小仓"仓仓引凤的原则，加大推进对于千万元以上的大客户的引进，以形成规模效应。主要围绕重点客户和依托杭州跨境电商综合试验区的契机，锁定区块进行仓储建设。

2015 年及未来两年内，杭州近郊地区也将出现一些高端物流仓储项目，如普洛斯杭州钱江物流园项目，园区规划可租赁面积约 54000 m²；万通余杭广德项目，其二期建成后将提供约 100000 m² 的国际标准物流仓储面积。

3. 跨境电商推进物流发展

随着国务院印发《关于同意设立中国（杭州）跨境电子商务综合试验区的批复》杭州成为全国首个，也是国内唯一一个跨境电子商务综合试验区。作为全国首批 5 个跨境贸易电子商务服务试点城市之一，中国（杭州）跨境电子商务综合试验区的设立，大大提升了杭州邮政、快递企业发展空间和机会。下一步，杭州局将按照市委市政府的要求，在省局的指导下，积极配合做好跨境电商综试区相关工作，协调邮政、快递企业为跨境电商综试区发展提供更加便捷的邮件（快件）寄递服务。通过跨境电商综试区这一平台，鼓励支持邮政快递企业实施"走出去"战略，努力开创邮政业"向外"工作的新时代。

4. 从业人员规模扩大

快递服务是劳动密集型产业，近年来快递行业发展迅猛，吸纳了大量社会劳动力资源，从业人数迅速增长，预计至 2017 年，杭州市快递业新增就业岗位 1 万个，从业人员总数达 3 万人以上，实现 2 万人次快递从业人员在职培训目标。从行业发展情况来看，未来快递从业人员仍将保持快速增长势头，展望 2020 年，杭州市快递服务业全国领先地位进一步巩固，从业人员总数约 4.5 万人。

5. 市政府政策推进物流发展

自 2014 年 9 月，被商务部、财政部、国家邮政局确定为国家电子商务与物流快递协同发展试点城市以后，杭州市按照三部委《关于开展电子商务与物流快递协同发展试点有关问题的通知》精神，认真部署，积极推进电商与物流快递协同发展工作。成立了杭州市电子商务与物流快递协同发展试点工作领导小组，出台了《杭州市开展电子商务与物流快递协同发展试点工作实施方案》，科学制订了电商和物流协同发展规划，将电商与物流快递协同发展整体纳入杭州市的发展规划，重点工作纳入《杭州市建设国际电子商务中心三年行动计划（2015—2017)》和《杭州市建设全国智慧物流中心三年行动计划（2015—2017 年)》。

围绕电商与物流快递协同发展以及杭州建设国际电子商务中心的目标，从统筹基础设施规划与建设、推行运营车辆规范化、支持末端投递设施建设、建设电商物流快递公益性信息服务系统、加强电商与物流快递行业监管五个方向对试点工作着重予以推进；以民为本，逐步解决电商物流"最后一公里"问题，制定了城市配送车辆高峰通行便利政策，规范公路收费政策，大力推进"E 邮站""E 邮柜"建设；同时积极组织企业参与试点项目申报工作，阿里巴巴、京东、苏宁、拉卡拉等电商巨头以及顺丰、德邦、"四通一达"等物流快递巨头积极参与，申报项目合计 57 个，经专家组初审、复审，最终确定 29 个项目为杭州市电子商务与物流快递协同发展试点项目，预计将带动社会投资 43 亿元。

4.2 杭州市电子商务物流发展面临的问题

1. 相互依赖且制约的电商与快递协同发展问题

随着近年来电商的快速发展，快递行业也在迅猛发展，行业业务量逐年递增。面对日益繁荣的电商服务，强大的快递物流支撑是必不可少的。然而由于电商快递服务的特殊性，快递企业之间既要拼速度，又得考虑价格。在如此快速发展的背景下，当行业利润越来越低，其成本与服务之间的效益背反问题也日益突出。

为了控制日常运营成本，快递公司一般仅提供满足日常业务量的快递服务；在此情况下，随着"双 11"此类时刻的到来，"爆仓""滞留"等类的问题便接踵而至。在一般电商企业与快递唇齿相依的关系下，如何取得共赢是电子商务物流面临的一大挑战。

2. 生鲜电商如何解物流困局问题

生鲜电商，这是一块众多电商企业既爱又怕的领域。因为产品的特殊属性，"最后一公里"配送问题一直以来被看作生鲜电商难啃的骨头之一。其实，经过这些年的发展，原有的供应链、保鲜、冷链、损耗等难题已经被一一破解，生鲜电商受到物流配送的制约正不断弱化。不过，在终端配送环节，如何实现最优选择，还是值得探讨的。

（1）自建物流，模式重却难专业化。

表面上看，自建物流对于配送团队和配送时效的管控应该是最理想的。京东能够给用户带来良好的消费体验，就得益于其强大的物流力量，能够保证用户下单后货品当日送达。但是，强大的配送能力背后，是物流体系建设的巨额投入和庞大队伍。对于生鲜电商而言，自建物流，团队达到一定体量能够满足配送需求，但很难承受因此带来的资金成本和时间成本；而小团队虽然不需要太大投入，比如每个门店配备一两名专业物流人员，但实现不了大范围覆盖，专业水准不高，无法满足配送需求。因此，自建物流配送面临能力有限、成本高、配送队伍难以管理，单量增加就会出现配送不及时，很难标准化、专业化。它只能是实力雄厚的少数生鲜电商能够玩转的戏码，一般本地化生鲜电商很难支撑。

（2）第三方物流，配送滞后损耗大。

借力第三方物流配送，是生鲜电商普遍的做法。比如与顺丰合作，借助其成熟的物流体系和强大的冷链。不过，一个致命的缺陷是，第三方物流配送很难直达，必须经过一夜多个配送站点周转，才能实现次日达、隔日达。但经过这一番折腾，娇贵的生鲜很容易出现破损、保鲜问题，用户的体验无从谈起，导致重复购买率非常低。与此同时，第三方物流配送生鲜产品在包装上要求很高，配送及包装物料成本占订单额的30%，将这部分成本转嫁到用户身上，造成产品价格升高，逼着用户埋单，很难让用户接受。

3. 杭州跨境电商进口业务火爆，仓库成为瓶颈问题

杭州作为跨境电子商务出口试点城市之一，受海淘业务太"火"的影响，杭州下沙跨贸园出现了"一库难求"的困境，停车场也成了进口商品的"临时仓库"。为了从容应对"8·18""七夕""双11"等网购消费季，许多电商需加紧"囤货"备战。然而电商们从海外带回来的货物，在其仓库内一囤就是好几个月，急速增长的业务量使得在需求远大于供应的背景下，仓库的租赁费用节节升高，跨贸园仓库紧缺的矛盾随之更加突出。为了更好地开展业务，电商们选择仓库尽量不跨仓、不跨区。因此如何更好地开展业务，又解决仓库瓶颈问题，是电商们亟待解决的问题。

4. 快递"最后一公里"问题

"最后一公里"一直以来是整个快递行业十分关注且有待解决的问题，而杭州作为电商与物流快递协同发展试点城市之一，其面临的困境主要集中在以下几个方面：车辆通行、停靠问题；快递员进社区、进校园问题；投递服务已成为用户申诉的热点，同时也是社会关注的一个焦点。

5. 电商物流快递安全性问题

由于相关制度执行不严，网购中经常会出现假冒伪劣商品，或通过"代购"、瞒报、化整为零逃税避税，还有不法分子在邮件、快件中夹带武器、毒品走私。特别是监管部门职责不够明确、工作机制衔接不畅、办法措施落实不够等管理不到位问题，致使电商物流快递存在诸多安全隐患和漏洞。

6. 电商物流仓储及配送专业化、品牌化、集约化问题

电子商务行业的发展，使得其对仓储与配送行业的要求越来越高。然而因市场分散等原因，市面上的很多小、杂、乱的仓储及配送管理公司并不能很好地满足电商企业的要求。而且小型仓储配送管理公司之间的恶意价格竞争，带给整个行业许多负面的影响。面对这种状况，如何更好地发展仓储和配送行业，使其能够专业化、品牌化、集约化，是我们所需要探讨的问题。

7. 第三方物流企业如何为电商企业提供定制化服务问题

电子商务行业相较于其他传统行业而言具有独特的运营模式，其更加快速的发展趋势，对物流的需求变化也越来越快，要求越来越复杂。作为第三方物流企业，如何更好地适应电子商务企业的经营模式和高速发展状态，并为其提供定制化服务是其所需思考的一个问题。

4.3 杭州电子商务物流的发展建议

1. 降低配送服务价格

要解决电子商务企业与物流配送企业之间的利益背反，实现双方的共赢，首先需要解决的就是两者在配送服务价格方面的矛盾。一方面，电子商务公司不能只考虑网站的点击率和订单的数量，还应同时考虑配送成本，尽量将网上销售的商品控制在与物流企业协议确定的配送范围之内，并尽量使之相对集中和形成规模；另一方面，物流配送企业应积极协作，及早参与电子商务以抢得先机，并加强管理开源节流，降低物流成本和配送服务的价格。同时还应尽可能与电子商务公司建立长期稳定的合作关系，这样做有利于物流企业制订长远投资和服务计划，有利于加快新的物流配送技术的应用，加大配送渠道和设施的建设力度，最终有利于加快实现物流配送系统的信息化、自动化、网络化、智能化和柔性化。从长远看，有利于持续稳定地降低物流配送的成本和价格。

2. 众包物流

众包模式，大众在可自由支配的碎片化时间内，发挥自己的体力或者才智进行"盈余性"的社会创造，实现高效、资源最大化利用、个体奉献的同时，参与者还能获得一定的回报。在懒人经济方兴未艾，到家服务越来越被消费者钟情的"互联网＋"时代，随着订单量不断增长，商家自建物流团队已经很难胜任。众包物流是在共享经济兴起的背景下新兴的物流模式。所谓众包物流，是指把原来由企业员工承担的配送工作，转交给企业外的大众群体来完成，通过招揽有空闲时间的人员"顺路捎带，随手赚钱"，成为兼职快递员，完成"最后一公里"的配送。除了京东到家，目前已经尝试众包物流的生鲜电商还有爱鲜蜂、田鲜等。田鲜董事长吕基富认为，众包物流是到目前为止，可以帮助生鲜电商跳出配送陷阱的最佳途径，既可以降低成本，又可以保证配送时效，提升用户体验。所以，不论从时效、成本，还是从团队管理、专业化程度而言，众包物流都有其独到的优势。对于生鲜电商而言，在物流环节进行节流，也是减负的重要一环。

3. 建立"跨境电子商务保税仓"

杭州作为跨境电子商务进口试点城市之一，受海淘业务太"火"的影响，杭州下沙跨贸园出现了"一库难求"的困境，停车场也成了进口商品"临时仓库"。

目前，杭州经济技术开发区已经意识到了这个矛盾，正在着手开建新仓库。如今，"跨境电子商务保税仓"项目已列入开发区"2015年重点项目"，项目位于杭州出口加工区内，总建筑面积约5万平方米，总投资约4000万元。该项目建成后计划在"双11"前投入使用，对"双11"这个即将到来的网购狂欢节而言，可以说是解决了"囤货"的问题。

4. 有效解决"最后一公里"难题

一是支持末端投递设施建设。为了有效地解决物流快递"最后一公里"，要进一步提高物流投递服务能力。快递企业应该按照《快递营业场所技术规范》建设标准化营业网点，并实现合理布局，同时支持连锁商业机构、社区服务组织（物业）、参与建设快递末端投递综合服务站，推动"网订店取""店定店送"等创新型电商物流配送经营模式，提供体验、物流、购物、金融、售后等"一站式"服务；支持按照"公用、开放、综合"的原则，推进智能快递箱建设。推进电商进农村，试点物流快递下乡集中统一配送新模式。二是要渠道下沉。电商企业通过互联网编织出一个强大的零售网络，但电商终究还是要把商品送到顾客手中，电商企业在控索O2O模式之时，通过渠道下沉，将线下零售商作为其展示平台和仓库，解决"最后一公里"难题。

2015年3月中旬，京东商城宣布与15座城市的上万家便利店进行O2O合作。其中包括快客、好邻居、良友、每日每夜、人本、美宜佳、中央红、一团火等知名连锁便利店品牌。根据介绍，顾客可以通过LBS定位服务在距离自己最近的门店进行购物。通过京东商城的配送系统，还将得到"1小时达""定时达""15分钟极速达""上门体验"等个性化的便捷服务。京东O2O将利用线下门店和其中央厨房、冷链、常温物流体系，提供更低成本和更高效率的配送服务，彻底改变以往消费者光临线下商店的消费模式，转为直接送货上门，消费者在家收货。目前电商企业"O2O"需要"渠道下沉"，即把物流渠道不断下沉，直到"最后一公里"。

5. 尽快建立健全、合法的电子商务法规

针对电子商务物流配送中出现的种种问题，政府有关部门应该积极研究电子商务的特点，迅速制定有针对性的法规和政策，积极推进相关法制建设，以规范电子商务活动，增加企业和广大消费者对电子商务的信任感。据相关资料显示，目前，上海市有关部门已经采取了初步措施，推出了工商企业营业执照网络版的格式和发布规定，使企业和消费者需要时可以在网上查看企业的营业执照。这是一个良好的开端，应该在杭州得以实施，甚至应该在全国范围内加以推广。

6. 政府宏观调控，促进仓储配送行业健康发展

针对仓储配送行业中的企业杂而乱现象，需要政府在市场自我调节的基础上进行一定的宏观调控。首先，通过市场的调研以及相关行业政策制定一系列的行业标准来规范企业的发展，相应提高进入壁垒，可以有效地避免非良性的市场竞争；其次，根据其标准来衡量企业的发展，对于值得学习的企业可以再实施相应的鼓励政策或优惠政策，以提高企业的积极性，更好地促进其发展，引领整个行业逐步规范化、集约化。而企业在政府和市场的带动下，更要注重自己的核心竞争力，通过不断的学习、改进、创新逐步达到专业化、品牌化。

7. 电子商务环境下我国第三方物流企业的优化策略

一是发展战略联盟，提升企业竞争优势。企业在发展自身的同时也需要发展战略

联盟关系，一方面要建立纵向联盟，也就是第三方物流企业和电子商务企业之间的联盟，在这种联盟关系内，电子商务企业和第三方物流企业通过所建立的联盟关系，通过挖掘长期利益来保持双方的长期伙伴关系，一旦长期伙伴关系达成，电子商务企业可以降低自身的物流成本，而第三方物流企业则可以通过与电子商务企业的合作关系得到短期内的快速发展；另一方面也要建立横向联盟体系，通过与其他第三方物流企业达成联盟关系，将联盟企业中符合自身发展的企业资源提取出来，经过一定的优化后与自身企业融为一体，这样可以帮助企业实现规模化经济，从而降低成本。二是对商品进行合理化运输。电子商务的出现为人们购买个性化产品提供了机会，但是提升了对第三方物流企业的要求，第三方物流企业要想得到顾客的认可就必须提供令顾客满意的服务，这就需要第三方物流企业对商品进行合理化的运输。三是对物流服务实行系统化管理，提高企业的管理水平。电子商务环境下第三方物流公司不再只从事原来的传统环境下的仓储和运输作业，而是进行多方位、多维度的物流服务，不仅主要涵盖了以前的运输、存储，而且还衍生出了各种顾客需要的物流服务。在电子商务这个环境下我国第三方物流要系统地整合自身所能提供的各种服务，并对这些服务进行系统化的分类和管理，并针对不同的客户提供合适的物流服务，使得物流服务的功能多样化，更好地满足客户的需求。

5 电子商务人才培训发展专题报告

5.1 杭州市电子商务人才培训发展现状

1. 电商人才培训产业规模初显

作为近几年新兴的产业,电商行业发展迅速,电商人才培训市场应运而生,而杭州作为电子商务之都,占据了电商人才高地,产业规模初显。在百度搜索引擎中检索"杭州电商培训"关键字,可以找到逾 200 万个相关结果。据估算,目前杭州市电子商务培训机构数量达到 200~300 家,涌现出淘宝大学、中智汇、时代光华、聚一教育、海课教育等一批知名培训机构。2015 年浙江省商务厅发布的首批《浙江省电子商务培训机构名录》共确定 115 家单位为电子商务培训机构,其中杭州市共有 30 家。培训机构大多聘请高校讲师或具有实践经验的实战讲师,开设课程基本覆盖各项电子商务活动,如推广、美工、客服、运营、数据和团队管理等,为不同层次的电商从业者提供培训和服务。以阿里巴巴集团旗下的核心教育培训部门淘宝大学为例,2012 年在线培训培训服务为 600 多万淘宝商家服务,2013 年累计培训 1500 多万人次,点播课程已经超过 4000 门。表 5-1 列举了部分知名培训机构的具体情况。

表 5-1 部分典型电商培训机构概况

培训机构	课程数量	师资力量	课程类型	培训人数
淘宝大学	线上课程已经超过 4000 门	集合了 80 家机构和 300 所院校的社会资源和力量,讲师多为淘宝集市卖家或天猫商家,熟悉淘宝平台实操及实战运营	线上课程:推广、美工、客服、运营、数据和团队管理 线下课程:电商创业系列课程、电商精英、网商特训营、网商MBA、传统企业进驻电商总裁班、县长电商研修班、县域电商研修班	覆盖近 200 万卖家,集淘宝两大类目 30 多个行业,2013 年全年积累学习量超过 1500 万人次,培训学员已超过 500 万人

培训机构	课程数量	师资力量	课程类型	培训人数
中智汇	干货类课程：超过3000门岗位胜任力课程：超过2000门，2015年年底会提升到5000门	成功电商卖家和优秀实战专家，签约讲师已超过300位	线上课程：运营、推广、客服、美工、数据、团队等（岗位胜任力培训）线下课程：电商总裁班、职业经理人班、农村电商班、跨境电商班等特点：①人才预定；②岗位胜任力培养；③微课模式；④线上培训，线下辅导相结合	截至2014年年底，已为上海家化、绿盒子、贝因美、巴布豆、百雀羚等20多万家电商企业提供培训服务，累计培养电商专业人才106万人
时代光华	管理类课程近3000门2014年开始涉足电商培训领域	实战培训讲师、管理专家、经济学家、著名高校商学院教授	①公开课：领导力，中层执行力，销售技能，人力资源等；②企业内训：企业领导力，中层管理与执行力，销售能力，团队建设，人力资源，TTT内部讲师培养等；③咨询服务：市场营销、企业文化、人力资源、战略咨询等	e-Learning（在线学习）平台的大中型企业已超过4000家；网络商学院累计企业数量超过500家，学员50000人；累计提供企业管理内训超过2300场，学员50000人
聚一教育	网络营销类课程6大系列	讲师和助教团队55人	电商战略定位电商平台选择与建设网络营销免费推广网络营销付费推广移动互联网营销推广电商团队运营体系	已经累计培训学员25000余人

2. 电商人才培育门类体系基本形成

根据杭州目前的电商培训机构培训体系来看，大多数培训机构将课程分为基础班、中级班、高级班三个层次，分别针对不同水平的电商创业者、从业者，提供针对性的培训课程和方法。根据培训人员工作经验又可以分为岗前培训和在岗培训。课程涉及的领域覆盖跨境电商、农业电商、外贸电商、移动电商、服务电商，根据服务平台分为淘宝店铺培训、微商培训、县域电商、企业转型培训等。

以淘宝大学为例，培训项目包括：①电商精英班——专业人才打造提升。紧密贴合网商的组织结构和岗位设置，研发系列基础提升课程，面向电商企业一线岗位人员提供操作技能式培训，形成网店美工、网店客服和网店推广三个方向内容，打造核心岗位竞争力；②网商特训营——电商中层成长之道。专门针对电商企业普遍存在的"腰部"力量薄弱、团队管理混乱等问题，深入分析电商的运营模型，挖掘不同岗位的胜任能力，结合经典案例剖析，帮助电商企业打造一支高效、专业的中层管理团队；③网商MBA——精英网商升级之旅。针对网商高端人士的管理研修班，学员云集淘宝和天猫平台年交易上千万元、知名淘品牌或是类目排名前列的网商企业或品牌商家负责人。通过对阿里集团高级管理层、业内专家、成功网商以及知名培训师等优势资源的整合，以现场授课、圆桌会议、课题答辩、校友会、系列班等多元化学习模式，全力打造最具领导力网商。除了对电商企业从业人员的培训，淘宝大学还开设了传统企业进驻电商总裁班，历经深度企业调研，针对传统企业发展现状及困境，深入挖掘转型痛点，帮助传统企业真正落地电商，实现企业的顺利转型升级。

3. 专业电商人才培育机构影响力日益显现

目前杭州市的电商人才培训机构中，以淘宝大学、中智汇、时代光华等机构较为专业，师资力量强、课程覆盖全、培训效果好、学员人数多，这些机构的影响力日益显现。淘宝大学是阿里巴巴集团旗下核心教育培训部门。淘宝大学以帮助网商成长为己任，历经多年的积累和沉淀，通过分析电商行业脉动，立足网商成长所需，整合阿里集团内外及行业内优势资源，已成为一个线上线下多元化、全方位的电商学习平台，为近500万学员提供了电子商务相关的专业知识培训。阿里巴巴对于渴望学习电子商务知识的人来说无疑是一块金字招牌，阿里巴巴各平台更是聚集了无数电商创业者和从业者，作为国内规模较大、专业水平较高的培训机构，淘宝大学具有较高的行业影响力。

中智汇是国内领先的在线教育平台和专业电商人才培养服务商，采用人才预定的模式，O2O的培养方式，致力于电商人才岗位胜任力培养。截至2014年年底，中智汇在线教育平台已为20多万家电商企业提供培训服务，累计培养电商专业人才106万人。同时中智汇已与淘宝、天猫、京东、当当、唯品会等主流电商平台结成战略合作伙伴的关系，为全国近百家县市政府、产业园提供电商人才预定服务。

时代光华杭州公司是浙江本地规模最大的社会培训机构，通过近几年的积累与发展，时代光华已经成为国内课程数量最多、体系最丰富、市场占有率和品牌影响力最大的管理课程产品供应商，近十年来举办各类培训课程、内训课程3000余场，被誉为"浙江省管理培训行业首选品牌"。2014年时代光华杭州公司开始涉足电商培训领域，并打造其自有品牌"步步为赢"，通过培训班、社交圈、发展解决方案等服务，逐渐将培训延伸至更为深入的企业服务环节。

4. 政府配套投入力度大

为顺应电商发展大趋势，解决电商人才缺口问题，杭州市政府制定并落实了扶持电子商务人才培养的各类政策，加大对电子商务人才培训的财政支持，将进一步完善电子商务发展环境，通过各种渠道的培育构筑电子商务人才高地，培育出更多的"小马云"，列为杭州电子商务未来四大发展重点之一。杭州市商务委发布的《2014 年杭州市电子商务发展报告》指出，打牢基础服务、保障电商发展，首先要建立人才体系，应实施电子商务专业人才自主评价工程，组织申报电子商务培训机构和实训基地，通过"电商换市·人才先行"电商巡讲、企业版权知识培训班、农产品电子商务专题培训等多种形式，普及电子商务知识 3 万人，培养电子商务专业人才 3000 人。杭州市及各县市出台的电商人才培养相关政策如表 5–2 所示。

表 5–2   杭州市及各县市出台的电商人才培养相关政策

地区	政策名称	政策重点
杭州市	浙江省电子商务服务体系建设实施意见	加快电子商务人才培养和技术研发。支持电子商务服务企业通过与培训机构、大专院校等合作，培养综合掌握电子商务、外贸业务、现代物流和市场营销等知识的专业人才；支持有条件的电子商务服务企业申报成为省电子商务人才培训机构或实践基地，利用自身的师资、教材、实战经验等优势，开展实用型电子商务服务人才培训
	杭州市人民政府关于进一步加快电子商务发展的若干意见	创造优越的人才环境，增强电子商务发展动力。支持建立"杭州电子商务研究院"等相关机构，开展电子商务、物流等方面的研究；创新人才培养模式，建立网商大学，加快电子商务专业建设，健全面向多层次需求的职业培训；支持有条件的电子商务企业与科研院所、高校合作建立教育实践和培训基地，支持电子商务企业开展职工培训，提高职工培训费用计入企业成本的比例，鼓励和动员社会力量开展面向农民和下岗工人的电子商务知识培训
	市政府关于推进跨境电子商务发展的通知（试行）	鼓励跨境电子商务人才引进培养。鼓励在杭高校根据自身条件，整合现有师资力量，结合产业发展实际需求开设跨境电子商务专业。对开设跨境电子商务专业，且纳入全国高等院校统一招生计划的在杭高校，给予最高不超过 100 万元的资金扶持；鼓励跨境电子商务企业通过在杭高校及经认定的社会培训机构（含跨境电子商务平台），为员工开展跨境电子商务专业培训；对年培训人数超过 30 人的企业，给予企业不超过实际培训费用 20% 的经费补助，每家企业每年经费补助最多不超过 10 万元

地区	政策名称	政策重点
余杭区	余杭区支持电子商务产业发展若干政策意见	支持区内职业高中、技校、社区学院等电子商务专业学生开展实践性教学，对销售余杭产品的网店给予一定额度的产品铺底补助，并每年评选一定数量优质网销店铺给予奖励 每年安排一定资金专项用于我区电子商务产业宣传培训与公共平台建设
富阳市	富阳市人民政府关于进一步加快电子商务发展的实施意见	加快培训电商人才。实施电商人才培训"千人计划"，多渠道举办电商职业培训和人才实务培训。建立多层次的培训体系，通过大专院校、职业学校、专业培训机构、电商企业和行业协会的合作，培训一批企业高级管理及部门管理人员，增强企业负责人电商应用意识；培训一批企业业务人员，提高业务人员应用水平；培训一批农村、社区网店经营人员、个体创业者、大学生（村官），传授网店创业技巧和营销技能；支持电商人才培训；每年从电子商务专项资金中安排50万元经费，用于电商人才培训补助
淳安县	淳安县人民政府关于进一步鼓励扶持发展电子商务的若干意见	加强电子商务专业知识培训。每年安排20万元经费专项用于旅游、农特产品、特色工业品等行业电子商务专业培训，培训经费由团县委统筹安排
桐庐县	桐庐县人才培养计划	针对受训对象特点，大力开展理念普及类、职业技能类、能力提升类培训，分设普及班、提升班、精英班、高端班，依托专业学校或引入第三方培训机构，开展校企合作或培训外包。计划每年免费培训5000人次以上，实现扩面提质。凡是县内劳动年龄段人员，均可免费参加农村电商人才职业技能等级高级工及以下的各类等级培训；实施农村电商大学生实训工程，在有实训能力的农村电商相关企业建立农村电商实训基地，鼓励和吸纳各类高校和技工院校学生到企业实训；同时对获评县级公共实训基地的企业，给予2万元建站补贴和每年最高1万元的物耗能耗费

5.2　杭州市电子商务人才培训存在的问题

1. 总体呈现"小散弱"，规模企业较少

目前，杭州市拥有超过200家的电子商务人才培训机构，但对当前的培训机构调查分析显示，仅有数家高端培训机构较为系统、专业，规模化程度较高，其他培训机构均存在自有人数少、课程不成体系、专业水平低等一系列问题，总体呈现"小散弱"

的特点。一是培训机构规模较小。大部分都是"小作坊"式的，大多仅有1~2个自有人员，专职讲师及核心外聘讲师缺乏，且卖家讲师占多数，开设课程数量有限，竞争力弱，对学员没有吸引力；二是大部分培训机构片面追求全面囊括电子商务各项活动而开设各类培训课程，每类课程杂而不精，不成体系，或只摘取某一块进行教授，或仅提供基础性理论知识及基本操作培训，或缺乏实战经验，教授的技巧方法等已过时。这样的后果就是学员可能在某一块比较了解，但缺乏本质性的、系统性的培训，发展提升的空间受限；三是培训机构实力不强。由于聘请金牌讲师成本太高，多数培训机构外聘讲师数量有限且整体专业水平低，没有形成品牌优势，不足以吸引学员以及大企业客户，在与大型培训机构的竞争中处于劣势地位，往往形成恶性循环，最后导致机构运行困难。此外，很多机构培训场地多为临时租赁，配套设施不齐全，培训效果不尽理想。

2. 培育能力相对脱节，泛化性培养偏多

一是知识脱节。电子商务的飞速发展不仅给电商培训业提供广阔的前景，更带来了巨大挑战，多数培训机构尤其小规模培训机构不能紧跟电商发展的步伐，电商新技术、新模式出现之后培训机构才开始开发新课程，且课程泛化又冗长，多为介绍理论知识、成功案例等，没有实质内容，不能为学员提供有价值的知识。电商的知识结构、理论体系尚未形成，现存知识技能全部来自实践的总结，并在实践中不断更新。此外，各电商平台规则变化很快，以淘宝平台为例，目前共有66项规则，但几乎每月都会发布数条新规，培训机构往往不能及时调整授课内容以适应频繁更新的规则，导致教授的知识脱节。根据电商从业者培训现状调查结果显示，41%的从业者认为培训内容没有针对性，57%认为培训内容的选择不够科学合理，仅有13%的从业者认为培训后得到较大程度提升。二是规模脱节。首先，人才缺口大。面对巨大的市场人才需求，电子商务人才的供给却严重不足。各大高校作为电子商务人才培养支出的最重要源产地，每年产出电子商务人才数量较少，如浙江大学、浙江工商大学、杭州师范大学阿里巴巴商学院等电商人才主要的培养院校，平均每个学校每年仅毕业200~300名相关专业的本科生，远远不能满足本地巨大的电子商务人才需求。此外，高校培养的电商人才注重理论缺乏实践能力，并不能匹配电商企业的真正需求。而培训机构由于培养能力有限、培训效果难以保证，培训的学员数量和质量都难以填补电商人才的缺口。三是专业培训少。培训机构总体呈现"小散弱"的特点，规模企业较少，而传统的教育培训模式在电商人才培养中存在很大问题，既没有完善的理论体系可以教授，培养内容大多过时，又缺乏教授贴近实践知识结构的师资，学生动手能力较差，毕业后往往需要重新学习，导致传统教育体制教授的电商知识与企业实践和需求脱节严重。四是结构脱节。由于高端课程定价高、盈利快、培训效果较难考核，多数培训机构中面向高端人才的培训项目（总裁班、职业经理人班）及针对政府主管部门的培训项目较多，甚至有些培训机构打出某些知名电商企业高管作为金牌讲师的招牌吸引学员，培训费用动辄数千上万元，而中低端基础性有效培训缺乏，导致人才培养结构上的脱节。

3. 培育资源分布不均，地区发展不协调

一是优质师资与课程资源的分布不均。规模大的培训机构拥有较强师资力量，尤其是名师资源，不仅包括实践经验丰富的平台卖家讲师，更有知名企业高管、各大高校在职教师等师资，专业水平高，提供的课程较为全面、专业，根据学员水平不同形成初、中、高级培训体系，培训内容基本覆盖电子商务活动全过程。而大多数中小型培训机构由于规模限制，师资力量及课程资源有一定局限性，有些机构只能采取低价策略吸引学员，严重影响培训效果，进而影响招生数量，形成恶性循环。二是培训资源的地域分布不均，总部设在市区的培训机构占绝大多数。由于杭州电子商务企业最早在市区起步，聚集了一批标志性的电商企业，形成了良好的电商氛围，政策落实较为到位，多数电商培训机构选择将总部设在市区。列入首批《浙江省电子商务培训机构名录》的30家杭州市电子商务培训机构中，大多数机构总部均设在主城区，其他区域江干区有7家单位，滨江区3家，余杭3家，萧山区2家，临安仅1家，其他县市仅有富阳市新锦程职业技能培训学校、桐庐县职业技术学校、建德市科兴技术学校3家。电商培训机构在市区大量聚集导致竞争较为激烈，外聘讲师大多在多个培训机构任职，不易形成品牌优势，而非主城区以及县市区域又面临培训力量弱、电商人才缺乏的局面，地区发展极不协调。

4. 全周期培养体系缺乏，后续服务薄弱

电商创业者、从业者的学习不是一蹴而就的，需要基础性操作培训、中级培训、高级培训循序渐进的培训过程，有时从业者也可能不确定需要何种知识技能，这就需要电商培训机构能够提供全周期性的培训体系，为不同程度、不同阶段、不同类型电商创业者、从业者提供针对性的培训服务。而目前培训机构开设的课程往往关注电商活动某些方面，杂而不精，不成体系，由于规模限制，很少有培训机构一站式服务，学员在选择课程时往往具有盲目性和不确定性，因此，培训效果得不到保证。由于电子商务发展迅速，平台规则、知识体系变化很快，电商创业者、从业者需要不断补充学习，而目前的培训机构鲜有定期培训服务，为学员提供职业生涯的全套服务。

另外，课程结束即培训完成，后续服务薄弱。由于培训过程一般以理论知识结合案例为主，学员没有实际操作经验，课程结束后学员进行实践时往往产生各种问题，而培训机构却没有提供相关学员与讲师对接指导、相互交流的平台，更没有免费线上回炉等服务，学员不能学以致用，造成培训效果较差。

5. 政策依赖严重，扶持政策亟待优化

杭州政府为促进电商培训业发展出台各种扶持政策，但许多地区电商培训机构对政策的依赖性严重，尤其是县市级培训机构往往缺乏专业的培训能力与师资力量，对于政策的依赖更为严重；另外，政策落地"无声"，虽然政府部门出台了多项有利政策，提供财政补助、税收优惠等，但政策补助过程慢、申请难，往往存在各种限制，政策的落

地性与可操作性还有待提升。此外，政策也存在一些合理的申请条件，如相关部门提供丰富的财政补助，但其申请需要电商培训机构具备国家相关机构的证书等，但这些证书往往与培训机构的专业水平并不相关，而仅是某些机构部门的"生财之道"。

5.3　杭州市电子商务人才培训发展趋势

1. 服务机构的专业化、体系化、品牌化发展

一是专业化。随着电子商务行业的快速发展，各类综合性电商平台、垂直类电商平台、移动电商平台的大量涌现，带动电子商务专业化水平越来越高。传统行业的培训机构已经很难满足电商行业人才培养的需求，一批晓趋势、懂实操的专业化电商培训机构将成为未来电商人才培养的主体。

二是体系化。目前电子商务行业的发展开始呈现逐渐分化的趋势，B2B、B2C、C2C、跨境电商、农村电商、移动电商各种电商业态不断增加，各自垂直发展，却又横向交融。因此也对电商人才的培养提出了体系化的要求，"一招鲜"的时代已经过去。体系化发展趋势主要体现在业态行业体系、岗位职能体系、螺旋提升体系三大类：①业态行业体系。分业态、分行业构建人才培养体系：如按照 B2B、B2C、C2C、跨境电商、农村电商、移动电商等不同电商业态的特点分别构建人才培养体系。再进一步还要按照行业特点（如服装、家电、母婴、食品等）细化人才培养体系；②岗位职能体系。按照岗位职能构建人才培养体系：电商企业岗位职能越来越细化，已经从原来的运营、美工、客服三大岗位，慢慢细化成品牌、运营、推广、视觉（设计、美工）、数据、客服（售前、售中、售后）、仓储、物流、IT 支撑九大岗位，10 多个子岗位，因此按照岗位职能构建人才培养体系的需求变得越来越迫切；③螺旋提升体系。电商行业发展的总体特点是快速、创新、颠覆，新的模式、手段、方法层出不穷，这就对电商人才的知识更新提出了更高的要求。因此如何构建一个不断更新发展的螺旋式人才提升体系是对人才培养机构提出的新的挑战。

三是品牌化。在中国教育培训市场的其他领域均有知名品牌出现，如英语教育的新东方、IT 教育的达内培训、中小学教育的好未来（原名：学而思），而电商教育培训市场一直处于小、散、乱的状态，尚未有全国性的知名品牌出现。但是现在已经有越来越多的电商教育培训机构在加强自身的品牌建设，未来整个行业将进行一次洗牌，品牌化、规模化发展将成为主流。

2. 线上培训与线下实操相结合

目前的电商人才培养方式以线下培训为主，但是由于线下培训受到场地、时间、师资等条件的约束，已经无法满足巨大的人才培养需求。而线上培训突破了时间和空间的限制，具有规模化、可衡量、易传播、知识更新快、碎片化学习等特点，加之电商从业人员年轻，非常容易接受这种新型的培训方式，因此线上培训越来越受到市场

的青睐。但是线上培训毕竟在授课体验上具有一定的局限性，所以线上培训与线下实操的结合将成为未来电商人才培养的主流方式。

3. 后服务支撑

培训服务本身是很难直接衡量其所产生的价值的，通过一场或者一系列的培训可以教会学员一定的知识点、技能、技巧，但是真正的吸收、掌握、融会贯通是在实际的工作中，因此如何做好培训后的服务支撑，实现长期、点对点的帮辅，对于电商人才培养机构是一个挑战，同时也是一个非常大的市场机会。

4. 人才定制化

根据淘宝大学的调查显示，未来 1 年内有超过88%的电商企业计划招聘人员，而超过37%的企业表示招聘电商人才最大的挑战是无法准确评估候选人的能力，18%的企业表示找不到合适的招聘渠道。针对这种供需矛盾，人才定制的模式应运而生：企业提出招聘需求，人才培养机构进行定向培养，培养完成后直接输送到用人企业。这种模式既降低了企业的招聘成本，也可以提高电商人才的就业率，是一种非常高效的人才培养方式。

5. 企业内训常态化

由于电商行业的发展是快速的、创新的、颠覆的，所以原本的纯粹依靠培训机构完成人才培养的模式也已经无法完全满足人才培养的需要，所以已有越来越多的企业自己或借助外力建立起内部人才培养的学习型组织，实现企业内训的常态化。

5.4　杭州市电子商务人才培训对策建议

1. 推进培训教育机构的专业化、品牌化发展

人才培养是下一轮电子商务发展的关键课题。一是要加大电子商务人才培训工作财政资金保障力度，鼓励和支持社会资本投资电子商务人才培训项目，要出台培训机构资质评定标准，由相关部门对培训机构进行培训质量监控，被认定的培训机构实行培训和认证情况报告制度，鼓励对培训机构进行动态评估；二是以培训标准制定为基础，鼓励并监督培训机构专业化发展，确保培训内容与时俱进、培训方式突出实效、培训模式不断创新。鼓励培训机构的连锁化发展；三是积极打造杭州电商培训机构的品牌，引导培训培养机构树立良好的市场口碑，举办常规化的口碑评选活动，支持新闻媒体对较好口碑培训机构的宣传力度，推动其做大做强，实现小散培训资源的整合。

2. 推动培训教育机构的服务化发展

电子商务发展迅猛，变化快速，电商人才的培养不是一蹴而就的，而是循序渐进的过程。因此，一是积极推动电商培训机构的服务化发展，引导机构丰富后续支撑服务，开展全周期、螺旋式培训。不仅包括课程培训，更有培训后的交流、实践、就业等服务，提供一站式电商服务，确保培训质量和效果；二是鼓励电商培训机构增强后

服务环节，为学员及每家企业设置专属的服务人员，提供免费在线社区、线上回炉、线下沙龙等再学习平台，增加客户满意度与服务黏性。支持培训培养机构发展会员企业全程跟踪服务，建立电商校友会，形成电商交流的价值圈，积极促进知识分享，为企业发展保驾护航。

3. 强化行业组织建设，加强政府监管

一是充分整合行业组织、专业培训机构、高等院校和电子商务企业等资源，建立杭州市电子商务人才培养产业联盟。按照人才培养体系和工作实际相结合、业务理论和实践操作相结合、政策引导和市场运作相结合的原则，组织开展电子商务紧缺人才、高端人才和专业技能人才等定制化人才的培养。以联盟为依托，加强行业自律，建立更为规范、有效、专业的电商人才培训市场，鼓励联盟企业的服务化发展；二是以产业联盟为基础，整合杭州电子商务运营服务、园区服务、创业孵化服务等多种力量，推动覆盖面更广、服务能力更强的电商服务联盟构建，以产业联盟的方式向省外进行拓展，实现以杭州市电商培训机构为引领，以电商服务产业整体联动的方式，实现快速发展；三是制定电商人才培训行业规范，对培训机构课程进行统一管理，确保培训质量和效果。根据国家职业标准，结合杭州市电子商务产业发展的实际情况，动态修改完善培训教材，积极编制成功企业的案例集，将其做深做精，将理论与实践紧密结合。鼓励建立投诉反馈制度和培训机构年检制度，对培训培养机构的投诉问题进行及时回复和解决，建立培训培养机构绩效考核机制，构建政府引导资源与绩效考核相挂钩的机制，鼓励相关机构良性发展。

4. 优化电商人才培养扶持政策

一是细化扶持政策的领域导向，重点扶持特定细分领域。电子商务涉及领域众多，培训机构往往片面追求大而全的覆盖电商活动方方面面而无法将课程做精做细，培训效果较差。因此，应根据不同领域电子商务发展的不同重点出台相适应的扶持政策，实施定点支持政策，在跨境电子商务、农村电子商务、传统产业转型等领域给予重点支持；二是加大政府购买服务的力度，优化购买方式。加大对绩效良好的机构的支持，以购买服务的方式，对培训机构进行更为有效的支持，建立学员反馈与培训补贴相挂钩的机制，鼓励培训培养机构真正提升专业服务能力；三是加强政策的可操作性。加强调研摸底，结合杭州电子商务发展水平和人才实际需求，因地制宜，加强政策的合理性、可操作性及执行的及时性，起到真正的引导作用；四是鼓励培训机构服务周边县市，促进电子商务人才分布合理化。完善杭州市电子商务人才培训和引进交流机制，鼓励规模较大的培训机构在周边县市设分校区，不断提高富阳、临安、建德等周边地区电子商务人才基数和质量；五是加大定制化电商人才培养。引导与加强电子商务培训机构与企业的对接，鼓励其提供定制化培养方案，根据企业实际需求培养学员，为电子商务学员提供实战学习机会和辅导，培育一批理论水平良好且实践能力过硬的电子商务复合型人才。

6 电子商务金融支付发展专题报告

6.1 杭州市电子商务金融支付发展概况

1. 电子商务金融支付的整体发展概况

（1）互联网理财方面。

2015 年互联网理财市场发展进一步深化，产品格局发生重大变化，已由发展初期活期理财产品包打天下转变为活期、定期理财产品共同发展的新局面。截至 2015 年 12 月，购买过互联网理财产品的网民规模达到 9026 万，相比 2014 年年底增加 1177 万，网民使用率为 13.1%，较 2014 年年底增加了 1 个百分点，如图 6 – 1 所示。

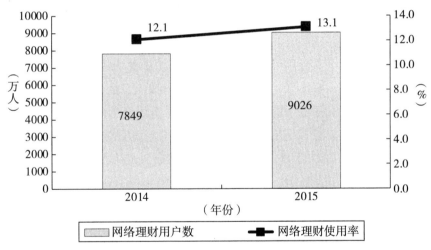

图 6 – 1　2014—2015 年互联网理财用户规模及使用率

资料来源：CNNIC（中国互联网络信息中心）2015 年中国互联网络发展状况统计报告。

（2）网上支付方面。

2015 年我国使用网上支付的用户规模达到 4.16 亿，较 2014 年年底增加 1.12 亿，增长率达到 36.8%。与 2014 年 12 月相比，我国网民使用网上支付的比例从 46.9% 提升至 60.5%。值得注意的是，2015 年手机网上支付增长尤为迅速，用户规模达到 3.58 亿，增长率为 64.5%，网民手机网上支付的使用比例由 39.0% 提升至 57.7%，如图 6 – 2 所示。

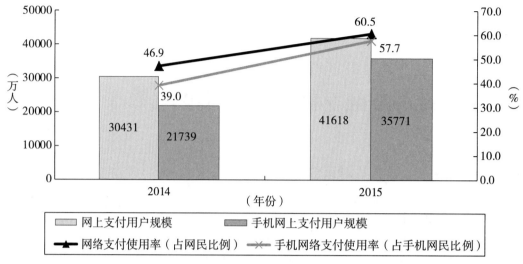

图 6 - 2　2014—2015 年网上支付/手机网上支付用户规模及使用率
资料来源：CNNIC2015 年中国互联网络发展状况统计报告。

2. 杭州市电子商务金融支付情况

杭州市作为国家"九五"电子商务应用试点城市、国家"十五"电子商务应用示范城市以及国家信息化试点城市，电子商务建设与应用具有起步早、发展快、领域广、人才聚集度高等特点；特别是经过近几年的快速发展，目前在全国乃至全球已经具有较为广泛的影响力，电子商务已经成为杭州市的重点发展领域。杭州市电子商务的发展水平位于全国的"第一梯队"，在网站数量、B2B/C2C、第三方支付等方面位居全国第一，以阿里巴巴为龙头的电子商务企业引领了全国电子商务的发展。

杭州市在电子商务支付领域中，以第三方支付公司发展快速为主要特点。成立于2004 年年底的支付宝，在经过 11 年的发展后，已然成为了第三方互联网支付市场的绝对大佬。艾瑞咨询研究数据显示，截至 2014 年，支付宝占据着国内移动支付市场份额的 49.6%，实名注册用户超过 3 亿。浙江省内 16 家从央行拿到第三方支付机构牌照的公司中，拥有互联网支付业务的共 9 家，分别是支付宝（中国）网络技术有限公司、连连银通电子支付有限公司、商盟商务服务有限公司、网易宝有限公司、浙江贝付科技有限公司、浙江航天电子信息产业有限公司、浙江甬易电子支付有限公司、杭州市民卡有限公司、快捷通支付服务有限公司。

6.2　杭州市电子商务金融支付发展制约因素

1. 法律因素

电子商务作为一种新型的贸易方式，正在迅速改变人们经济活动中传统的交易方式和流通技术，它与传统的法律制度、社会法规之间必然发生冲突，需要有专门的法律法规加以规范和协调。目前我国尚未对电子商务发展制订出整体的方案和规划，也没有框架性规范的文件出台，电子商务的法律、电子商务标准规范严重滞后，跨部门、跨地区的协调也存在较大的问题，特别是电子合同中的认证、电子支付、电子交易安全、知识产权保护及隐私权保护等问题的解决，还缺乏相应健全的法律法规制度。

2. 企业发展能力因素

（1）电子商务企业。

在国内的电商企业中，中小企业占了绝大多数，企业在信息化建设的浪潮下根据自身的实力或多或少进行了一定的信息化建设，但由于自身能力的限制，大多数只完成了电子上网的初级阶段——企业电子化，与真正意义上的电子商务相距较远。同时，企业管理机制不能适应市场经济的要求。部分企业领导对电子商务应用的重要性、紧迫性认识不足。企业采用电子商务等高新技术尚缺少内在的动力，人力、财力和物力投入不足，基础工作薄弱。

由于目前电子商务企业发展良莠不齐，且形式多样化，银行等金融机构在与其业务合作中会有所顾虑，当电子商务企业出现破产、损害消费者等情况时，消费者会牵连至合作的银行，对银行造成严重的声誉风险，该项顾虑从一定方面制约了银行与电子商务企业合作的积极性。

（2）银行等金融机构。

目前各家银行的跨行、跨区域交易问题尚未解决，在很大程度上制约了银行的金融支付功能。目前，若电子商务企业与单独一家银行合作则仅支持该家银行卡支付，从根本上制约了电子商务企业的发展，若连接多家银行受到资金成本和时间成本的制约，促使电子商务公司需求与第三方支付公司的合作，无形中增加了平台交易手续费成本。

（3）第三方支付公司。

第三方支付公司在支付过程中，资金会在第三方支付机构设立的虚拟账户上停留一段时间，形成沉淀资金，有资金吸存的隐患，第三方如果恶意侵吞或挪用到公司自己的投资或者是经营资金，将会导致因为公司经营投资失误而产生的风险。第三方支付公司因为种种原因，导致资金链断裂，法院冻结或查封，则会导致支付风险，损害用户利益。

第三方支付公司在B2B业务中发展缓慢。在B2B模式下采用第三方支付方式，供应商将会有大量的资金沉淀在第三方支付服务商处，等到采购商获得商品并确认后，资金才可流入企业。一般企业财务人员更重视资金占用的时间成本，调节资金的流动和资金的收益，第三方支付的资金的时滞性阻碍了其在B2B中的发展。

3. 相关技术因素

目前我国缺乏具有知识产权的核心技术，这些技术多为国外研发机构或IT厂商所拥有；软件产品的关键部件或软件开发的基础平台多为国外厂商提供；高性能的计算机和网络设备多是由品牌的产品所垄断；在信息集成的增值和增值领域，国内企业的服务水平相对较低。另外，我国由于经济实力和技术方面的原因等，网络的基础设施建设还比较缓慢和滞后，已建成的网络其质量离电子商务的要求相距甚远。

电子银行金融支付需要依托强大的安全技术、云计算技术、大数据技术等。一些技术实力不强的互联网金融平台，一旦发生重大的系统故障或者安全事件，将会使消费者或投资者蒙受重大的财产损失。一些第三方支付平台为了追求极致的体验而把一些重要的审核流程去掉，这为用户财产带来了安全隐患。

4. 安全因素

由于电子商务交易系统是一个开放的系统，电子商务金融支付处于开放的系统中，致使电子商务金融支付体系隐含着比传统金融支付体系更多更复杂的风险，不法分子通过盗号木马、网络监听、伪造假网站等手法，盗取用户的银行账号和密码信息等个人资料；利用黑客软件、病毒和木马程序等技术手段，攻击网上银行和个人主机，改变数据盗取银行资金等安全隐患，操作员不经意的疏忽操作会导致的一般性交易错误，也可能导致巨额的财产损失，这些安全隐患是电子商务支付与传统支付的不同之处。除了上述风险外，第三方支付公司还可能存在用户信息泄密等问题。

5. 消费者保护因素

出现技术风险和网络违法犯罪的情况下如何保障消费者利益，如何避免第三方的支付风险和投资风险对消费者利益的威胁，避免第三方支付平台利用技术和信息上的优势损害消费者利益，防止第三方获取并泄露消费者个人资料侵犯隐私等，在消费者得不到充分保护时，必然严重影响广大消费者对于第三方支付的信任，从而影响第三方支付的进一步发展，并可能对市场交易秩序产生一定威胁，所以必须强调对消费者利益的保护，以维护交易公平。

6.3 杭州市电子商务金融支付发展建议

电子商务金融支付在我国刚刚起步，具有很广阔的发展前景，这需要政府、金融机构和电子商务企业共同努力，通过长期积极和系统地建设，才能促进电子商务支付市场的高效健康的发展。

1. 政府角度

（1）加强政府的积极参与，发挥政府的规划和指导功能。

电子商务金融支付的发展需要政府和企业的积极参与和推动。由于我国电子商务企业规模偏小，信息技术落后，另外，我国的信息产业处于政府垄断经营或政府高度管制之下，没有政府的积极参与和帮助难以快速发展电子商务。因此应加强政府部门对发展电子商务的规划和指导，为电子商务的发展提供良好的法律法规环境。

（2）积极拉动电子商务的需求，积极推进信息基础设施建设。

鼓励网络应用软件的开发，丰富网上信息资源，以吸引更多的消费者使用电子商务，有意愿也有能力上网，从而为网上支付提供足够多的客户群体。

（3）在政策和资金上鼓励社会资金投入到交易平台建设。

尤其是鼓励要大力发展第三方平台，为网上支付的发展创造有力条件。

（4）在现行法律法规基础上，完善杭州市已起草的网络经营监管方面的规章制度。

针对涉及多环节、跨部门网络经营监管领域，适时出台临时规章或条例。依托国家电子商务产品质量监管协作平台，探索"网上发现、追溯源头、属地查处"质监机制。建立电商企业、行业协会、社会公众多方参与配合的全社会协同机制，全面规范电商市场；尽快完善金融支付相关法律，以立法的方式填补电子支付法律体系中的空白，早日出台规范电子支付的法规制度，为电子支付健康运行保驾护航。建立网络经营协同监管机制。

（5）建立社会信用体系。

要建立覆盖全社会的信用网络系统，完善信用认证的信用保险制度，建立诚信主体的诚信档案；要完善社会公共信用信息披露机制，使得诚信可以度量并可以传播，利用公众的力量引导交易实体能够自觉诚信；要加强社会诚信建设，建立政府对信用交易的有效监管及失信惩罚机制，提高社会整体信用等级。

（6）加快电子支付业务的相关标准的制定。

尽快统一技术标准，规范和建设多层次全方位的认证中心，推动网上支付和推动电子商务有序发展。

2. 从金融机构分析

（1）加快网上银行的发展。

网上银行本身属于电子商务的范畴，具有经济性、方便性、流动性等优点，无疑是最节约、最有效、最能接近小额零代业务用户的一种手段。因此，银行需要对传统的机构做出改革，从战略的角度发展网上银行业务。如华夏银行推出了智慧网银、智慧移动银行和智慧导航，为客户提供全面的电子银行服务。智慧网银可将客户及其家人的银行账户进行统一维护和管理，量入为出，精打细算。智慧网银中的企业网银我行进行了全新的页面升级，使得界面变得简洁、清晰、美观、友好，提高客户体验好感度。智慧移动银行提供手机号汇款、ATM预约取现等功能，以方便客户为主要目标，打造业务全面、功能完善、方便快捷的移动银行。智慧导航已全面推出智能机器人，人性化的交流沟通，快捷的业务办理，方便客户使用。同时，华夏银行继推出移动微银行后，积极深化与支付宝等第三方支付公司合作，打造多种"微银行"形式。

（2）加强银行间互联的建设。

银行业打造能够服务于全行业、跨银行的结算清算体系，各家银行需要配合跨行互联工作，研究并开发相应的接口方案或转换方案，实现全国范围内银行卡跨行、异地支付业务授权及清算信息自动交换。

（3）加强银行内部系统软硬件的安全性。

强化安全管理，健全各项规章制度，增强人员的交全意识，从而提高整个系统的安全性。

（4）要统一技术标准，统一认证体系。

要避免各方自行其是或各自为政造成市场混乱，建立全国统一的网上支付资金清算中心和标准统一的金融认证机构。

（5）迎合用户需求，积极开发创新业务。

支付结算业务本身尚有很大发掘空间，支付企业可以积极开发支付领域，改进支付方式。迎合用户需求，增加服务项目，以吸引用户群体，拓展盈利渠道，增强盈利能力。

（6）第三方支付企业要提升信用等级，确保支付安全。

一方面要积极协助相关监管机构完善第三方支付信用评级体系，提升行业整体信誉度，强化支付企业自身信用的同时有效维护客户信用；另一方面要配合监管部门加强对网上交易的监管和约束，确保交易支付的安全性，在技术层面上利用加密等技术手段确保网上支付安全，以及服务器端、客户端、通信信道安全，进一步加强安全风险防范，增强用户信心，提升行业品质。只有在法律、管理、技术等各层面做好支付安全防范，才能有效降低欺诈等犯罪行为发生的风险，合理保障用户权益。

3. 从电子商务企业分析

建设在线交易的交易平台。安全性是网上交易平台的基础。电子商务企业首先要具备可靠的网络软件硬件环境和信息交全体系，其中信息安全体系可以包括三个层次：加密算法、安全认证技术和安全应用协议。在设计电子支付系统时，应采取与国际接轨的技术标准，如 SET 标准。建立并不断改进企业网络系统的风险防范机制，加强与健全系统安全的管理，积极研究和同时做好网络的安全防范工作，强化交易系统的管理，确保数据传输的完整性和私密性。

通过研究细分市场，推进产品与服务创新，加强市场营销力度，吸引更多的客户使用电子业务。通过加强对市场营销的投入，使更多客户了解电子商务所带来的便利，同时消除交全性的顾虑，使更多的人能够接受电子购物的方式。

大力发展第三方支付。相对于传统的资金划拨交易方式，第三方支付可以有效地保障货物质量、交易诚信、退换要求等环节，并对交易双方进行约束和监督。其发展优势正在网上支付发展中日益发挥着不可替代的关键性作用，必将引领网络消费走入健康发展的轨道，成为今后网上支付发展的主要趋势。

培养电子商务领域的专业人才。电子商务的发展需要大批的网络技术人员、网络筹划师、电子商务工程师等科技人才支持，因此必须加大科技教育的力度，加快国内电子商务人才的培养，创造宽松的用人机制，改善用人环境，大力引进优秀人才。首先，应该留住国内人才，给他们提供尽可能好的工作环境和生活条件，使他们无后顾之忧，充分发挥才智。同时，鼓励留学人员回国工作，如果不能长期工作，可以采用聘用专家或邀请讲学的方式，增加交流，提高国内人员水平。

6.4 杭州市电子商务金融支付发展趋势与展望

1. 电子商务金融支付国内行业发展趋势

经过多年的发展，我国电子商务金融支付领域已经得到迅速成长，在促进电子商务市场发展上发挥着积极而重要的作用。但第三方支付自身尚存在诸多问题，如盈利模式单一、恶性竞争持续、风险控制较薄弱等，这些将引发一系列制约发展的问题，甚至可能遭遇发展瓶颈。目前电子商务金融支付业都在积极谋划布局，力图摆脱发展困境，迎接挑战克服困难完善自身。

（1）进军跨境支付，拓展国际市场。

目前国内电子商务金融支付多为境内业务，收入主要来自向商家收取的服务费、向客户收取的手续费以及与企业用户的利润分成，收入偏低，尤其是支付利润率较低。相较而言，跨境支付利润更高。未来随着监管层的逐步开放和支付及衍生类电子商务企业自身的不断发展完善，在立足于本土业务领域、深耕国内市场之外，支付及衍生类电子商务企业也将着眼全球贸易往来业务，拓展国际市场。

（2）助力传统企业，跨产业链合作。

近年来，我国居民生活、消费、娱乐等各个层面逐步与网络化接轨，在政策、技术等多方支持下互联网商业模式也取得了快速发展，互联网经济正逐步成长为国民经济的支柱产业。随着中国网上交易规模的扩大，越来越多的用户选择进行网上消费，且规模正在进一步增加。随之而来的将是更多跨产业链合作，这为电子商务金融支付提供了良好的商机。而金融与传统产业跨行业产业链整合，反过来又能对传统行业互联网化转型起到有效的正向反馈，对其发展起到重要的推动作用。

（3）支付方式多元化，线上线下相结合。

中国人民银行发放第三方支付牌照以来，国内获批的支付业务目前包括互联网支付、电话支付、银行卡收单、预付费卡等六种业务类型。随着获批业务类型的多元化，以及商户和个人用户需求的多样化，可以预计，支付业务类型也会逐渐由线上发展成为线上线下相融合。

（4）从单一支付到多元化金融转型。

由于产品的同质化现象严重，支付企业现阶段仍多受盈利不足困扰。随着支付及金融衍生类企业逐步涉及基金、证券、保险、人人贷等理财金融服务，支付类企业将成为金融机构的有益补充。出于生存与发展的需要，支付及金融衍生类电子商务企业也逐步从提供单一的支付结算服务向提供金融综合服务类转型。支付收单业务很可能将只作为资金的流经渠道，支付及金融衍生类电子商务企业向更高层级的金融增值业务发展以谋取利益，其业务领域将倾向于以信贷理财和供应链融资为首的金融增值服务。

（5）大力开发创新产品与服务。

目前支付及金融衍生类电子商务企业多在积极谋划进入个人理财领域，基金、保险、证券、信贷等金融衍生服务吸引了越来越多电商与用户的目光。除了引入基于用户需求的金融衍生类产品外，开发支付创新产品也成为支付及金融衍生类电子商务企业的目标。独特的支付终端，便捷的支付流程，新颖的支付行业，这些都将成为支付及金融衍生类电子商务企业的开发趋势。

2. 杭州市发展电子商务金融支付展望

（1）依托阿里平台，加快拓展国内市场，优化支付业务。

一是抓平台拓市。依托淘宝特色中国"杭州特色馆"、阿里巴巴"杭州产业带"、智慧旅游等网络和移动平台开拓杭州地方产品网络销售体系，在电子银行业务蓬勃发展的同时，不断优化支付结构，解决支付难题。

（2）电子商务支付企业在完成支付的同时，积极扩展其他业务，促进电子商务业务的发展。

如华夏银行推出了电商贷和POS贷等产品，为更多小微企业提供小额信用在线贷款的融资服务。依托POS商户和电商的经营流水，为其发放最高100万元小额信用贷款，真正解决了这些小微经营商户融资难、融资贵的难题，为POS商户和网络电商提供了银行融资渠道，得到商户们的认可。

（3）第三方支付公司和银行积极合作，优势互补，完善支付环境。

如华夏银行与第三方支付公司积极合作推出了融信通和云缴费等产品，弥补华夏银行系统仅支持本行卡支付的缺陷。

（4）创新产品服务，多方面方便客户。

在支付的基础上配合理财等产品，提高客户的资金收益。如华夏银行推出了普惠基金宝产品，该产品具有起点低、随存随取、收益较高、流动性强、安全可靠、操作方便等优点，帮助客户可想可投，可取可用，最大程度地满足客户的理财增值需求。

（5）发展跨境支付。

杭州市按照"招大引强选优"原则，与跨境电商各类企业洽谈合作，包括集聚天猫国际等电商平台、银泰等进出口电商企业、浙江一达通、EMS（中国速递服务公司）等服务平台，初步形成跨境电商产业体系，同时积极推进试验区申报，完善跨境支付环境，电子商务企业与金融支付企业积极对接，在满足监管的前提下，积极探索新的业务合作模式，发展跨境支付业务发展。

7 电子商务技术咨询发展专题报告

技术支持是电子商务生态系统构建的基础性服务。杭州市电子商务行业的跨跃式发展，以阿里巴巴、华智软件、浙大网新等为代表的杭州市本土电子商务科技公司，贡献特别巨大。而华智软件公司等电子商务技术咨询服务商们，为杭州市多家电子商务企业提供了技术支撑和运营解决方案，有力地促进了杭州电子商务产业的快速发展。

7.1 杭州市电子商务技术咨询发展概况

1. 杭州市电子商务技术咨询发展的基础环境

（1）电子商务行业已经成为杭州市经济发展的新引擎。

近年来，杭州市的电子商务快速发展，交易额连创新高，电子商务在各领域的应用不断拓展和深化、相关服务业蓬勃发展、支撑体系不断健全完善、创新的动力和能力不断增强。电子商务正在与实体经济深度融合，进入规模性发展阶段，对经济社会生活的影响不断增大，正成为杭州市经济发展的新引擎。具体表现为以下几个方面。

第一，电子商务进入规模发展阶段。近年来，杭州市电子商务市场规模快速扩大，应用程度不断普及，经营业态日益丰富，产业化程度不断提高，已经成为浙江省和杭州市经济的重要增长点。阿里巴巴已成为全球最大的 B2B 电子商务平台，淘宝网也已成为全球最大的网络零售平台。依托杭州的块状经济优势，一批专业电子商务平台处于全国同行业领先地位，一批 B2C 网络零售企业快速发展，团购、网上竞拍等新型业态不断涌现。

第二，网购零售市场交易依然高速增长。据中国电子商务研究中心数据显示，2015 年 1—2 月，杭州市网络零售市场交易额达 287.15 亿元人民币，同比增长 22.34%，已占到了杭州市社会消费品零售总额 681 亿元的 42.2%。从人口增速和消费人群看，人口增速较为稳定，20~40 岁的消费人群使用网购消费的模式几近固定，这些因素决定了网购交易额将在一定水平上趋于平稳增长。

第三，移动终端网络购物爆发性增长。随着智能手机等移动终端的日渐普及，移动电子商务在杭州将进入快速发展期。其爆发性的增长催生出的市场空间可能不亚于现有的基于 PC 端的网购市场。其快速增长主要表现在移动购物、视频音乐、移动金融等方面，像理财产品、打车、医院挂号问诊、和位置相关的服务等已经广泛运用于移动端。

（2）计算机网络技术和 Web 浏览技术。

Internet 技术是信息共享的基础，也是电子商务的基础。Internet 技术是电子商务发展的关键技术和基础技术之一，它的发展在环境、技术和经济等方面为电子商务创造条件。Internet 的强劲发展和网络应用在全球范围内的普及，为杭州市电子商务的发展垫定了良好的基础。选择 Web 浏览技术对更好地应用于 Internet，并被广大用户接受和使用，具有重大意义。利用 Web 浏览器交易双方可以实现交互。

（3）数据库技术。

在电子商务的业务活动中会用到很多信息，比如商品信息、交易信息、配送信息、会员信息等，这些信息需要合理地储存起来，并能够在需要的时候抽取出来，这就要利用数据库技术。电子商务受到了数据库技术全方位的支持，从底层基础数据的存储到上层数据仓库和数据挖掘技术的应用都涉及数据库技术，包括数据模型、数据库系统（Oracle、Sybase、SQLServer 等）、数据库系统建设和数据仓库、联机分析处理和数据挖掘技术等。应用于电子商务中的数据库技术的主要功能包括：数据的收集、存储和组织，决策支持，Web 数据库。

数据库技术在不断发展，如今的信息系统逐渐要求按照以客户为中心的方式建立应用框架，因此势必要求数据库应用更加广泛地接触客户，实现电子商务。因此，广泛适用于电子商务将成为未来数据库技术发展的一个方向。

（4）电子交换技术。

电子交换技术，即 EDI 技术，它是电子商务的核心技术，是目前为止最为成熟和使用范围最广泛的电子商务应用系统。标准化是实现 EDI 的关键环节。国际标准的出现，大大地促进了 EDI 的发展。随着 EDI 各项国际标准的推出，以及开放式 EDI 概念模型的趋于成熟，EDI 在电子商务等各个领域得到了广泛应用。可见 EDI 的各项标准是使 EDI 技术得以广泛应用的重要技术支撑，EDI 的标准化工作是在 EDI 发展进程中不可缺少的一项基础性工作。EDI 标准体系是在 EDI 应用领域范围内的、具有内在联系的标准组成的科学有机整体，它由若干个分体系构成，各分体系之间又存在着相互制约、相互作用、相互依赖和相互补充的内在联系。

我国根据国际标准体系和我国 EDI 应用的实际以及未来一段时期的发展情况，制定了 EDI 标准体系，以《EDI 系统标准化总体规范》作为总体技术文件。该规范作为我国 "八五" 重点科技攻关项目，是这一段时间内我国 EDI 标准化工作的技术指南，处于主导和支配作用。同样，这为杭州市电子商务应用的发展提供了强有力的技术支撑。

2. 杭州市电子商务技术咨询发展现状

（1）电子商务应用系统建设。

电子商务系统是商务与技术结合的产物，所以在电子商务应用的全过程中，都必须充分兼顾商务和技术两个方面的因素，以科学、合理的程序展开系统设计、建设和应用工作。电子商务应用系统建设分为平台选型、系统需求分析、系统功能设计、整合运行等多个阶段。

对杭州市电子商务企业调研显示，电子商务技术咨询服务商对电子商务应用系统建设起到非常重要的作用，除了要进行电子商务应用系统的开发和设计，还要帮助电子商务运营商进行电子商务系统需求分析、系统功能设计等工作。以杭州华智软件等为代表的实力出众的技术咨询服务商，更是创造性地开展技术咨询工作，对运营商的电子商务应用系统建设起到关键作用。

①在平台选型方面，电子商务运营商根据自身战略和企业定位，能确定自己的平台类型为 B2B、B2C、C2C、O2O，或几种平台组合型，电子商务技术咨询服务商只需做一些补充咨询服务。

②在系统需求分析方面，主要包括运营商自身需求分析、市场环境分析、客户需求分析等。在电子商务条件下，市场范围扩大，创新速度加快，竞争的压力越来越大，竞争的频率越来越高，因此必须对拟建的电子商务系统在未来可能面临的竞争尽可能做出分析，最大限度地避免竞争失利。此外，还要对企业自身状况进行分析，包括对企业组织、管理、业务流程、资源、未来发展的分析等。

对杭州市电子商务运营商的调查显示，大部分都能提出基本有效的需求，并能在技术咨询服务商的帮助下，做出有效需求分析。但仍有一部分电子商务运营商对市场环境和客户需求分析不够，尤其是对电子商务特点认识片面，少部分运营商甚至只有一份企划书和几个人就"支起了炉灶"干电子商务，而相当一部分电子商务技术咨询服务商本身实力一般，加之咨询服务方法欠佳，这两方面也成了运营商项目失败的重要因素。以华智软件十多年的电子商务技术咨询服务经验和教训为例，杭州市电子商务技术咨询服务商要结合电子商务的特点，从供应链的角度仔细审视企业组织、管理与业务流程，帮助运营商理清需求点，寻找与电子商务的最佳结合部，做出清晰和完整的分析方案。

③在系统功能设计方面，充分结合商务和技术两方面因素，提出电子商务系统的总体规划，提出电子商务系统的系统角色，提出电子商务系统的总体格局，亦即确定电子商务系统的商务模式，以及与商务模式密切相关的网上品牌、网上商品、服务支持和营销策略四个要素。电子商务技术咨询服务商在这一阶段起到非常重要的作用，甚至是决定性作用。电子商务技术咨询服务商要从子系统、前台、后台、技术支持、系统流程、人员设置等各个方面全面构架电子商务系统。此阶段的工作完成的好坏，将直接关系到后续电子商务系统建设和将来电子商务系统运行和应用的成功与否。

调查显示，杭州市电子商务技术咨询服务商在电子商务系统功能设计方面的能力参差不齐：大约20%的小规模服务商只能实现最基本的、简单的功能，而且界面不友好，操作不方便；一部分服务商采取自主开发和外包相结合的方式，即部分功能由自己开发实现，技术难度较大的、较复杂的功能外包给别的技术方开发，最后自己再加以整合；还有一部分像华智软件这种实力较强的中大型技术咨询服务商，能满足运营商的功能需求，做出完善的系统设计。

④在系统整合运行方面，在电子商务技术咨询服务商的全力配合下，一方面，运营商按照电子商务系统设计，全面调整、变革传统的组织、管理和业务流程，以适应电子商务运作方式的要求；另一方面，运营商按照电子商务系统设计，全面进行计算机软硬件配置、网络平台建设和电子商务系统集成，完成电子商务系统技术支持体系的建设，从技术上保障电子商务系统的正常运作。最后，可以将经过变革的组织、管理和业务流程，与已经建好的电子商务技术平台整合起来，进行电子商务系统的试运行。再经过必要的调整、改进以后，实现电子商务应用的工作就可以进入整合运行阶段，开始实现电子商务应用。

经调查了解，杭州市近年来，有一部分电子商务运营商在电子商务系统整合方面下的功夫不够，未能很好地将应用系统和企业自身运营管理进行有效整合，未能持续对管理进行完善和变革，导致这部分运营商运营绩效不佳。

企业电子商务系统建设绝不是一旦建成就可以一劳永逸的事情，必须在系统应用的过程中，根据企业商务和网络技术等各个方面的变化，不断创新、改进、完善，确保和提高企业电子商务系统的竞争能力。杭州市在电子商务系统建设方面无疑走在前列，一方面积累了不少经验，开创了杭州市电子商务运营的好时代；另一方面，这种一哄而上的状况也存在许多问题和挑战。

（2）电子商务网站建设与维护。

电子商务网站建设包括域名注册、主机托管、网站选型、网页设计、网站功能设计等。电子商务技术咨询服务商从应用角度着重于以下技术咨询服务：基于 Windows 平台的 Web 服务器的安装与配置、HTML 与网页制作、脚本语言 VBScript 和 JavaScript、ASP 动态网页开发技术、数据库基础以及 ASP + Access 数据库交互技术、电子商务网站的管理与维护等。同时，着重对会员管理、商品管理、购物车及订单管理等页面的设计，给出了完整准确的程序代码，并对各功能模块及相关的程序语句进行详尽解析。

杭州市从事电子商务网站建设和维护的电子商务技术咨询服务商，虽然没有几个品牌让人耳熟能详，但是大部分公司能通过网站把所想要表达的基本信息传递给用户，也能给予用户一定的浏览体验，而且也不乏在策划、创意、技术上出众的公司。那些实力出众的技术咨询服务商，往往在网站策划、设计、开发、制作、维护等方面有很强的实力。在网站策划方面，他们以企业形象与品牌为首要考虑，从风格、布局、功能、内容四个方面，全面策划最能展现企业定位与特点的表现形式；在网站策划方面，他们以企业个性与理念为最终诉求，从视觉效果、布局呈现、文字诠释与细节完善四个角度，实现对企业网站策划的独特把握；在网站开发方面，他们以钻研与追求完美的精神，对网站美化、内容功能、技术产品等进行深度开发，为企业提供适用性高、表现力强的全面综合性网站开发服务；在网站制作方面，他们以专业的技术与谨慎的态度，深入代码制作与修改，进行多次测试，并提供后期维护，实现网站顺利精准地运行；在网站维护方面，他们以顾客第一为服务理念，提供全程保姆式服务。尤其像华智软件等代表性电子商务技术咨询服务商，他们以独特的策略为基础、优秀的创意为主导、雄厚的技术实力为支撑，为客户提供创新设计解决方案，将运营商想要表达的信息通过网站准确传递给用户，能给予用户最完美的浏览体验。

（3）电子商务安全技术咨询。

杭州市的电子商务安全产业已经具备相当规模，在一些领域取得国内领先地位。杭州市电子商务安全技术发展水平非常高，安全管理体系越来越丰富。电子商务安全包括计算机网络安全、电子支付安全、交易安全问题等方面。

大多数电子商务技术咨询服务商都高度重视电子商务安全，在电子商务解决方案中应用多种安全解决方案来提升服务的安全性。那些电子商务技术咨询服务商针对电子商务应用体系各环节，充分利用计算机网络安全技术等，制定电子商务应用系统安全策略。他们在技术上采用网络安全运营防护管理系统，为企业解决支撑关键电子商务业务的网络、主机、应用系统等的安全管理，在设计上遵循国际 IT 服务管理标准——ITIL 标准和 IT 安全管理标准——ISO 17799 标准。采用统一的 Web 管理门户，以 Web 方式展现整个 IT 系统的运行状况，包括桌面 PC 的资产信息、安全信息、网络、服务器、数据库、应用系统的故障和性能信息。通过 Web 门户，对桌面 PC、网络、服务器进行集中维护，统一设置安全策略。他们除了从技术角度做好安全防范外，还提出一套完整的安全管理方案，并引导运营商信息安全意识的培育和加强，完善安全管理机制并有效实施。

据调查，杭州市大多电子商务技术咨询服务商都很重视电子商务安全技术的投入，不断完善安全管理机制，他们会针对不同电子商务企业、不同应用范围、不同应用程度提供一揽子解决方案。当然，也有一小部分电子商务技术咨询服务商，受自身安全技术发展水平、安全技术咨询水平、资金投入能力等因素影响，使其制定的安全策略不太完善。

（4）移动电子商务技术咨询。

移动电子商务克服了现代商务在时间、空间上的局限性，贴近商务主体，是一个市场需求巨大的综合信息服务领域，其业务种类包括娱乐、生活信息、交易信息、数据库等几个方面。随着 4G 时代的到来，移动电子商务可以为用户随时随地提供所需的服务、应用、信息和娱乐，同时满足用户及商家从众、社交、安全及自我实现的需求，深受大众欢迎，因此成为各产业链竞相争抢的"大蛋糕"。

移动电子商务应用把管理从 PC 端延伸到手机、平板电脑、PDA 上，既是现代企业管理提出的迫切需求，也是管理软件厂商跃跃欲试的新天地。它主要实现信息展现及分析功能、事务交互功能、系统界面及展现设计功能等。其核心业务包括提醒、查询、交易、报表等。移动电子商务领域因涉及 IT、无线通信、无线接入、软件等技术，并且商务方式更具多元化、复杂化，因而在此领域内很容易产生新的技术。随着 4G 网络的广泛应用，这些新兴技术将转化成更好的产品或服务。所以移动电子商务领域将是下一个技术创新的高产地。

杭州市作为"中国电子商务之都"，近来来在移动电子商务领域表现也很抢眼。主要特点有：一是积极把握移动电子商务的发展趋势和热点应用，推进中小企业移动商务的应用和移动互联网的发展，建立了"移动电子商务应用孵化基地"和"移动商务应用创新中心"，促进技术研发、应用运营，特别是致力于移动商务应用创新，使得杭州成为了全国移动电子商务技术研发和应用的中心之一。二是杭州市许多电子商务企业基本完成从传统电子商务模式到移动电子商务模式的扩展，庞大的用户群和潜在的经济效益刺激了移动电子商务的快速发展，逐步把已有的在线购物应用从 PC 端复制和扩展到手机端。三是杭州市移动电子商务应用范围不断拓宽，特别是面向各类民生领域的应用案例层出不穷，也涌现了一批专注于移动电子商务的中小企业。

3. 杭州市电子商务技术咨询发展特色

（1）服务器云端化。

随着电子商务的不断发展，电子商务运营商在采用传统的服务器时，由于越来越受制于服务器成本、性能和扩展性、管理等诸多不利因素，而弹性的云计算服务器则有效地解决了这一问题。以阿里云为代表的杭州市云服务建设走在了行业前列，这为杭州市电子商务运营商大量使用云服务器提供了强力支撑。

因此，杭州市电子商务应用系统计算服务云端化成为了现实。越来越多的中小型电子商务用户和高端电子商务用户都租用云服务器，即由过去的企业自己购买服务器硬件设施，转向租用云服务器。相比于传统服务器，租用云服务器有许多优势，云服务器租用价格低于传统的物理服务器租用，且无须支付押金；具有快速供应和部署能力，用户在提交云主机租用申请后可实时开通，立即获得服务；业务支持平滑扩展，当用户业务规模扩张时，可快速实现业务扩容；按需付费，无须一次性大笔投入，节省了大量维护成本，有效降低了综合成本；集中化的远程管理平台和多级业务备份。现在用户较多的是阿里云、腾讯云。

（2）电子商务应用系统 ERP 集成化。

ERP 系统主要是管理企业内部的各项资源，使内部各部门之间进行有效的沟通协调；电子商务主要是管理企业与外部供应商、客户等之间的沟通。随着电子商务技术的发展，企业各种对内的业务活动也已经延伸到了 Internet 上，而对外的各种业务活动又需要内部管理系统提供支撑，客户内部 ERP 系统需要和 Internet 上的电子商务信息共享。

杭州的电子商务技术咨询服务商在电商 ERP 集成化方面积累了丰富的经验。一是在电子商务运营层面，ERP 为电子商务的运行提供了即时传递信息的平台，为公司建立了所有产品的信息库，包括产品的库存和价格信息等，使公司可以迅速查找和提供产品情况；同时，电子商务 ERP 又具有外部沟通交互能力，把从网上获得的信息和企业内部信息很好地结合，共享数据，降低资源的浪费，因此电子商务 ERP 集成是开拓企业市场的有效渠道及管理核心。二是在技术层面，虽然电子商务和 ERP 系统都是很复杂的系统，两个系统的软硬件环境是异构的，技术上不兼容，但以华智软件等为代表的杭州市实力出众的电子商务技术咨询服务商们，采用分布的、开放的、跨平台的和具有可交互性能力的技术，如 XML 技术和 SOAP 技术，将二者无缝集成在一起；XML 技术和 SOAP 技术在电子商务系统和 ERP 系统间架起了一道数据传输的桥梁，解决了数据共享问题，实现了系统真正的跨平台运行。

所以，电商 ERP 集成化系统以其高度集成化、高度模块化、高可靠性和高安全性，将成为电子商务技术咨询服务的一大特色和亮点。

7.2 杭州市电子商务技术咨询发展制约因素

1. 杭州市政策制度方面的制约因素

电子商务政策对电子商务的规范发展具有很大影响，具体来说，主要包括以下几个方面：营造良好的市场环境，创造适宜的制度环境，制定政策保障电子商务的安全，推进全球性发展，制定电子商务规划。

国家在电子商务方面已出台了许多战略规划，杭州市政府对电子商务发展更是高度重视，尤其对农业、跨境电子商务等予以高度重视。但希望政府在制订规划时，要尊重市场规律，因地制宜，避免盲目规划、一哄而上、重复建设，造成资源错配和浪费，以促进电子商务行业的发展。

2. 杭州市环境设施方面的制约因素

影响电子商务技术咨询发展的基础设施环境因素很多，计算机网络技术、Web 浏览技术、数据库技术、EDI 技术等关键支撑技术本身在大力发展，和电子商务技术的发展相互促进。

在网络硬件建设方面也有较大发展，光纤、4G 及无线技术等普及，为电子商务技术咨询发展提供了保障。但网络的稳定性还不强，带宽不够，电力供应的保障方面有待加强。

3. 组织管理方面的制约因素

目前对电子商务行业进行组织管理的有政府有关部门、省电子商务促进委员会、市电子商务促进委员会及其他相关协会。希望政府有关部门、各行业协会、电子商务企业理清各自职能，充分发挥市场本身在电子商务行业发展中的应有作用。

4. 杭州市人才建设方面的制约因素

根据调查发现，所有电子商务企业都反映：电子商务人才供应不足，尤其是技术人才稀缺，技术人才流失率很高，在电子商务人才招聘时，一方面应聘者众多；另一方面匹配的候选人难找。

5. 其他因素

随着电子商务的大力发展，法律环境的建设和发展也越来越迫切。一方面，电子商务的各个环节与问题都直接影响相关法律法规的制定；另一方面，法律环境的每一个细节与措施都左右着电子商务的发展。希望政府在制定电子商务促进法时，充分考虑电子商务行业如何健康、持续、公平发展，维护公平，保护市场规则。

7.3 杭州市电子商务技术咨询发展建议

1. 发展目标

为适应"互联网＋"时代的到来，在国家倡导创新驱动促经济发展的背景下，从提供技术支持服务和技术咨询服务角度，积极支持技术咨询服务企业发展壮大和品牌建设，提升行业的整体技术咨询服务水平，完善杭州市电子商务技术咨询业的服务链条，构建良好的电子商务服务系统，巩固技术咨询服务优势领域，积极开拓技术咨询服务新领域，提升杭州电子商务技术咨询行业在全国的领先地位和影响力，以便更好地支持电子商务行业发展，服务于杭州国际电子商务中心的建设。

2. 发展思路

（1）提升核心技术咨询服务水平和完善技术咨询服务链条。

电子商务是随着网络电子技术的发展而诞生的，是利用计算机技术、网络技术和远程通信技术为基础所进行的各种商务活动。面对电子商务大发展的趋势，在计算机网络技术和数据通信技术、电子数据交换技术、电子商务安全技术、电子支付技术等领域掌控关键核心技术，促进技术咨询服务水平是行业健康发展的关键。加强电子商务技术应用创新能力建设，建立政产学研用联动、大中小企业协调发展、技术咨询服务链完善的技术支持体系。

（2）巩固技术咨询服务原有领域和拓展技术咨询服务新领域。

伴随着电子商务对传统零售业及服务业渗透率不断提升，各个细分类别的电商市场也悄然兴起。传统企业对电子商务的应用进一步加深和一些垂直细分领域的电商平台也不断崛起，催生了对电子商务技术咨询服务公司和平台的兴起。电子商务技术咨询服务公司应跟踪并研究电商行业、服务商和相关企业的组织变革和管理趋势，在巩固原有服务领域的同时，积极拓展技术咨询服务新领域，促进"电商＋"在诸如农村电商、移动电商和跨境电商等更多领域的应用。

（3）鼓励技术支持服务与技术咨询服务相结合。

通过互联网进行产品销售和品牌传播的企业日益增多。电商化也为企业优化供应链提供了思路，使得企业在采购和销售的渠道建设中可以更扁平化，并主要体现在降低流通成本，更精确把握消费者需求，有效地对库存进行精准化管理。然而企业在电商化过程中，不仅面临需要电子商务技术支持服务，同时需要选择合适自身发展的电商系统建设方案。因此，鼓励技术支持服务企业，积极进行业务延伸，提供专业的技术咨询服务，以期更好地促进电商企业整合丰富的信息，吸收知识和掌握技术，有效地利用客户等资源，增加价值和利润创造。

（4）坚持市场主导与优化政策环境相结合。

要充分发挥市场在资源配置中的决定性作用，强化技术服务企业的主体地位，尊重市场选择，健全杭州市场发展机制，积极培育技术服务骨干企业，研发和掌握电子商务核心技术。同时，各级政府部门应结合自身条件合理定位、科学谋划，制定和落实促进电子商务技术咨询服务产业发展的政策措施，积极营造有利于电子商务技术咨询企业发展的知识产权、投资融资、财政税收环境。

3. 电子商务技术咨询发展对策

（1）培育电商技术服务骨干企业。

通过完善政策扶持体系，着力营造服务环境优、要素成本低的良好氛围，优化劳动、信息、知识、技术、管理、资本等资源和要素的配置方式，加速培育技术服务的骨干企业，支持电子商务核心技术攻关。鼓励电商技术企业积极通过资本市场上市，通过并购和参股等形式，做大做强，乃至具备全产业链的整合能力。积极充分发挥优势企业的带动作用，形成大中小技术服务企业相互支撑、协同合作的技术服务产业体系。

（2）发展电商技术咨询服务机构。

电子商务是网路电子技术在经济领域中应用的产物，不同的电子商务模式、不同的企业类别和不同的电商项目预算投入等产生了企业对电商技术的不同要求。无论是行业内的电商企业还是准备介入到电商行业的企业，都面临着如何更为有效地建立电商系统和电商团队等问题。然而市场上缺乏专业的能为客户提供电商系统建设方案的电商技术咨询服务机构，不能很好地协助客户从购买标准化系统，自行组件电商系统开发团队，在购买系统的基础上实现二次开发等方案中选择出适合企业自身的电商发展策略。因此，应该积极鼓励电子商务技术服务企业不仅仅提供技术支持，而且提供专业的技术咨询服务，以便更好地培育和发展电子商务企业。

（3）支持技术咨询服务企业拓展技术咨询服务新业态。

鼓励电子商务技术企业根据资源基础和业务特色，积极与移动互联网、物联网、云计算、大数据、互联网安全等行业深度融合，积极拓展跨境电子商务、农村电子商务、移动电子商务、跨境移动电子商务、线上线下融合、电商金融等领域的技术服务新业态。

（4）促进电子商务技术咨询服务领域的创新创业。

顺应电子商务发展的大趋势，充分发挥我国互联网应用创新的综合优势，充分激发市场主体的创业创新活力，营造创新创业发展的良好环境，推动各类要素资源集聚、开放、共享，提高资源配置效率，完善知识产品保护等市场环境，在电子商务技术咨询服务领域推进大众创业和万众创新。

（5）优化电子商务技术咨询服务业的金融财税环境。

电子商务技术咨询服务发展需要金融政策环境的支持。引导风险投资基金、私募股权基金、创业投资基金和政府产业投资基金投向电子商务技术服务产业。鼓励商业银行、保险公司等金融机构加强和改进金融服务，加大对电商技术咨询企业的支持力度。支持符合条件的电子商务技术咨询服务企业进入新三板、创业板等资本市场融资，努力为企业并购重组，做大做强创造出更加宽松的金融环境。鼓励电子商务技术咨询服务企业通过互联网平台向社会募集资金，满足产品开发和企业成长的融资需求。通过创新财政科技专项资金支持方式等，优化电子商务技术咨询服务行业发展的财税环境。

7.4 杭州市电子商务技术咨询发展趋势和展望

1. 国内外电子商务技术咨询发展趋势

（1）电商大数据应用技术服务将被高度重视。

随着"互联网＋"时代的到来和工业4.0的推进，互联网、物联网、云计算、智能制造、移动智能终端等新兴行业正在崛起，大量的数据由此产生。电子商务相关的大数据更是呈现出增长速度快、类别多、容量大等特征，同时大数据本身意味着大噪声、价值密度低，其开发和应用需考虑成本和收益比，必将催生一大批大数据处理的技术服务公司和平台，以协助电商企业把握消费者需求，发现和利用商机，更好地发掘新知识和创造新价值。国务院印发的《促进大数据发展行动纲要》，明确提出将全面推进我国大数据发展和应用，加快建设数据强国。电子商务大数据的技术和咨询服务将助推企业在商业大数据时代获取竞争优势，推动电商行业发展。

（2）电商安全技术服务有望迎来大发展。

网络商业窃密、网络黑客攻击成为影响网络安全的重要手段，互联网的安全问题是一个全球性问题。一个安全、稳定的网络空间，对一国乃至世界经济和商业的环境构建越来越具有重大意义。特别是进入了电商大数据时代，数据越集中，受攻击的可能性就会越大。加强大数据环境下的网络安全问题研究和基于大数据的网络安全技术研究，落实信息安全等级保护、风险评估等网络安全制度，建立健全网络商业数据的安全保障体系就显得极为必要，在此背景下，电商安全技术服务将有望迎来大发展。

（3）线上线下融合趋势需电子商务技术咨询服务进一步驱动。

随着经济中实体商贸流通业出现发展乏力问题，通过互联网发现、预订、购买商品和服务，然后到线下实体店体验消费的这种行业模式将成为趋势，线上线下互动成为最具活力的经济形态之一。大力发展线上线下互动，对推动实体店转型，促进商业模式创新，增强经济发展新动力具有重要意义。在这种商业模式的普及趋势和进一步创新要求下，以及国务院办公厅印发《关于推进线上线下互动加快商贸流通创新发展转型升级的意见》的政策推动下，电商技术咨询服务企业将抓住有利时机和把握好线上线下融合的发展趋势，进一步加速电子商务相关信息技术的更新和应用。

（4）"互联网＋"细分商业领域需要技术咨询服务落实。

2015年两会期间，政府工作报告首次提出"互联网＋"概念，"互联网＋"已正式成为国家级战略，互联网将与更多的传统产业相融合发展。"互联网＋"为我国快速解决对外贸易、商品境内流通、金融、教育、交通等问题提供可能。跨境电商和农村电商是电商行业新兴重点拓展领域。如何加强网络基础设施建设，促进网络技术能力提升，解决互联网与其他行业融合发展存在的问题，是技术咨询服务企业面临的重任。

（5）电商金融发展需要技术咨询服务支持。

随着互联网金融快速普及，公众接受度不断提高，互联网金融对传统金融的冲击日益显著，与此同时，商业银行等传统金融机构也加速布局和积极利用互联网开展金融业务。未来，基于互联网技术服务的互联网支付货币、互联网信贷、供应链金融、预售订单融资、跨界合作金融、中间业务、货币汇兑、账户预存款、支付工具、移动支付等金融业务将获得进一步发展。征信系统、远程开户技术等互联网金融基础设施也将不断完善。

（6）移动电子商务技术将有巨大发展。

随着终端技术的飞速发展，终端的功能越来越多，而且设计会越来越人性化、多样化、友好化。手持终端PDA将更加小型化、智能化，智能终端逐渐普及并将成为主流终端，终端产品融合趋势愈加明显，物联网、定位服务、二维码等新技术将越来越多地应用于移动电子商务领域，通过移动图像识别技术拍照购物将很快实现。

2. 杭州市电子商务技术咨询发展展望

作为"中国电子商务之都"，杭州具备了浓郁的网商创业氛围，已成为国际知名、国内领先的全国电子商务专业网站集聚中心、全国网商集聚中心。杭州最大的核心资源，就是人才和资本。因此，结合杭州城市的定位和特点，杭州未来的发展将更多地依靠"服务经济"。以阿里巴巴为首的大批电子商务企业云集杭州，为杭州聚集和培养了一大批优秀电子商务人才，大力培植和发展了电子商务产业链。近年来，电子商务在杭州市城市经济转型升级中，起到越来越重要的作用，在该产业已覆盖了一、二、三全产业领域，渗透到电子商务的仓储、物流、快递、信息服务外包、商业模式创新等各个环节，形成了较为完备的产业链。电子商务的普及应用和服务水平处于国内前列。在"中国电子商务之都"的基础上，杭州市正全力打造"全球电子商务之都"与"互联网经济强市"。

杭州市在2015年6月正式下发了《关于进一步加快信息化建设推进信息产业发展

的实施意见》，同时，还推出一系列指导规划和政策优惠举措，相信杭州市的电子商务产业会在以下方面迎来一个大发展的机遇期。

（1）杭州市电子商务将进入行业的细分和专业化时代。

杭州市的电子商务运营商将越来越注重行业细分，电子商务技术咨询服务商将在专业化方向引领潮流。杭州市在跨境电商技术服务、农村电商技术服务、电商技术服务外包、线上线下融合技术服务、电商安全技术服务、电子商务金融技术服务、垂直细分电商平台技术服务等方面将会大力发展。

（2）电子商务将成为杭州市经济社会发展重要的基础设施。

杭州市电子商务产业的大力发展，会催生一大批新兴战略产业，大幅提升城市创新能力，优化城市产业空间布局。同时，有利于城市打造重点优势产业、提升城市综合竞争实力和可持续发展能力，为杭州市率先实现智慧城市提供重要技术支撑和实力保障。

（3）杭州市移动电子商务将进入高速发展期。

移动电子商务将迎来快速发展，杭州更会以领头羊的姿态获得超高速发展。主要方向可能包括：企业应用将成为移动电子商务的热点；获取信息将成为移动电子商务的主要应用；有关移动电子商务的安全性将获得前所未有的重视，并制定有关安全性的标准；终端技术将在功能多样化、操作人性化、界面友好化方面大力发展。

在杭州市，随着互联网新型架构及关键技术的研发和应用，移动电子商务呈现出良好的发展势头，如何确保移动电子商务的安全性、如何进一步提高无线网络的带宽、如何积极稳步推进 IPv6 商用进程等都将是很大的发展程题。同时，由于移动电子商务具有较强的自身特点，相比传统电子商务，移动电子商务需要更多的产业服务作支撑，其产业链条更长，产业链状况更加复杂。移动电子商务作为移动互联网的主要应用之一，随着 4G 的发展和移动通信及 Web 技术的提升，移动电子商务必将成为一个更大的新兴市场。可以预计，作为"中国电子商务之都"的杭州市，未来十年仍会是移动电子商务发展的黄金十年。

（4）电子商务硬件部署与系统应用都会更加人性化、智能化。

随着电子商务系统硬件及网络带宽资源越来越便宜，云服务软件和硬件系统的大量出现，单服务器部署的模式会越来越少，越来越多的应用都将采用云服务模式。云服务模式实现了永不宕机的理想状态，基本不用用户维护数据和管理数据，只需要申请开放即可使用。这既减少了单个部署的成本浪费，也为电子商务企业节约了更多 IT人力成本和资源。

在电子商务系统应用方面，将继续坚持追求操作人性化和智能化方向，提升人们的使用效率和体验效果，增加人们的乐趣。

（5）杭州市电子商务技术咨询服务业的外包模式将迎来大发展。

杭州市电子商务行业蓬勃发展，聚集了一大批电子商务技术类服务企业。这些电子商务技术提供商的服务模式大致可分为几类：第一类，是提供电子商务标准化系统模式，就是针对各种电子商务模式开发出通用、标准版的电子商务系统，投放市场，由需要的电子商务企业选择，如网店管家等；第二类，自建电子商务技术开发团队模式，就是电子商务运营商的电子商务系统建设、维护、技术更新由公司内部技术团队解决，比如阿里巴巴等；第三类，是提供技术咨询服务外包模式，就是电子商务技术咨询服务商组建专业的技术团队，为电子商务运营商提供电子商务专业化、个性化的一揽子电子商务技术解决方案，如杭州华智软件等。随着电子商务产业的快速发展，市场越来越细分和多元化，各类技术服务模式都有各自的市场定位和发展空间。

随着杭州市众多中小企业已逐渐成为电子商务应用的主体，为电子商务技术服务外包模式提供了越来越广阔的市场空间，这是由技术服务外包模式的诸多优势决定的。以电子商务技术咨询外包服务商华智软件为例，有许多受到市场青睐的优势：一是能满足电子商务运营商的个性化需求，企业往往需要建立有自身特色的电商运营模式和管理模式，而这些自身特色需要通过电子商务软件功能来实现，这就需要为电子商务企业量身定制；二是具有专业的电子商务系统开发和平台搭建技术人才团队，而且在对众多各行业电子商务企业的技术咨询服务中积累了丰富的案例经验，可以更好地为后续电子商务企业提供管理和技术咨询，提升电商系统运营成功的概率；三是由专业的团队干专业的事，和自建团队相比，可以降低项目风险、成本可控、成本降低。

通过越来越专业的电子商务技术咨询服务解决方案，电子商务运营企业将获取竞争优势、找准自身定位、合理布优化资源配置；进而引导电子商务运营企业整合和完善业务链专业外包服务，理顺电子商务系统规划、网站建设及运营、产品拍摄编辑、品牌推广、营销策划、售后、整体运营等一系列环节，为企业提供电子商务整体解决方案；还将使电子商务产业同相关产业的融合和渗透能力进一步加深，如供应链管理、移动电子商务、市场营销咨询、云计算、物联网等，将出现与电子商务技术融合的趋势。这些都是电子商务企业未来发展趋势，而作为助推实现这一趋势的电子商务技术咨询外包服务模式，将迎来更大发展。

同时，电子商务在未来的发展前景很大，是许多中小企业进入电子商务的一个入口，而这些企业往往没有足够资金及技术人才，所以电子商务技术咨询外包模式是它们的最优选择。

8 电子商务运营服务发展专题报告

商务部在《电子商务"十二五"期间发展指导意见》中指出，到 2015 年，我国规模以上企业应用电子商务比例达 80% 以上，网络零售额相当于社会消费品零售总额的 9% 以上。在更多传统企业涉足电子商务领域的同时，传统企业缺乏技术支持和网上营销经验的不足也凸显出来，电商代运营商开始发展壮大。

杭州是全国唯一的"中国电子商务之都"，也是国务院《长三角地区区域规划》中明确的全国电子商务中心。在快速推进技术、支付、物流等支撑服务取得重大突破，各项主要指标均处于全国前列。年均增长率超过 50%，网络零售销售额接近杭州市社会消费品零售总额的一半。近年来，以电子商务为代表的信息产业在杭州呈现爆炸式增长，其增长速度和产业规模均走在世界前列。数据显示，杭州市共拥有 47 万个网商，电商网站总数占全国的 1/7；在网站数量、B2B、C2C、第三方支付等领域均居全国第一。在杭州，不只有阿里巴巴一家电商企业。经过十几年的发展，杭州已经形成了一支庞大的电商产业矩阵。从中孕育出的电商运营服务企业正是这矩阵中的重要部分。

8.1 运营服务商概念

运营服务商是指向企业提供第三方电子商务托管或代运营服务，帮助传统品牌商全程运营电子商务业务。服务内容包括电子商务渠道规划、建站、装修、摄影、客服、店铺日常运营、营销、推广等一系列服务。

传统企业开展电子商务有两种模式：一是自建团队；二是将电子商务外包。传统企业虽然有品牌和资源优势，但缺乏相关的电子商务经验，因此大部分的传统企业选择了后者。与电商代运营商的合作，将大大降低传统企业进入电子商务的门槛，有效减少成本和运营风险。

本报告定义的"运营服务"也指围绕电子商务平台，为品牌商提供"端到端"供应链整合的第三方服务群体。他们提供的运营服务包括从品牌策划、营销推广、视觉设计、客户服务和仓储服务等一个或多个专业环节。

在"大淘宝"的两种定义。①淘宝运营服务定义：淘宝运营服务商是指，客户以合同的方式委托专业电子商务运营服务商为其提供网络零售，网络分销，营销推广，品牌建设，B2C 平台、互联网垂直频道运营等电子商务运营服务。运营服务商提供单项或者整体电商运营服务，服务包括但不限于客服接单、店铺日常运营、仓储管理、品牌推广、渠道建设、IT 系统开发及运维、频道招商，频道运营等。②天猫运营服务定义：天猫服务商是通过天猫资质审核，在 B2C 电商领域具有一定硬件和软件能力，为品牌商提供其天猫店铺全部或部分的电子商务外包运营服务的第三方服务群体。

从事淘宝运营服务的服务商 1500 多家，其中，天猫平台聚集了大约 400 家运营服务商，主要来源于上海、浙江和广东，而福建、北京次之，为大约 2000 家天猫店铺提供运营服务。杭州整体有上百家运营服务商。

运营服务商达成的交易额，按照店铺数量平均约为天猫店铺整体平均值的 2 倍；按照服务商数量平均的交易额均值约为 9.6 倍。目前，从业人员大约 3 万人，20% 为专业店铺运营人员。42% 的服务商选择聚焦优势类目发展。

按照品牌商对于供应链整合的不同需求，运营服务商可以分为流程型、运营型和技术型。未来，专业服务市场的专业化发展将推动运营服务市场的规范化。以运营营销服务商为例，有如下分类。

（1）数据分析类：收益服务费。

提供专业数据分析工具，传递数据化营销理念。包括数据分析工具、数据报告、店铺数据分析等。

（2）营销推广类：推广费。

提供店铺推广、促销工具、导购展示等营销类在线软件产品，帮助提高店铺流量、转化率和客单价。

（3）管理软件类：产品费、服务费。

提供卖家需要的管理工具，主要解决卖家经营中管理和效率问题，包含批量处理工具，会员管理，ERP 及 DRP（配送需求计划）软件、绩效管理类软件。

（4）运营服务类：运营返点费、服务费、佣金。

向企业提供第三方电子商务托管或代运营服务，负责企业在互联网上的开店、装修、摄影、客服、店铺日常运营等一系列服务。

（5）渠道托管类：服务费。

为品牌商/传统企业/卖家委托专业电子商务运营服务商提供网络分销运营解决方案的优秀第三方服务公司。

8.2 杭州典型运营服务商基本情况

1. 杭州熙浪信息技术股份有限公司

模式：全托管代运营、营销推广、渠道运营。

熙浪股份（股票代码：831026）成立于 2009 年 7 月。公司自成立以来，一直致力于成为中国服务能力最强的一站式电子商务解决方案提供商。为客户提供全网络渠道的 B2C 商城运营、平台细分渠道聚焦运营推广、软件系统外包等服务。后又将业务拓展至新农业经济、地方产业经济电商领域，包括"特色馆""产业带"等多个细分渠道运营。并于 2014 年 8 月 20 日正式在新三板上市（股票名称：熙浪股份；股票代码：831026），成为国内第一家上市的电商服务公司。

合作案例：飞利浦、苏泊尔、膳魔师、超能、Seventh Generation、IFC、米蓝、杭州馆、湖州馆等。

2. 宝尊电商（杭州分公司）

模式：经销为主。

宝尊电商成立于 2007 年年初，是国内领先的数字服务和电子商务服务商，助力于品牌方和零售商在中国电商市场上的成功。提供从前端到后端的全套电商服务，包括网站搭建、更新及托管，IT 设施搭建，客户服务，仓储物流服务以及数字营销等。

以创新巧妙的手法将品牌方和国内消费者联结起来。我们致力于保护和提升品牌在网络上的形象，同时帮助实现其与中国消费者的沟通互动从而刺激销售，扩大利润。

合作案例：惠普、雷士照明、飞利浦、伊莱克斯、耐克（Nike）、玖熙、李维斯（Levi's）、哈根达斯、养生堂。

3. 网营科技

模式：代运营。

成立于 2009 年的网营科技，专注于服务母婴、服装服饰、化妆品、大健康（食品饮料、环保）类目的品牌客户，多年来专注于为服饰、母婴、化妆品品牌及渠道商提供全网一站式代运营服务。

合作案例：现服务 UGG、LAFUMA、金利来、猫人、美素佳儿、布朗博士、莎莎等高端品牌。

4. 杭州悠可化妆品有限公司

模式：代理。

杭州悠可化妆品有限公司（UCO）是国内专注于化妆品垂直领域的电子商务企业。业务涵盖化妆品领域的 B2B、B2C，为化妆品品牌提供包括网上代理运营、销售、渠道管理、电子商务解决方案等服务。现拥有近 30 个国际国内知名品牌的线上代理权。

合作案例：欧舒丹、雅诗兰黛、倩碧、娇韵诗、伊夫·黎雪、WHOO（后）等。

8.3 杭州市运营服务发展主要特征及存在问题

1. 杭州市运营服务行业发展的主要特征

（1）代运营商创始人背景和团队现状。

服务商深度调研中，服务商创始人的背景分类按照以下三个分类标准。

①大卖家背景：包括经营过卖家店铺（或独立 B2C 网站），或者有全面负责卖家店铺运营的经验。

②传统服务背景包括：包括线下贸易背景，以及传统企业的运营、管理和投资等背景。

③IT 及互联网从业背景（简称 IT 互）：包括 IT 背景，广告公司从业（含网络推广），以及电子商务公司的渠道转型。

代运营商创始人背景和团队现状如图 8-1 所示。

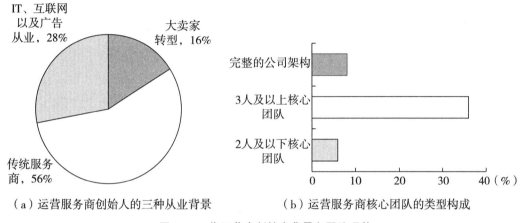

（a）运营服务商创始人的三种从业背景　　　（b）运营服务商核心团队的类型构成

图 8-1　代运营商创始人背景和团队现状

（2）天猫核心类目分布情况汇总。

天猫核心类目分布情况汇总如图 8-2 所示。

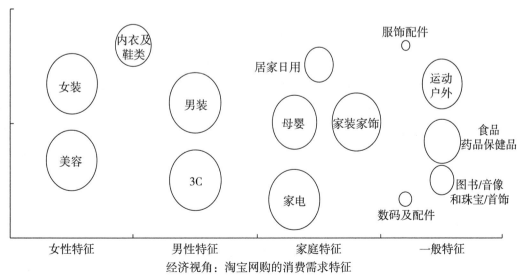

经济视角：淘宝网购的消费需求特征

图 8-2　天猫核心类目分布情况汇总

（3）人员结构比例不同，服务效率也不同。

运营能力和技术能力说明服务效率差异：具备整体托管能力的运营服务商，以运营团队为核心打造"端到端"流程。然而，自建系统（技术和仓储人员占30%以上）推动了运营服务商的服务规模扩大，立足于平台的精细化运营，从数据的视角，运营服务商的核心能力源于平台层、中间件层和商务层。目前从业人员约3万人，运营人员占20%。如图8-3所示。

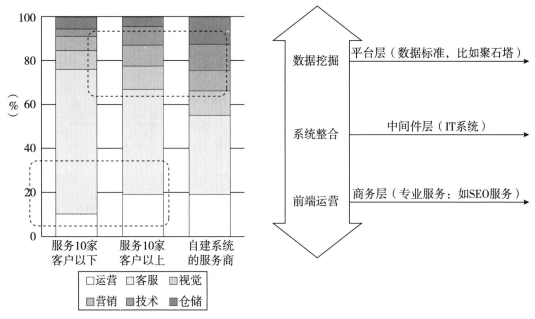

图8-3 运营服务商人员结构比例

（4）在五个专业服务环节有不同程度的外包。

运营服务商与专业服务不同：运营服务基于开放平台，制定和执行店铺的经营策略。专业服务围绕供应链节点的经营策略提供专业化服务。

专业服务外包：目前，营销推广和视觉设计仍是运营服务的核心能力，运营服务商将IT系统、仓储和客服等环节进行不同程度的外包。图8-4显示的是运营服务商在五个专业环节的外包状况。

（5）运营服务商提供"端到端"的供应链整合服务。

传统的渠道管理：品牌商依赖市场调研和渠道管理等传统方式建立测量和管理体系，通过巨大广告投入塑造品牌。

大数据时代的渠道管理，用户的交易、行为、关系以及地理位置等用户行为数据在线化，品牌商利用数据追踪人、研究人、理解人，实施大规模个性化营销。图8-5显示是运营商提供"端到端"的供应链整合服务。

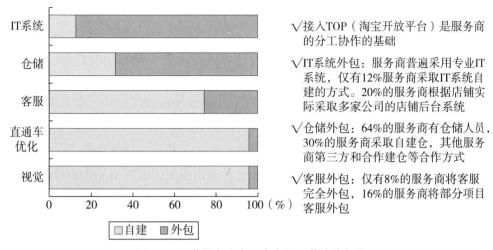

图 8-4　运营服务商在五个专业环节的外包状况

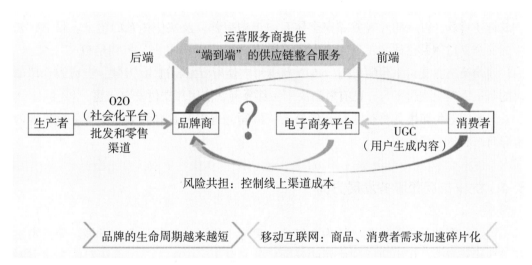

图 8-5　运营商供应链整合服务情况

2. 目前运营服务行业发展存在的问题

中国电子商务运营服务行业处在发展中，与国外市场相比，仍然存在很多的问题。

（1）运营服务商服务能力有待提高。

运营服务行业曾经由于准入门槛低，行业标准、行业制度等不完善。很多代运营商的运作，其实相当简单粗暴，所谓代运营，其实也就是把店铺装修下，实际上很多代运营并不知道后续该怎么做。从而导致到了 2013 年，这个行业出现了极度不健康的信号。过度承诺满天飞，杭州甚至出现了小代运营关闭潮。没有竞争力的电商服务公司逐渐在市场的竞争中消失，这是行业市场发展到一定阶段的必然结果。

（2）前端渠道单一，多渠道运营经验少。

这也是目前大多数电子商务服务商存在的问题。由于客观情况决定，很多代运营服务商都生存在淘宝生态链内，为淘宝上的品牌做代运营，依赖于淘宝，只是淘宝价值链上的一环，多渠道运营经验较少。

在多渠道运营方面，很多企业也在一直不断探索和尝试。

（3）高端专业人才缺乏。

目前很多传统企业想发展电商业务，普通的美工、客服人员比较好找，但涉及电商运营的高级电商人才很难找到。电商人才之战硝烟四起，千里马千金难求，传统企业要想触电突围，必须解决电商运营人才的瓶颈。其实电子商务运营最重要的是实操性，及时了解平台运营规则变化，这样专业的电商培训就显得很重要。

（4）安全、诚信体系建设问题。

电子商务缺乏网上有效的支付手段和信用体系，在支付过程中消费者的个人资料和信用卡密码可能会被窃取盗用，有时还会遇到虚假订单，没有订货却被要求支付货款或返还货款。行业的发展要靠安全体系建设的完善以及诚信体系的建立。目前，初步的安全支付体系已建立：网上支付业务在各大银行相继推出，特别是以"支付宝"为代表的第三方支付平台的出现，2010年支付宝使用商家超过46万家，已成为全球最大的第三方网上支付平台。已有效解决了一部分网络信用和支付安全问题。

这些问题的解决需要企业自身的努力，但同时也需要政府的大力支持，政策性的引导将起到重要的作用。

8.4　杭州市运营服务发展方向

曾经蓝海的代运营行业已转为血红色，舆论也质疑代运营行业的发展。但其实这正是代运营行业经历由初生到成熟的转变。但实际上，传统企业转型还是有很多问题需要去解决的，无论虚拟商品还是实体商品，都还是有很大需求的。而且从杭州的几家典型服务商来看，电商服务也得到了资本市场的认可。资本介入的一个推动力其实来自客户需求，大型品牌商同时需要包括社会化营销、大数据的分析研究、数字传媒及公关等各个方面的资源，这需要能够提供整合营销的企业来完成。

剩下就是电商服务行业如何转型的问题。现在企业的需求更加丰富化了，还只能给企业提供电商代运营服务就没有太大竞争力了。客户在转型，企业自身也要加快脚步，要跑在客户前面。仍有很多企业需要我们的服务企业能帮客户策划品牌，甚至是搞对外资源合作，资本整合，提供整合电商服务。

电商业务由过去的跑马圈地，发展到精细化运营，代运营服务市场空间也才刚打开。总之，代运营服务业正在经历一个初生到成熟的成长过程，繁杂过后，才是考验服务商们的生存能力。一波浪潮过去，考验的是众多服务商的转型升级能力。电商代运营商可能朝以下几个方向发展。

（1）规模化电商运营服务商。

优秀的电商运营服务商将不断积累代运营经验，发展为美国 GSI 式的大型电商代运营商，在行业中占据优势地位。杭州已经有几家运营服务企业展现出强劲的发展势头。此外，电商代运营商会基于区域、类目的互补进行并购，形成规模化的运营服务商。整合上下游品牌、数据资源，逐步转型成为一体化电商服务商。能提供一整套的解决方案，这是电商服务行业的未来之路。

（2）垂直发展。

不同行业意味着不同的供应链管理和营销推广方式，涉足行业过多也不便于管理资源集中和经验积累。专注细分市场中的一种或几种将更能发力。

（3）水平发展。

专业化的分工是今后发展的一大趋势，电商代运营服务对资金投入要求较低，基础服务容易被复制，市场准入门槛不高，吸引了大批中小代运营商进入，在只卖货的电商代运营 1.0 模式，企业同质化竞争严重，也是行业首要淘汰对象。代运营商要在激烈的竞争中脱颖而出，需要提炼出自身的核心竞争力。电商代运营商在不断积累运营经验的同时，根据自身条件来选择业务范围，专业负责网站日常运营、营销推广、数据分析等代运营中的一环，发现和培养自己的核心优势。

（4）代运营商与传统企业之间更深层次的合作关系。

电商代运营商拥有第一手的商业数据，对于拓展电商市场有天然优势。优秀的代运营商将通过设计独立网店系统，根据运营数据库资源为品牌商提供品牌数据挖掘、品牌互动等增值服务不断提升自身价值，增强传统企业客户对其依赖度。运营服务商可以与传统企业开展更紧密的合作。可以与传统企业成立合资公司，传统企业的产品、资金与代运营商的互联网资源相结合，共同打造电子商务品牌。

（5）此外，杭州打造首个网上自贸区为代运营服务商开展跨境业务提供了便利。

全年 B2C 跨境零售出口贸易额突破 1 亿元，进口货值突破 2 亿元，成功开启"直购进口"模式和"保税进口"模式。杭州跨境贸易电子商务服务试点工作率先获得试点身份、率先进行实际操作、率先取得试点成果的"三个率先"，为全国提供了"可推广、可复制"的实践样板。在这样的大环境下，抓住"试验区"获批的契机，在跨境电商交易、支付、物流、通关、退税、结汇等环节通关制度创新、管理创新、服务创新和协同发展，给了运营服务商一个更广阔的市场。

（6）与农业相结合，发挥服务商的作用。

大力发展农村产业经济。带动地方产业经济发展。2015 年杭州市实现农产品网络销售额达 60 亿元以上，拥有 29 个淘宝村，杭州市累计建成农村电商县级区域服务中心 11 个，村级服务点 1973 个。

电商运营服务商的发展离不开杭州市政府、杭州市商委的大力支持。目前政府已出台相关电子商务行业专项资金的管理办法，扶持电子商务行业健康有序的发展。放水养鱼十几年的电商行业，之前也终于盼来史无前例的政策红利。商务部日前发布《"互联网＋流通"行动计划》，鼓励发展农村电商、电商进中小城市等方面创新流通方式。有专家认为，政策的密集出台为电商的发展扫除了不少潜在障碍，但在此背后不容忽视的是，电商已从最初的"创造增量"发展到"改变存量"时代，激活相关产业的能量将迅速放大。电商服务业将迎来新的时代。

9 电子商务美工设计发展专题报告

9.1 杭州市电子商务美工设计发展现状

1. 市场前景可观，发展进入高速化

随着电子商务国际化、广泛化，淘宝也开始走出国门，淘宝行业的兴起，对美工的需求量也在不断增大，有了广阔的发展市场，专业人才自然成为企业抢夺的目标。人才的紧缺，也预示着店铺装修行业有着广泛的前景。在百度搜索引擎中检索"杭州淘宝美工"关键字，可以找到约 188 万个相关结果。据估算，目前杭州市美工外包工作室、电商设计公司的数量达到 200 家，涌现出卡咔等一批知名电商设计及店铺装修公司以及威客平台、"开三·云匠网"等第三方服务平台。根据第三方权威咨询平台的统计，目前杭州市电商卖家共计 46 万，并以几何倍数呈现高速增长，其中约 8 万盈利卖家，20 万卖家在电商设计的刚性需求约 10 万元/年，市场容量约为 200 亿元人民币/年。表 9 - 1 列举了部分知名电商设计公司的具体情况。

表 9 - 1　　　　　　　部分典型电商设计公司、美工人才平台概况

电商设计公司、美工人才平台	美工数量	模式特点
卡咔设计工作室	美工人数超过 40 人	由专业销售与雇主达成订单，美工完成指定任务，工作量大，薪资水平较低
全速	美工数量超过 100 人	是阿里、京东等电商平台供应商与大型网站签订年度合同，以服务平台为主，活动页
威客兼职	注册美工超过 1000 人	兼职模式，不够稳定，设计水平参差不齐，市场价格混乱
开三·云匠网	注册美工超过 6000 人，入驻美工超过 600 人	在线全职、移动办公，设计师直接和雇主沟通，制定了美工评价标准，具备合理的价格体系

2. 店铺装修行业规模初现，美工人才涌入

店铺装修行业是电商的刚需行业，电商美工人才极度匮乏，人才分布极度不平衡，多往一线大城市聚集。近年来，杭州电商人抓住市场机遇，大批电商设计公司涌现，吸引大批美工。目前杭州市电子商务行业对淘宝美工的基础需求已经基本满足，每年杭州新增美工数量超过 4000 人。

以"开三·云匠网"为例，培训项目包括：①在线全职——科学的工作模式。紧密贴合电商特点和美工工作性质，发展出了完善的工作模式；②移动办公——合理的办公系统。专门针对电商企业普遍存在的互联网依赖性强、在线时间长的现象，设计了一套适用于雇主和美工的 OA 系统；③师徒体系——电商设计师成长之路。针对当下美工培训课程乏力、设计师成长缓慢等问题，推出了由资深设计师师父指导美工学徒的成长体系，旨在帮助电商设计师获得更好的指导，用更好的设计水平拥抱更好的待遇。同时结合平台特点将设计上的理论技术和实际订单相结合，提升产业整体水平，推动电商设计行业发展。

3. 政府重视程度高，政策扶持力度大

为顺应电商发展大趋势，解决电商人才缺口和水平不够突出问题，杭州市政府制定并落实了扶持电子商务人才培养的各类政策，加大对电子商务人才培训的财政支持，将进一步完善电子商务发展环境，通过各种渠道的培育构筑电子商务人才高地，培育出更多的"小马云"，列为杭州电子商务未来四大发展重点之一。杭州市商务委员会组织举办的电商资源巡回对接会等活动，每年培养电子商务专业人才 3000 人。杭州市电商人才培养相关政策如表 9 - 2 所示。

表 9 - 2 杭州市电商人才培养相关政策

政策名称	政策重点
浙江省电子商务服务体系建设实施意见	加快电子商务人才培养和技术研发。支持电子商务服务企业通过与实体企业等合作，培养专业人才；支持有条件的电子商务服务企业申报成为省电子商务人才培训机构或实践基地
"杭州人才新政27条"	"杭州人才新政 27 条"针对不同层次人才制定了不同政策，其中，对人才最关心关注的居留落户、教育医疗、社会保障、创业资助、融资渠道、成果转化等政策进行重点突破。据了解，新政中将人才分为五大类：A 类为国内外顶尖人才、B 类为国家级领军人才、C 类为省级领军人才、D 类为市级领军人才、E 类为高级人才。只要符合这五大人才分类条件，可以不唯学历、职称、资历、身份，享受到相应的政策。此外，对杭州产业发展急需、社会贡献较大、现行人才目录难以界定的"偏才""专才"，经认定后，也可以享受到资助、户籍、住房、医疗、社保等多方面的优惠政策

续　表

政策名称	政策重点
针对美工人才的财政补贴	鼓励电子商务美工人才培养。政府每年对美工人才的培养补贴 1500～2000 元/人

9.2　杭州市电子商务美工设计存在问题

1. 美工数量趋于饱和，美工质量亟待提高

目前，杭州市拥有超过 200 家的电商设计、店铺装修公司，拥有超过的美工，但对当前的淘宝美工就业情况分析显示，绝大多数的电商卖家不缺乏满足日常基础需求的普通电商设计师，但是对于专业、设计水平较高的电商美工仍处于高位的供不应求状态。

在百度搜索淘宝美工招聘，以杭州市为主，有约 15000 条招聘信息，经过比对，其实超过 70% 的卖家正在寻找有经验的资深设计师。而这部分的美工仅占杭州美工总数的 10%，无法满足本地市场对高品质电商设计的需求。

2. 美工工作模式繁多，缺乏长期性稳定性的模式

目前杭州美工市场非常混乱，美工为电商卖家提供设计服务的工作模式有选择在招聘美工的电商卖家公司坐班全职，在外包公司完成分配的订单，在兼职网站做兼职美工或者在线全职。

（1）坐班全职存在以下问题。

网店设计师资源总体供不应求，优秀美工稀缺，设计水平参差不齐；无技术团队、无发展方向及上升渠道、持续做某店铺装修导致厌倦等原因离职率居高不下，平均留店周期不到 3 个月。

（2）外包公司存在问题。

外包行业绝大多数以小团队、工作室、小公司形式组成，竞争白热化，价格体系混乱，没有领头者，缺少行业标准化，美工利益无法保障。绝大多数公司由资深广告设计师成立，90% 以上设计师会选择服务高端、大客户，服务价格较高，设计难度较大，客户内部管理以及制度复杂，导致服务周期很长，美工工作时间久。绝大多数店铺装修公司提供的解决方案为一次性服务，无法满足电商卖家持续性的刚性需求，美工无法获得长期性、持续性的进步。

（3）在线兼职存在的问题。

缺乏一定保障，工作效率低下，拖拖拉拉，容易引起纠纷。沟通成本大，只适用于短期的设计项目，美工工作缺乏稳定性，电商卖家利益无法保障。当市场进入美工需求旺季时，难以招聘到合适的美工，兼职设计师在淡季又会无事可做。

（4）在线全职尚未得到行业、卖家、美工的全部认同。

基于移动办公基础上的满足朝九晚六和 15 分钟内响应的在线全职模式。设计师可以在任意地点，通过"开三·云匠网"的移动办公系统在线完成雇主交代工作，雇主可以直接通过平台托管工资，进行雇用、在线管理设计师。尚未在杭州得以全部推广，很多美工长期处于不稳定的工作状态，卖家的利益也受到损害。

3. 美工离职率高，薪酬水平高于设计能力

杭州市场上的美工离职率高达 46%，几乎是每 3 个月就会发生一次离职事件。同时高离职率给美工带来高于市场水平 2 倍的薪酬，这样的高收入和美工实际的设计水平存在出入。而许多卖家为了应对高离职率，不得不花费较大的人力、财力用于招聘美工，电商卖家的成本又陡然增加。

4. 成长体系缺乏，美工后续发展乏力

缺乏高水平的电商美工，某种程度源于美工圈的一句"30 岁就不能继续做美工了。"很多美工都会在遇到别的机遇或者在到了一定年纪之后转行。于是美工的电商设计水平停滞不前。

由于职业特性，美工的身体素质技术水平跟不上时代趋势的时候，很难继续从事相关行业的工作，后续发展难以持续。

9.3 杭州市电子商务美工设计发展趋势

1. 电商设计公司的专业型、服务型、品牌型发展

一是专业型。随着电子商务行业的快速发展，各类综合性电商平台、垂直类电商平台、移动电商平台以及跨境电商、农村淘宝大量涌现，带动电子商务专业化水平越来越高。传统电商公司和单一的纯做设计的美工已经很难满足电商行业的需求，专业化系统化的电商设计公司才能吸引更多美工。

二是服务型。目前电子商务行业的发展开始呈现逐渐分化的趋势，B2B、B2C、C2C、跨境电商、农村电商、移动电商各种电商业态不断增加，各自垂直发展，却又横向交融。电商设计公司不再单纯地向电商卖家输送美工，而是以第三方服务平台的性质，搭建美工和卖家之间的桥梁。

三是品牌型。在电商行业的其他产业链中均有知名品牌出现，如跨境电商的考拉海购、垂直电商的小红书，而电商设计行业市场一直处于散、乱的状态，尚未有全国性的知名品牌出现。品牌化、规模化发展将成为主流。

2. 理论培训与实际操作相结合

目前的美工人才不能满足市场需求的主因是缺乏合理的培训方式。美工培养方式不应以各培训班或者视频教程为主，因为会受到场地、时间、师资等条件的约束，同时单纯的培训很难转换为实际操作。因此在线下以师父带徒弟的模式培养人才，再由

师父教导徒弟接单，锻炼徒弟的操作视频，才能全方位发展人才。

3. 制定合理的行业评价标准

美工的价值是很难直接衡量，通过一系列的设计和实战，我们需要建立一套完善的行业美工设计水平评价标准，方便卖家给定合理的薪酬标准，同时规范行业竞争体系。可以教会学员一定的知识点、技能、技巧，但是真正的吸收、掌握、融会贯通是在实际的工作中。因此如何做好培训后的服务支撑，实现长期、点对点的帮辅，对于电商人才培养机构是一个挑战，同时也是一个非常大的市场机会。

4. 培训常态化，管理系统化

由于电商行业的发展是快速的、创新的，所以企业需要自己或借助外力建立起内部人才培养的学习型组织，加强系统管理。

9.4 杭州市电子商务美工设计对策建议

电子商务发展迅猛，变化快速，美工人才是下一轮电子商务发展的关键课题。同时电商人才的培养不是一蹴而就的，而是循序渐进的过程。因此，形成电商交流的价值圈，为企业发展保驾护航是非常有必要的。

1. 重视美工的培养

通过培训课程、师父带徒弟等方式提高美工在 PS[①] 等方面的硬技能水平，培养出出色的电商设计师。

2. 行业应确定电商设计师行业工资标准参考

行业应确定电商设计师行业工资标准参考，作为招聘成本以及店铺装修成本参考资料，不再盲目地招募不符合要求的设计师，使整个市场趋于理性。

3. 创造更好的电商设计师成长体系

行业应确定电商设计师行业工资标准参考，帮助电商设计师成长为具备优秀设计能力的店铺装修大师，同时为他们打造合理的职业生涯，结合杭州本地形势，让培训和工作结合，理论联系实际，助力电商设计师的成长。

4. 提供全职设计师在线服务

提供全职设计师在线服务，垂直电商美工设计领域，有服务标准和设计认定标准，解雇产品更是解决了 90% 以上的纠纷矛盾，设计师和雇主有据可依，自行协商解决，平台几乎无售后客服压力。雇主和设计师满意度高，留存率高。

"开三·云匠网"平台融合自行搭建设计团队和外包形式以及在线兼职的优点，以提供设计师在线入职（全职）、移动办公的方式实现远程招聘和管理，规避了自行搭建技术团队和外包形式的缺点，根据云匠网自行研发的工作标准以及人才认定、作品标

---

① PS：图像处理软件。

准，真正彻底解决了卖家店铺装修的刚性需求。

同时，标准化的移动办公平台可以让在偏远地区的卖家招聘到北上广的淘宝美工，以满足卖家对店铺品牌调性的高质量需求，推动农村电商和各地电子商务孵化基地的发展。并且平台实行担保交易，三天试用期不满意全额退款，毫无后顾之忧。

5. 优化电商美工培养和扶持电商设计产业政策

一是细化扶持政策的领域导向，重点扶持特定细分领域。电子商务涉及领域众多，培训机构往往片面追求大而全的覆盖电商活动方方面面而无法将课程做精做细，培训效果较差。因此，应根据不同领域电子商务发展的不同重点出台相适应的扶持政策，实施定点支持政策，在跨境电子商务、农村电子商务、传统产业转型等领域给予重点支持；二是加大政府购买服务的力度，优化购买方式。加大对绩效良好的机构的支持，以购买服务的方式，对培训机构进行更为有效的支持，建立学员反馈与培训补贴相挂钩的机制，鼓励培训培养机构真正提升专业服务能力；三是加强政策的可操作性。加强调研摸底，结合杭州电子商务发展水平和人才实际需求，因地制宜，加强政策的合理性、可操作性及执行的及时性，起到真正的引导作用；四是鼓励培训机构服务周边县市，促进电子商务人才分布合理化。完善杭州市电子商务人才培训和引进交流机制，鼓励规模较大的培训机构在周边县市设分校区，不断提高富阳、临安、建德等周边地区电子商务人才基数和质量；五是加大定制化电商人才培养。引导与加强电子商务培训机构与企业的对接，鼓励其提供定制化培养方案，根据企业实际需求培养学员，为电子商务学员提供实战学习机会和辅导，培育一批理论水平良好且实能力过硬的电子商务复合型人才。

第三部分

杭州市电子商务发展区县市分报告

10　上城区 2015 年电子商务发展报告

2015 年以来，上城区把加快推进电子商务企业化应用作为推动产业转型升级、培育拓展市场的重要载体，坚持发挥政府引导、市场主体的作用，从政策规划、平台搭建、示范引领、宣传培训等多个方面积极推动区内企业电子商务应用，立足自身特点，围绕电子商务促进主导产业发展，坚持发挥政府引导、市场主体的作用，认真落实《2015 年全省电子商务发展工作要点》和《2015 年全市电子商务工作要点》等文件要求，全面推进电子商务各项工作。

电子商务作为网络化的新型经济活动，以"全天候、全方位和零距离"的特点，影响着生活方式，颠覆了商业模式，改变着生产组织形态，加速产业结构调整和资源配置，对推动经济增长方式转变，提高经济运行质量和效率，提升综合竞争力具有举足轻重的作用。可以说，电子商务是经济增长的"倍增器"、发展模式的"转换器"，产业升级的"助推器"。

为加快推动上城区电子商务的发展，优化产业结构，培育新的经济增长点，率先在中心城区建立以现代服务业和区域总部经济为核心的现代产业体系，立足区情实际，探索电子商务的发展方式，按照"谋布局，转现存，引龙头"的发展思路，发挥资源优势和增长潜力优势，将电子商务作为新兴战略的高度来发展，实现创新型经济的突破，占领产业发展的制高点，为打造国内一流现代化中心区和"电子商务强区"奠定坚实基础。

10.1　2015 年发展概况

经过初步调查摸底，在我区注册的与电子商务有关的企业有 359 家，实际从事经营活动的企业为 136 家，其中湖滨街道 21 家，清波街道 11 家，小营街道 34 家，紫阳街道 27 家，南星街道 21 家，望江街道 22 家，实现税收 3000 多万元。电子商务的应用和普及率较高的商业街区也已初步形成，以清江路一带的服装市场为例，该街区商铺总数 2277 家，在电子商务网站注册的共 1900 多家，注册率达 83.4%；实际经营电子商务的达 1885 家，普及率达 82.7% 以上，2015 年网上交易额约有 20 亿元之巨。分析现有产业基础如下。

1. 优势条件

（1）产业基础较好，初步形成电商产业链。

我区虽然像没有像阿里巴巴、淘宝这样的综合型电子商务企业，但初步已形成服务、应用和支撑体系全面发展的电子商务产业链，聚集了以浙江物产网为代表的大宗商品交易平台；以阿卡服饰、百诚家电等为代表的知名网上零售企业；以贝付科技为代表的大型电子支付企业；以熙浪、网营等为代表的电子商务营销和咨询机构等，累积独有的产业基础，呈多元化发展趋势。

（2）产业应用广泛，电商换市工作初步展开。

上城区在商贸流通、旅游观光、教育产业、便民服务等领域广泛利用电子商务提升行业服务和经营管理水平。在商贸流通领域主要表现为：在传统商贸企业应用方面，以西湖银泰为代表的大型商贸企业，开始借助知名电子商务服务平台，实现 O2O 线上线下销售联动；在传统专业市场方面，以四季星座网牵头整合清江路一带的服饰市场实现网络的 B2B 营销模式，而龙翔服饰城、兴合男装等专业市场纷纷成立电子商务营销部门，积极探索利用电子商务创新自身营销模式。

（3）品牌优势凸显，电商龙头集聚。

2013 年我区被列入全国首批四个品牌消费聚集区工作联系点，以培育品牌促进消费为契机，引进和培育了不少品牌电子商务企业。作为互联网解决方案的领先提供者——世界 500 强思科（中国）总部落户望江新城；"双 11"销售过亿元的阿卡服饰诞生于山南国际创意（金融）产业园；工业功能区物联网软件、海洋、智能电子及信息技术产业特色日益凸显，被评为杭州市优秀高新技术产业园。在空间布局上，已经形成了山南创意园、西湖创意谷、新媒体创意园、凤凰御元、越界·杭州创意园等园区、基地，为电子商务企业发展提供了高品质的空间。

2. 劣势条件

（1）缺乏电子商务龙头企业。

首先没有像阿里巴巴、淘宝这样的综合型电子商务企业；其次没有像浙大网新、信雅达、恒生电子、颐高数码等这类的服务于电子商务的科技企业；最后也没有像祐康商务、三替购物网等行业性服务电子商务企业。而这些业界闻名的电子商务龙头企业总部都在杭州，但没一家落户于上城，作为电子商务之都杭州的中心城区，与其他城区相差甚远。

（2）缺乏培育的电商园区和平台。

首先我区没有像西湖区、下城区、江干区那样有专门的电子商务企业园区，也没有出台相关的优惠扶持政策，重点孵化电子商务龙头企业，让它们做大、做强、做精；其次更缺乏微小型电子商务企业培育平台，以上城区清江路一带的服装市场为例，从事电子商务、线上销售的微小企业很多，许多服装品牌盈利情况非常可观，若能充分整合资源，多鼓励一批服装市场逐渐向电子商务培育基地转型升级，不断完善软、硬件设施，打响培育基地整体品牌，将有利于电子商务企业创造更大的效益，同时有利于专业市场整体形象的提升，实现双赢。

（3）缺乏专门的电子商务扶持政策。

目前我区尚未出台专门的电子商务扶持政策，在高新企业、信息化项目等领域有针对电子商务的扶持，在招商引资方面还没有给以电子商务企业资金奖励、税收优惠、租金减免等优惠政策，也没有招揽更多的电子商务企业入驻的意识，这说明我区在迎接无线互联网时代中，表现出了严重的意识不足，思维老化，依然是传统商贸发展的旧思维、老办法在管理、指导商贸产业。

（4）缺乏电子商务专业人才。

部分新兴的电子商务企业缺乏专业的技术人才、管理人才及市场营销人才。电子商务与传统意义上的实体销售在客户群、营销理念、实际操作等方面存在较大区别，需要专业的人才从事运营。这也是一些电商企业普遍存在的问题。

10.2　2015年主要成果

1. 提升电子商务工作高度

2015年以来，区委区政府高度重视电子商务产业发展，从机构和人员保障方面为电商工作的顺利开展增强力量，在区商务局商贸服务科增挂电子商务科牌子，专门配备1名工作人员，从事电子商务工作；积极参与杭州市跨境电子商务综试区建设，专门成立上城区跨境电子商务工作领导小组。由区长担任组长，成员分别为区商务局、区科技局、区各街道主要负责人。同时明确相关工作人员，做到专人专事，负责信息汇总及报告。

2. 深挖电子商务工作深度

一是依托优势，推进重点电商项目。积极筹备杭州市清河坊历史文化街区智慧景区（商圈）项目，通过智慧景区综合管控中心、智慧景区公共服务平台、智慧景区业务管理平台的建设，逐步构建智慧旅游的框架，为旅游产业转型做好基础准备。根据杭州市跨境电子商务综试区领导小组办公室会议精神，结合我区实际，积极筹建"杭州工联海淘O2O体验中心"，并获得了市政府、市综试办及中国（杭州）跨境电子商务产业园区的大力支持。该项目总体经营面积3.5万平方米，总体规划已完成，全馆分大馆、中馆、小馆，大馆主要按国家馆区分，法国馆、巴西馆、意大利馆、韩国馆、澳洲馆等都已在深度洽谈中。选择一批具有电子商务发展潜力的街道申报电商特色小镇创建项目，对符合条件的街道、企业给予业务指导，加快创建方案的编制工作，启动电商特色小镇前期工作。同时，广泛调研，梳理出"十三五"电子商务重点项目共21个，范围涵盖传统企业电商化、社区电商服务、企业自建平台等。

二是招强引优，做好"互联网＋"文章。2015年5月，我区发布智慧经济规划，不断加强信息技术和信息化在教育、医疗等民生领域的应用，位于城北的电子机械功能区飞地园区和钱塘江岸望江智慧产业园，是我区发展智慧经济的主阵地。同时，有玉皇山南基金小镇为产业提供资本支持，优良的投资环境吸引了众多优秀的"互联网＋"概念企业落户。杭州熙浪信息技术股份有限公司成功入选国家电子商务示范企业；成功引进全国最大的互联网学习平台——沪江网蚂蚁筑巢浙江总部、全国最大女性体验式电商营销平台——浙江搜道网络技术有限公司、整合汽车维修养护线下资源的一站式服务电商平台——淘汽档口、搭建自媒体社群平台的创新"互联网＋媒体企业"——西柚传媒等项目。12 月 3 日，杭州青年创业大街在我区开街，杭州 O2O 产业联盟成立。作为望江智慧产业园的一部分，杭州青年创业大街是以杭州文广集团为支撑，致力于研究推广新媒体创业、"互联网＋文创"，媒体开发技术协作优势明显。

三是扩大应用，加快电商换市步伐。积极依托第三方平台开拓市场，引导辖区内企业通过淘宝、天猫、大众点评网、美团等电商平台开设品牌网店提升销售、促进消费。2015 年，浙江百诚网络销售额 14.12 亿元，杭州界内电子销售额 2.97 亿元，杭州佐卡伊电子商务销售额 4561 万元。推动专业市场线上线下融合发展，积极探索 O2O 模式，加快实现专业市场电商化发展。以西湖银泰为代表的大型商贸企业，"双 11"、"双 12"线下同步大促，实现 O2O 线上线下销售联动，人气大幅提升；龙翔、兴合、工联等传统专业市场，陆续成立电子商务营销部门，专门加强电商领域的涉足和 O2O 平台的开发应用，四季星座网牵头整合清江路一带的服饰市场实现网络的 B2B 营销模式，积极探索利用电子商务创新自身营销模式；旅游企业，如旅行社、宾馆、饭店，纷纷探索加强商旅互动，通过电商模式拓宽营销推广渠道。

四是抓好基础，建立电商企业名录。建立并逐步完善我区电子商务企业名录，截至 2015 年年底已整理出自建内部平台企业 17 家，专业网络零售企业 28 家，应用电商进行线上营销的企业 645 家，其中老字号 17 家，清江路一带专业市场中从事电商批发零售的商户 1285 户，其中约 40% 已注册品牌。

3. 扩大电子商务工作广度

一是加大宣传推介力度。积极参加 2015 中国（杭州）国际电子商务博览会，设立上城展馆，展示我区电商产业发展成果和投资环境；在各类招商推介会，推介电商产业基础，挖掘优秀电商企业和项目，争取落户。

二是推进社区电商服务。2015 年以来，我区先后组织望江路、紫阳、翰林和茅廊巷 4 家农贸市场开展电子商务应用，依托淘点点、App、微信等平台，试行网上买菜便民服务，目前已收到了较好的成效，积累了大批的客户，受到社区居民的一致好评。

三是加强人才培训和公共服务。根据省市要求，组织企业参加开展浙江省电子商务企业等级评定评审员培训和浙江省电子商务专业人才师资培训，举办各类电商人才主题沙龙 7 次 200 余人。举办跨境电子商务业务知识培训，除组织了近 350 人的跨境电商（上城区）专场培训学习外，还举办了跨境电子商务业务知识培训，特别邀请阿里巴巴和敦煌网的负责人分别授课。举办跨境电商企业座谈会。邀请自建电商销售平台企业、电商服务企业和电商应用企业就企业开展跨境电子商务中遇到的困难、问题及对政策的诉求，听取企业意见。

四是把电商触角伸向海外。2015年以来，我区通过积极招引和培育，已有跨境电子商务企业43家，其中自建跨境电子商务销售平台的电子商务企业有5家。包括：代运营企业2家（杭州网邦网络科技有限公司的"出口宝"和杭州网营科技有限公司）；着眼于家纺行业领域，通过设计、核价、微客平台及国内外企业贸易数据分析等服务，为供应链两端的供应商、采购商提供解决方案的B2B家纺行业电子商务平台企业——杭州易家纺科技有限公司，目前注册会员已达400多家。电商服务企业3家，包括首批获得国家外汇管理局准许开展跨境电子商务外汇支付业务的第三方支付平台企业——杭州贝付科技有限公司，已实现外汇业务3000多万美元。以及2家自建海外仓企业，已分别在美国洛杉矶（3260m²）和加利福尼亚州（7000m²）及法国里昂（4000m²）成立，共计已有150多家企业入驻。此外，还有电商应用企业35家，主要出口产品为服装、服饰、办公用具、家居产品等，其中B2B方式出口164万美元，B2C方式出口256万美元。

10.3   2016年发展思路

为推进杭州市全国电子商务中心建设，加快上城区经济转型升级，使经济结构更趋优化、产业集聚成效更明显，创新动力更强，发展环境更优，以打造品牌消费聚集区为契机，立足区情实际，按"谋布局，转现存，引龙头"的发展思路，将电子商务作为创新商务方式、打造商务高地、推进产业转型升级的重要抓手，通过抓规划、抓载体、抓招商、抓培训、抓宣传，着力培育本土电商企业，大力发展跨境电子商务，促成电子商务产业成为上城区重要的支柱产业，为上城区电子商务继续保持高速增长创造良好的发展环境。

1. 谋布局：下好一盘棋，明确产业发展重心

（1）制订发展规划。

电子商务的指导管理是项全新的工作，上城区尚未摸清电子商务发展的真实家底；进一步明确专门的电子商务发展规划、计划和政策意见；为明确上城区电子商务发展路径、发展内容和重点项目，重点工作是：一是应加快编制上城区电子商务发展规划，制订发展产业导向目录的行动计划，开展资源梳理和企业调整，掌握行业发展基础，真实反映电子商务发展情况，为规划政策制订提供可靠依据；二是应进一步挖掘旧厂房、旧仓库等空间资源，为培育和引进一批具有核心竞争力的电子商务企业提供空间支持，合力推进山南创意园、西湖创意谷、新媒体创意园、凤凰御元、越界·杭州创意园等园区、基地建设，为引进电子商务企业提供布局的空间。

（2）确立核心产业。

通过政策扶持，围绕创新型经济，制定导向清晰、指向明确的发展导向体系。按照"专业化、高端化、平台化"的要求，结合区情实际（适合我区的电子商务产业并不是生产、仓储型电子商务企业，而是引进和做大电子商务服务企业），促进传统行业的转型，实现电商换市。主要工作：一是做好传统行业的转型文章，要创新发展移动电子商务，实施电子商务应用工程，支持传统商贸企业进行O2O及跨境电子商务，促进产业的升级；二是通过引商选资提升产业品质，重点引进和培育支付、认证、安全、金融、营销等电子商务服务商，发展信息流、商流、物流和资金流综合服务于一体的电子商务产业链。

（3）提升品牌形象。

通过创建国家级品牌消费集聚区，统筹全区发展空间，全面提升商贸服务品质。主要做好几个结合的工作：一是发挥打造"两大商圈"的辐射效应，结合品牌消费集聚区创建，带动全区商贸服务业品牌化、电商化的"两化"转型；二是统筹街道的力量，全面提升全区现代服务业的品质；三是结合"智慧上城"的打造，积极探索推进移动互联网新型营销模式的应用，以清河坊、湖滨特色街区为试点，铺设免费公共WiFi，推进智慧商贸、智慧旅游等项目，动员品牌商家入驻，加强品牌企业和消费者线上线下亲密互动，提升消费体验，为全区电子商务发展创造良好的产业氛围。

2. 转现存：找准切入点，做好电商换市工作

（1）推动传统商贸业的转型。

鼓励和支持传统商贸业的转型升级，推进电子商务与交易平台、大宗商品市场和专业市场的融合，推动基于B2B的专业电子商务营运中心建设，实现资源优化配置。主要工作：一是大力推动浙江物产网等有实力的大商贸企业开展B2B网购总部及其后台服务中心业务；二是支持银泰、解百、中都、利星、衣之家等传统百货商场、购物中心依托实体网点、货源、配送等商业资源开展网络零售业务，建设网上商城，探索"线下体验、线上交易"的新型商业模式；三是在新建大型商贸区、商贸城的同时应考虑开辟与电子商务交易供应链相配套的功能区块；四是推进"智慧上城"建设，促进"智慧商贸"发展，引导线下企业开拓视野，利用移动互联网平台或依托成熟的第三方营销平台，如淘点点、大众点评团等，扩展线上营销渠道，更好地适应当前的消费趋势。

（2）推动电子商务进市场。

发挥电子商务作为发展方式"转换器"的功能，支持我区传统商品专业市场发展"实体市场＋网上交易平台"的综合电子商务平台建设。这将是我区经济转型的重点，因此必须明确转换办法，具体方式如下：一是"颐高模式"，就是市场自建运营性电子商务平台。一般而言，这类市场在行业内属于龙头带动企业，经济上具备独立建站的实力，典型代表就是颐高集团，它自建it.com.cn电子商务销售平台，实现线上线下销售联动。这种模式主要针对杭州陶瓷品市场和杭州华东家具市场，鼓励和支持市场举办方进行独立建站尝试。二是"四季星座网模式"，就是通过第三方电子商务服务企业来统一整合，利用某个地段或区域内集聚形成的市场群，能过抱团上线的方式，打造区域性电子商务销售平台。这种模式主要针对市场群是清江路一带中星服饰城、九天国际服饰城、杭派精品服装市场、置地国际男装基地等服饰批发市场。三是采用集体进淘宝、天猫等电子商务平台，主要是由市场管理方统一进驻，有统有分，统分结合的模式，实现线上线下的联合，我区主要市场是龙翔一带的龙翔服饰城、兴合服饰城、天阳明珠百货市场、工联精品服饰城等服饰批零市场。

（3）推动电子商务进园区。

认真厘清我区的园区的存量，利用园区具备的技术流、物流、资金流和人才流的优势，引进重点电子商务企业，在政策上不仅要给予进驻园区的优惠政策，而且还要给予电子商务发展的优惠政策。以望江信息产业园、山南国际创意（金融）产业园、凤凰御元艺术基地、西湖创意谷、越界·杭州创意园等园区、基地为空间依托，紧紧抓住思科（中国）总部落户上城带来的重大战略机遇，突出重大项目带动，积极招引国内外知名综合型或垂直型电子商务企业、电子商务专业服务企业在我区设立总部、区域总部、结算中心。鼓励企业引进或整合国家级研究中心、研发中心、国家行业信息中心或数据发布机构。

（4）推动电子商务进街区。

在新的市场环境下，将电子商务与传统商业模式的商业街相结合，实现网络技术与传统经济模式功能互补，建立与商业街运营相融合的电子商务模式提升竞争力成为必然趋势。可以预见的是，未来的商业一定是线上与线下零售相互渗透，商业街区的电商化将是电商的最高业态。未来人们的消费必然是这样的一幅智能街区的图景，消费者拿着手机或 iPad 逛街，附近商家的各类商品信息会蜂拥而至。上城区作为中心城区，特色街区是我区文化旅游的亮点，也是城市吸引力所在。电子商务进街区，主要工作是：一是推广的电子商务应用，打造智能街。主要针对南宋御街·中山路——清河坊文化历史街区和湖滨（南山路）特色街区，这两个特色街区历来是杭州商贸和旅游的两张金名片，以它们为试点，通过自建平台或接入免费公共 WiFi 的形式，整合商户资源，鼓励街区内老字号品牌、餐饮品牌、旅游体验点加入互动营销体系，尝试探索推广经验，培育重点特色街区网上平台。二是构建电商产业集聚带，打造电子商务特色街区。主要针对的是清江路和龙翔桥一带的商品专业市场，通过共建电商专业化运营平台，培育载体，强化服务，形成线上线下互为补充的新型商业街模式。

3. 引龙头：引进金凤凰，做好选商优资工作

（1）政策引商，出台扶持政策。

将电子商务作为新兴战略产业的高度来发展，在发展电子商务产业所需的软硬件条件具备的同时，拟定针对电商及其配套产业具体政策。一是整合汇编省、市、区有关电子商务的相关政策，结合财政政策、金融投资、税收、物流和企业信用等发展环境因素，主要面向工商注册和税收缴纳关系均在我区、具有独立核算资格的电子商务企业，给予企业、项目、平台以奖代补、费转成本等方式进行产业支持。二是研究制定上城区推进电子商务发展的实施意见和专项政策，主要制定系列扶持激励政策：①办公场所补贴政策；②税收扶持政策；③企业奖励政策；④电子商务平台建设及应用支持政策；⑤金融支持政策；⑥电子商务园区（楼宇）建设鼓励政策等。

（2）招强选优，引进龙头企业。

盘活全区的产业园区、基地、商业楼宇的闲置办公楼和综合楼等资源，作为电子商务的办公用房及配套用房，积极整合各类奖励政策，打造招商引资"政策洼地"，结合品牌消费聚集区的创建，做好对电商企业招商引资工作，主要办法：一是注重龙头企业的引进。重点引进世界500强、国内500强或业界龙头等互联网品牌企业，增强品牌消费聚集区示范带动作用，围绕产业集聚，坚持招大引强，突出优质、龙头，提高招商门槛，以骨干、龙头企业引领发展；二是注重优质传统企业引进。加快推动传统企业转型升级，加强电子商务与传统产业的有效对接，积极引导园区优质传统企业开展电子商务，探索网上销售；三是注重引进风投跟进项目培育。加大潜力项目培育引进，借助风投机构对项目的敏锐判断，着力引进培育具备快速成长性的"小巨人"型企业。

（3）明确目标，开展目的性招商。

围绕招商方式除驻点招商、电话邀约、小分队招商、中介招商、委托招商、宣传招商、合作招商等传统方式之外，根据电子商务产业的特点以及区情实际，重点采用以商引商、网络招商、会议招商等方式。招商领域方面，就B2B、C2C、B2C等展开多领域招商，针对上城实际，确立重点领域：一是引入产业链下游电商服务型企业，主要是支付和营销；二是引进互联网品牌企业落户，鼓励虚拟店与实体店相结合的O2O经营模式；三是引进垂直类电商企业，例如旅游企业、金融产品平台、博彩（彩票）电商、珠宝首饰类电商、房产电商等垂直类电商。为了明确招商的指向性，招商定位如下：①成熟电商的分支机构与研发团队，主要是从事C2C、B2C、B2B电子商务市场的电商企业；②各类团购网，如美团网、糯米网、拉手网等；③电子商务专业服务提供商，如熙浪信息、达西科技、光云软件、数云信息、新中大软件等；④第三方支付机构，如支付宝、PayPal、快钱、贝付等；⑤第三方快递物流机构，如顺丰、宅急送、申通等；⑥基于电商平台的大型卖家，如阿卡服饰、韩都衣舍等。

10.4　电商保障体系建设

1. 加强组织领导

建立上城区推进电子商务发展工作领导小组，协调解决我区电子商务发展中的问题，区政府一把手挂帅，区商务局、区委宣传部、区发改经信局等部门分管领导担任小组成员，各部门要结合自身职能，各司其职，分工合作，形成电子商务发展合力。各街道要加强电子商务管理机构建设和人员配备，更好地发挥统筹规划、政策制定和综合协调作用，全面推进电子商务提升发展。建立电子商务专家顾问团队和电子商务统计制度，为电子商务发展的科学决策提供咨询和服务。

2. 加强管理研究

研究电子商务管理服务机制，鼓励提高区外净流入，特别是税收和网络零售额，将消费、采购、就业、财税保留在区内。按照平台型电子商务企业、运营型电子商务企业、服务型电子商务企业、结算型电子商务企业、应用型电子商务企业等进行梳理，加强数据统计、税收代管、物价质监方面的探索研究，建立和扩大统计监测网络，建立信息发布制度。对接上级部门和先进地区，学习法规制度，交流管理经验，更好地发挥待业指导和协调作用，推进行业健康有序发展。

3. 加强队伍建设

注重外部引进与内部提升相结合，通过专业人才引进、业务培育、岗位锻炼等方式，打造与电子商务发展相应适应的管理服务专业队伍，同时以"营造创业创新环境，扶持企业创业发展"为宗旨，积极拓展海归促进会、人才工作站等渠道，注重高层次人才的引进，为电子商务发展提供智力支撑。

4. 加强宣传推广

充分利用各类媒体和有效形式，普及电子商务知识，组织一系列针对上城传统经济的电子商务领域高峰论坛、主题演讲和专题培训，提高社会各界对发展电子商务重要性的认识，形成良好的社会氛围。推荐并宣传一批成功的电子商务应用示范企业和优秀网站，不断扩大示范效应，形成良好的创业氛围。

11　下城区 2015 年电子商务发展报告

2015 年以来，下城区围绕市委、市政府统一部署，在市商务委的大力指导下，把握"互联网＋"战略机遇，以市场需求为导向，以智慧经济为突破口，强化政策引导，加快"电商换市"步伐，积极推动传统商贸与电子商务融合发展，抢抓中国（杭州）跨境电子商务综合试验区政策红利，电子商务各项工作有序推进，现将 2015 年电子商务发展情况汇报如下：

11.1　2015 年发展概况

目前，我区纳入浙江省电子商务行业监测系统的主体企业包括四大类 29 家，企业家数占全市的 10.32%，其中电子商务应用企业 15 家，第三方交易平台企业有 5 家，电子商务服务企业 8 家，跨境电子商务产业基地 1 家。2015 年，我区电子商务产业整体运行情况良好，主要呈现以下几个特点。

（1）电商应用企业规模不断扩大。

1—12 月，15 家电子商务应用企业预计实现电商交易额 304.91 亿元，其中自有平台销售 301.41 亿元，占总电商交易额的 98.85%。

（2）第三方电商交易平台运行平稳。

1—12 月，纳入监测的 5 家第三方电子交易平台企业实现运营收入 8406.04 万元，累计有企业注册数 390.82 万家，实现平台交易总额 180.55 亿元，同比增长 60.42%。

（3）电商服务企业经营情况单一。

1—12 月，纳入监测的 8 家电子商务服务企业实现营业收入 3.03 亿元，其中技术服务收入 1.83 亿元，占总营业收入的 60.4%；代运营服务收入 0.46 亿元，占总营业收入 15.2%；支付服务收入、物流服务收入、市场推广收入占比较低，占总营业收入比重不足 9.9%。

11.2　2015 年主要成果

1. 推进智慧商贸发展

以扩大商贸业智慧应用和信息消费为导向，鼓励大型商场、商业特色街区、农贸市场运用新一代信息技术研究提高购物体验，打造体验式商业模式。杭州大厦快马加鞭实施新一轮"三年规划"，通过打造高品质生活体验中心，率先迈入更智能的商业4.0时代；银泰商业与阿里集团全面融合，在O2O领域推出"喵街"App，武林店各大品牌陆续上线"银泰网"，推进线上线下融合；华东医药建立了以健康体验馆、中药香文化为核心的健康产业体系，为居民提供"线下体验，线上购买"的智能生活产品，探索医药企业新的增长方式；推进淘宝网"杭州特色馆"建设，丝绸城、武林路已有100余家企业入驻特色馆；万寿亭等农贸市场通过"网上菜场"开展电子商务应用。英特药业、华东医药两家企业入选浙江省电子商务综合10强名单，英特药业被商务部评定为2015—2016年度国家电子商务示范企业。

2. 加快跨贸小镇建设

作为杭州跨境电商产业的"排头兵"，我区积极融入杭州跨境电子商务综合试验区建设，加快"跨贸"小镇建设。跨境园区顺利启动了"直邮进口"业务，成为全国为数不多的进、出口"两翼"业务同时开展的跨境电商园区。2015年共接待汪洋副总理等中央领导及各级地方相关单位参观来访150余批次。综试区"单一窗口"平台——浙江电子口岸公司，整体落户跨境园区，全球最大的在线珠宝零售商BlueNile、全美第二大零售商Costco等国际电商巨头通过园区清关。全面接轨全球商品体验，享受"所见即所得"的生活方式，6月30日，全市首家保税进口商品直营中心——银泰西选·杭州跨境电子商务产业园进口商品直营中心开业。12月15日，前期投资两亿元的下城区跨境电子商务产业园二期西狗国际项目，也在跨境园举行了隆重的签约启动仪式。

3. 加快"天网"工程建设

全力推进武林商圈"天网"工程建设，WiFi云平台实现一键登录，全国首个数字化商圈打造初显成效。举办武林商圈智慧化建设专题研讨会，邀请腾讯大浙网等名企介绍O2O电商平台推广介绍，银泰百货、国大集团、幸福广场等40余家企业负责人参会。开展武林商圈开放平台项目招标工作，进一步完善和运营"武林商圈"支付宝服务窗，获得支付宝城市运营商资格，与商家达成了营销联盟协议。积极与腾讯洽谈合作运营事宜，探索合作模式，为后期培育和推广"武林商圈"微信公众号及微门户打下基础。

4. 优化政策环境

鼓励企业开展电子商务应用，积极鼓励企业参与"淘宝·特色中国"杭州馆建设，新推荐省土畜产等34家企业入馆。加大对电子商务企业扶持力度，修改完善"1＋X"财政扶持政策，对新建电子商务平台开展电商商务应用的企业，按照投资额给予10%～20%的财政扶持。积极组织企业参加首届电子商务企业等级评定评审员培训班培训，共有5位评审员通过最后考核。推荐运通电子、威士顿等9家企业参与电子商务企业等级评定。指导、推荐中国农业网等企业参加浙江省电子商务百强企业评选。推荐银泰、创梦谷等7家单位参加市级电子商务示范工程创建。

11.3　2016 年发展思路

1. 加强组织领导，强化对企服务工作

进一步完善电子商务工作机制，统筹规划全区电子商务工作，建立区级联席会议制度及联动协调机制，协调解决电子商务发展中的问题。加强对电子商务企业培训，为我区电子商务发展的科学决策提供咨询和服务。

2. 培育传统行业，实现线上线下发展

主动对接上级业务部门，积极推荐王星记等约 20 家名优特企业入选"淘宝·特色中国"杭州馆，帮助我区企业开拓市场，提高市场占有率、品牌影响力和盈利能力。抓社区电子商务服务网络建设，指导窝里快购、十足集团等企业开展"云超市"便利店建设。

3. 推进电商融合，打响跨贸小镇名片

抓住 G20 峰会契机，深入与主流媒体的战略合作，加强对跨贸小镇的宣传。在成功申报省级特色小镇的基础上，加快落实空间和产业的布局。在跨境园区域，启动园区周围 64 户农居拆迁工作，在新天地区域，推进跨境电商商务中心和国际风情街的空间建设，全面推进跨贸小镇国际街建设，尽快推出一期 3500m² 的体验街区，实现"线上平台"与"实体体验"相结合。进一步发挥跨境电子商务促进外贸发展、推动外向型经济转型升级的作用。

4. 加快产业升级，实施智慧商圈建设

以杭州大厦、银泰百货等重点商贸企业为依托，打造开放式电商平台，为消费者提供线上线下同步服务，形成武林商圈商贸服务业的大联盟、大会员、大数据，加强武林商圈企业间联盟与融合。借鉴上海安达通成熟的 WiFi 定位和后台分析技术，联合下城国资公司与阿里集团、杭州移动等合作对象进行深入沟通，尽快建成数据分析平台，实现精准推送。学习上海市徐汇区、重庆市江北区等核心城区在智慧商圈建设方面的经验，加快我区智慧商圈建设。

12　拱墅区 2015 年电子商务发展报告

2015 年以来，在省、市商务主管部门的有力指导下，我区着力抓好园区建设，扩大产业规模，健全服务机制，全区电子商务工作实现稳步快速发展。

12.1　2015 年工作回顾

1. 主要思路

拱墅区电子商务工作主要以打造"智慧拱墅、运河 E 谷"新高地为目标，以创建"省级电子商务示范区""国家电子商务示范基地"两平台为抓手，以推进"一园两城两基地"电商产业格局为载体，集聚名优电商企业，做实服务工作，增强电商运营监测，努力成为省、市"国际电子商务中心"建设重要组成部分。

2. 发展现状

2015 年，拱墅区紧紧围绕省、市电子商务的重要举措，并结合我区电子商务产业基础和发展目标，出台拱墅区发展电子商务产业规划及有关文件；通过组织沙龙、论坛、讲座、推广等形式，全面落实电子商务人才专业培训 300 人、普及培训 3000 人的任务；瞄准电商发展高地，成功争创国家电子商务产业示范基地——北部软件园和浙江省电子商务 10 大产业基地——杭州（中国）网商城；发挥产业部门优势，落实产业招商要求，招引名优电商企业入驻；加强走访，做细工作，完成电子商务统计监测出报 100% 目标；出台政策，积极鼓励电商企业上市或挂牌；利用中国（杭州）国际电子商务博览会平台，做好电商产业、电商企业宣传展示，助力发展；大力组织区内电子商务企业参加省、市各类评比，引导企业规范、有序发展。下表为 2015 年拱墅区电子商务工作所取得的荣誉。

2015 年拱墅区电子商务工作所取得的荣誉

类别	项目名称	类型
省电子商务示范企业	浙江执御信息技术有限公司	电子商务企业
省电子商务示范平台	机电在线	第三方电子商务平台
	中国服装网	

续　表

类别	项目名称	类型
2014 年浙江电子商务百强企业名录	浙江顺丰速运	电子商务与物流协同发展 10 强
	浙江元通汽车	电子商务模式创新 10 强
	杭州全速网络技术有限公司	浙江省电子商务服务 10 强
2014 年浙江省"电商换市"升级样本	拱墅区	省级电子商务示范区建设
2015 年杭州市电子商务与物流快递协同发展试点项目	浙江顺丰速运有限公司（城市快递末端投递车辆、标准化网点建设或改造、新建下沙智能分拨中心）	试点项目
	浙江云之涞网络科技有限公司（"云蚂蚁"服务平台）	试点项目
首批省级电子商务创新试点项目	泰嘉园（电商摄影基地及互联网新媒体产业平台）	创新试点
特色小镇	上塘电商小镇	市首批特色小镇

据浙江省商务厅提供的最新数据显示，1—11 月我区实现网络零售 198.5 亿元，位列全省 90 个县市区的第 9 位，预计全年网络零售将达 230 亿元。另外，据区商务局监测数据显示，纳入监测的 45 家电子商务销售企业 1—11 月营业收入总额 53.3 亿元，同比增长 38.4%；纳入监测的 17 家电子商务服务企业 1—11 月服务企业总营业收入 19.2 亿元，同比增长 40.6%；纳入监测的 9 家第三方平台 1—11 月营业收入 3297.9 万元，同比增长 36.7%，成交额为 40.6 亿元，同比增长 70.3%。我区电子商务产业保持了平稳快速增长，电子商务发展逐渐驶入发展快车道。

此外，2015 年我区紧紧抓住中国（杭州）跨境电商综试区设立的契机，大力抓好跨境电子商务发展工作。成立了由区主要领导任组长、分管副区长任副组长的区跨境电商发展工作领导小组，区招商局设立拱墅区跨境电商办公室；出台奖励政策，将杭州市认定跨境电子商务出口额每美元 4 分人民币奖补提高到 5 分；组织开展跨境电商平台、服务企业与应用企业及电商主体的面对面交流对接活动，累计举办专题会 10 场，参会企业 200 余家，受训 1200 人次。截至目前，完成上线企业 103 家，完成率 103%，实绩企业 53 家，完成率 106%，线上出口实绩 5127 万美元，完成率 103%。

3. 主要特点

（1）产业平台有突破。

对照省级电子商务示范区创建办法，做实规划布局、工作机制、配套服务等工作，2015年5月顺利通过创建工作验收，6月省政府正式授牌拱墅区浙江省电子商务示范区；指导北部软件园成功创建"国家电子商务示范基地"；12月运河财富小镇和上塘电商小镇成功入围市首批特色小镇；应对汽车产业发展的新形式，做强做大汽车后市场产业的新常态，探索发展汽车互联网产业，重点打造"互联网＋汽车后市服务"新模式。出台《拱墅区发展电子商务产业规划》，明确全区电子商务"一园两城两基地"发展格局。目前，智慧电商示范园——北部软件园、杭州（中国）网商城——建化文创园、杭州电商创意城——泰嘉园等电商园区已形成规模，康桥智能物流产业基地完成一期土地出让，中国（杭州）智慧信息产业园正式开园并向电子商务产业高端目标进军。

（2）产业壮大有成效。

截至2015年11月，全区电子商务企业近600家（含网络交易型、配套服务型、第三方电商平台型），集聚了机电在线、车猫网、中国服装网等一批有影响的电子商务平台；引进、培育了京东、天鸽、顺丰、苏宁云商、执御、全诺、全速网络、琼楼、联亿家、话机世界、云之涞等一大批知名电商企业。6月12日，组织召开"2015杭州拱墅区电子商务产业对接交流会暨现代商贸和旅游休闲产业招商项目签约大会"，共邀109家企业参加，其中我区与深圳腾讯计算机系统有限公司签订了"互联网＋智慧城市"框架协议，北部软件园与中国电子商务基地联盟签订了战略合作协议，区商务局签订了5个电子商务投资项目；借助两大平台的集聚效应，抓住杭钢转型升级契机，重新确立北城智慧园、天堂E谷等园区的产业定位，持续为我区电子商务产业发展提供空间资源。据统计，全年我区成功引进杭州碧橙网络技术有限公司、杭州杭钢金属材料电子商务有限公司等有影响的电商企业91家，注册资金13.46亿元，完成全年目标任务的280%。

（3）产业服务有创新。

积极转变作风，加强靠前服务、主动服务和精准服务意识。2015年，区商务局等电商主管部门深入电商企业，召开推荐会、协调会、座谈会及培训会，积极为企业解难办事；推动车猫与海外海集团、区政府与腾讯总部、北部软件园与电子商务基地联盟建立战略合作；协调解决6个项目申报、7个示范创建等问题；区商务局制作企业服务示范卡分发企业；落实走访、例会、考评等制度；对中国（杭州）智慧信息产业园、杭州（中国）网商城、泰嘉园及顺丰物流产业等重点项目建立月报制度；利用各类平台组织电商培训，共316人；产业园区服务功能进一步完善。"大众创业，万众创新"氛围在我区进一步浓厚。

（4）电商展示有亮点。

10月30日至11月1日，拱墅区作为参展单位精彩亮相2015中国（杭州）国际电子商务博览会。拱墅展馆以"电商创业小镇""产业＋互联网"两大板块为主题，充分运用灯箱、视频、多媒体、宣传册等多种方式，集中展示拱墅电子商务产业发展的新成绩。在"互联网＋体验"区块，以"政府搭台，企业唱戏"的模式，重点推出近年来传统产业依托互联网转型升级方面的 5 家代表企业，形象展示拱墅区"产城融合""电商换市"方面的最新成就。电博会开幕当天，还成功举办了"洁家优"家庭服务平台上线仪式，将展馆气氛推向高潮。据统计，三天时间，馆内展示企业有效关注 3578 人，初步达成合作意向 4 个。《今日拱墅》《杭州日报》、网易等媒体进行了报道。

总得来讲，2015 年我区电子商务工作取得了不少成绩，但也面临一些挑战和问题，主要是：在产业规模上，与义乌、西湖等电子商务强区比，国家、省、市电子商务示范企业、优质企业还不多，全年网络零售总额还不高；在产业引领上，区电子商务统计监测体系还有待完善，服务保障支持的力度还需加大；在创新发展上，全区专业市场应用电子商务水平参差不齐，推动专业市场线上线下融合发展还需不断探索和实践；在产业要求上，深入开展"电商换市"、实施智慧经济、信息经济"一号工程"与上级商务部门的工作要求还有差距。

12.2　2016 年工作思路

2016 年，作为"十三五"规划开局之年、电商产业"一园两城两基地"开篇布局之年和国际峰会在杭州召开之年，拱墅区电子商务工作将在省市商务主管部门及区委、区政府的领导下，紧紧围绕省市"国际电子商务中心"战略，深入实施"一号工程"和"电商换市"工程，建好省级电子商务示范、国家电子商务示范基地两张金招牌，吹响"智慧拱墅、运河 E 谷"电商发展集结号，成为省市"产业集聚、企业引领、服务配套、人才云集"电子商务创新创业的高地。

1. 主要目标

2016 年力争引进 2 家以上知名电子商务企业入驻或设立分部，培育 2 家以上省级电子商务示范企业，形成 100 家以上快速成长的优质电商企业群；完善大学生实习基地和电子商务创新创业基地建设；加强资本市场对接，完善资本运作、金融支持机制；全区网络零售比 2015 年增长 15%，达到 260 亿元以上；不断改善和提升电子商务发展的软环境，将拱墅区打造成为电子商务企业集聚的示范区。

2. 具体举措

一是建强招强，布局谋篇。要用好、用活省级示范区、国家电子商务示范基地和省电子商务产业基地的品牌影响力，扩大拱墅区电子商务的知名度，形成集聚效应；不断指导电商园区完善服务机制，提高服务水平，适应互联网企业发展需求；发挥优秀电商企业、产业平台的示范引领作用，培育壮大拱墅区电子商务企业；加强人才、物力和财力投入，积极推广引商、上门招商、企业集商，助推电子商务企业快速集聚；推进五大园区和上塘特色小镇建设，做好政策指导和保障。

二是建章立制，下足内功。依据市电子商务考核办法，加强基础工作落实，完善街道（园区）的考核；出台电子商务产业扶持政策，引领企业做优做强；落实每月走访、每季例会、每年考评等制度；建强电子商务联络员队伍；加强全区电子商务企业经营情况监测。

三是搭台鼓劲，助力发展。积极指导电商企业申报省市项目；借助电子商务博览会、产业对接交流会等平台，大力展示区内电商风采；跟进杭州（中国）网商城、泰嘉园及顺丰物流产业等重点项目建设，做好公共配套建设；定期组织中高端电商人才培训，鼓励企业服务、技术、应用创新，浓厚创新创业氛围；促进微小电商的孵化培育；推动区内专业市场线上线下融合发展。

13 江干区 2015 年电子商务发展报告

2015 年以来，江干区高度重视电子商务发展，将电子商务产业作为推动我区智慧经济发展、促进经济结构转型升级的有力抓手。东方电子商务园成功入选国家电子商务示范基地，"中国（杭州）跨境电子商务综合实验区·江干园区"成为继下城、下沙、空港之后的首批扩容园区，并成功开园。市级唯一的跨境电子商务展示中心落户江干。10 月 9 日，国务院副总理汪洋莅临展示中心视察跨境电子商务工作，对江干发展跨境电子商务工作予以充分肯定。金猴集团、红蜻蜓、深圳中控等一大批电商总部企业入驻江干，目前全区电商企业 1600 余家，据省商务厅统计数据显示，1—12 月江干网络零售额超 473.4 亿元，位列全省区县市第三位。

13.1 2015 年主要工作

1. 推进电商发展

一是扩大电商规模。按照"市场导向，政府服务"的运行机制，重点构建以 B2B、B2C 为核心的电子商务交易技术平台，引进电子商务、信息软件、设计研发等新兴产业，将钱塘智慧城发展为行业领域多、电商业态丰富、产业链条完整的专业基地。目前，江干区形成了东方电子商务园、申通电子商务产业园、喜福汇电子商务创业园三大电商园区，产业培育面积达到 30 万平方米，电子商务从业人员超 3 万人，入驻钱塘智慧城的电子商务企业数占全区总数约 80%。

二是提升电商氛围。组织电商企业参加第二届电博会，参与展会的电商载体共 12 个，企业共 36 家，前来咨询单位达 156 家。展馆的布展充分展示电商发展实力，通过展示展现、交流分享、互动体验、行业合作、权威发布，大力宣传具有江干特色的电商经济发展模式。同时，还举办了互联网思维与电子商务、商业综合体开发及电商应对等主题业务培训，累计有 600 家企业（含专业市场）共 2580 人参加培训，活跃了全区电商的创业创新氛围；加快推动传统百货和专业市场电商应用，庆春银泰"西选"跨境电商体验中心开业，中纺中心与阿里巴巴合作打造的云市场成功上线，意法服饰城、四季青服装集团也将开展电商应用。

2. 推动电商创新

一是突出龙头带动。围绕产业集聚，加快引入总部企业，推动传统企业和批发市场转型发展，促进企业做大做强。积极引入龙头电商总部，发挥龙头企业带动力，规模电商企业达到 300 余家，其中三成以上企业处于行业领军地位，成为电商行业细分领域"隐形冠军"。推动巨星科技、万事利丝绸等传统工业企业开展电子商务应用，引导企业与传统专业批发市场合作，发挥货源和信息基础优势，推动市场发展电子商务。

二是推动平台建设。以平台建设为重要抓手，增强孵化、带动、支撑作用，为中小企业孵化和日常运作提供载体，加速电商产业集聚、升级。先后邀请浙江工商大学和浙江理工大学的教授和专家为 B2C、B2B 类企业提供仓储物流、人力服务、技术支撑、业务辅导等定向培训交流，进行了"互联网 +"、电商运营等高端论坛，稳步推进了以"场地 + 经验 + 团队 + 资金"四位一体电子商务平台的建设。

三是加快人才引进。发挥创业创新人才引领作用，积极整合浙江清华长三角研究院杭州分院、省国家大学科技园等创新平台资源，加快引入优秀人才和团队。推行"一站式受理，全程化代办"服务机制，提高创业创新人才签约率和项目落地率。与下沙经贸职业技术学校开展合作，建立电商人才培训教育基地，促进电商人才流通。

3. 加强园区建设

一是促进规范建设。加强政府推动与市场化运作相结合，优化电子商务产业基地管理模式。强化宣传引导，健全信用体系建设，推动电子商务诚信和网络安全体系建设，促进园区电商企业规范化发展。

二是促进专业建设。以钱塘智慧城、申通电子商务园、喜福汇等为核心，着力打造专业化管理服务团队，将外部引进与内部提升相结合，通过人才引进、业务培训、岗位锻炼等方式，融基层服务、中介服务、工商税务、经营服务于管理服务中，为入驻企业提供针对性比较强的服务和保障。

13.2　2016 年工作思路

2016 年，江干区将依托东方园品牌优势，显品牌抓带动，着重在钱塘智慧城区域引进电商总部、平台及服务商，夯实国家级电子商务产业基地实力。拟引进电商企业 10 家，培育电商创新创业基地 50000m²，重点搭建电商服务平台 2 个，力争年网络零售额增长 8%。

1. 推动电子商务集聚化

发挥全区电子商务产业优势，深入实施产业规模、电商发展试点措施，按照"条件成熟一个、启动培育一个"推进步骤，优化电商产业布局，有序形成产业梯队，推动产业集群发展。全面提升现有产业园区，以东方电子商务园一期核心区块为核心，推进东方电子商务园二期改造提升，整合"钱塘智慧城"约 25km² 区域资源，加快申通电子商务园二期、九和路众创空间的打造，在全区构筑由供应商、电商服务平台、产业园、物流系统等组成，多方参与、共赢的电商生态圈，力争电商服务中心、O2O

展示中心等 2 个以上实体项目落地。打造成为电子商务、现代商贸、现代物流"三位一体"融合发展的智慧电子商务集聚区。

2. 推动电商培育优质化

注重与国内一流电子商务运营商、服务商合作，加大电商企业引进力度，依据功能定位与结构特色，提升电商产业层次。探索在商贸企业平台上打造"众创空间"、创业咖啡等平台，提升全区特色产业链核心竞争力。重点开展电子商务进商场超市、电子商务进生产企业、电子商务进专业市场"三进"工程，鼓励各行业推进与电子商务的有机接轨，主要围绕钱江新城、庆春商圈，做好商圈内传统商业与移动电商的有机接轨，开辟中英文移动端导购系统和下单系统，力争普及率达80%。同时将民营企业500强、上市企业电商总部作为招商重点，着力招引效益好、前景优、模式强的电子商务企业。

3. 推动电子商务国际化

依托园区电商产业企业集聚、产业链完整的现有基础，加快跨境电商创新创业和众创项目落地，培育、引进集报关、退税、海外仓储、汇兑于一体的跨境电商服务平台，为全区外贸企业开展跨境电子商务提供功能支撑。着力建设全国跨境电商总部中心、跨境电商金融服务中心、跨境电商人才培训中心，积极打造以跨境电商产业为核心、以龙头和品牌型总部企业为重点、以专业服务商为支撑的国内一流跨境电商产业专业园区，形成有江干特色的跨境电商产业。

4. 推动电子商务规范化

对全区电商企业进行摸底调查，对规模电商企业加强电子商务统计工作，规范电商统计库，督促电商企业及时上报。做好明年电子商务博览会的各项准备工作，展示江干特色电商企业。配合市商委做好电子商务公共服务体系建设，做好电子商务企业目录更新、等级评定、电商人才培训和优秀电商企业评选工作。

14 西湖区2015年电子商务发展报告

近年来，电子商务作为我国战略性新兴产业的重要组成部分，在经济新常态中异军突起。国家陆续出台了《关于促进信息消费扩大内需的若干意见》《关于大力发展电子商务加快培育经济新动力的意见》《关于促进跨境电子商务健康快速发展的指导意见》等一系列文件，旨在进一步发挥电子商务在拓市场、促消费、带就业、稳增长等方面的重要作用，促进经济转型和大众创业、万众创新。在电子商务迈入密集创新和快速扩张的背景下，作为我国电子商务产业集聚度最高的区域之———西湖区是杭州市作为"中国电子商务之都"和打造"全球电子商务之都"的重要支撑。拥有多个国家级园区和多个"国字号"电子商务发展载体，"国家电子商务示范基地""中国移动电子商务试点基地""中国电子商务示范基地"等，区内云集了一大批以挖财、滴滴快的、蘑菇街、钢铁现货网、兴旺宝明通、觅食、点呀点、个推等为代表的细分市场平台型电商企业。充分依托区位优势、经济基础、生态环境、广阔空间等独特优势，西湖区电子商务产业已形成较大规模。据不完全统计，2015年西湖区电子商务市场规模超过2500亿元，集聚了杭州市70%以上的电子商务企业，电商平台、网络零售、金融服务、教育培训、跨境电商、快递物流、技术服务等多种类型电商企业1257家，电子商务产业链企业3000多家，电子商务从业人员6万多人。

平台型电商作为西湖区最具特色的电商类型之一，其市场规模达全区电商总规模的30%以上。2015年我区平台型电商总投资额达14.36亿美元，利用平台全年实现网络零售额554.45亿元，位居全省第一。

依据西湖区现有的各类平台电商，按其不同的商业运营模式，总结归纳为销售型平台电商、服务型平台电商、金融型平台电商三大类别，并选取蘑菇街、钢铁现货网、个推、觅食网、小美快购、典典养车、挖财、爱学贷、51信用卡等典型企业为代表，通过分析这三类平台型电商发展现状和存在的共性问题，研究推进平台型电商发展的策略建议，希望对推动平台型电商发展提供参考依据。

14.1 西湖区平台型电商发展概况

据不完全统计，目前西湖区有平台型电商典型企业30多家，其中，销售型平台电商（如蘑菇街、卡乐猫、B区、OKCHEM好添加、钢铁现货网、聚贸、兴旺宝明通、直面车之鸟等）、服务型平台电商（如点呀点、小美生活、觅食网、美妆心得、滴滴快的、典典养车、快快开店、婚礼纪、有赞、个推、51 信用卡、橙牛、微学 O2O、信天翁跨境众创空间等）、金融型平台电商（如挖财、铜板街、爱学货、钱庄网、和财富、网银互联、拓道金服、赢在投资等），齐头并进，快速集聚，不断壮大西湖区电商市场规模。

1. 销售型平台电商发展现状

销售型平台电商即依托第三方网络平台，销售传统制造业的成品的电子商务平台。如"蘑菇街"——中国最大的女性时尚社交电商平台，专门为年轻时尚人群提供衣服、鞋子、箱包、配饰和美妆等领域最新最潮的商品和搭配、购物分享。2011 年 2 月正式上线，2013 年年底，从导购网站转型为垂直领域的电商交易平台。目前拥有 1.3 亿注册用户，日活跃用户达 800 万人，月均交易额已突破 3 亿元，目前市场估值已超 10 亿美元。

2014 年 5 月初，杭州钢为网络科技有限公司在杭州成功注册，随之完成由贝塔斯曼亚洲基金领投的首轮千万美元 A 轮融资。中国钢铁现货网于 2006 年 8 月正式上线，自主研发了钢铁交易第三方平台、电子商务沟通工具—钢铁旺旺、国内首款钢铁移动交易工具——掌中钢市等一系列产品。从 2014 年元旦新版钢铁超市交易系统改版升级以来，短短半年时间，平台交易总额达到了 155.77 亿元。此外，还加速对接钢厂、大型钢贸等建立了第二方平台，嫁接提供金融增值服务的金融机构及平台，衔接下游采购或集采终端，形成全面、开放的线上市场体系，赢得了逾 20 万会员的青睐，用户访问量、成交量一直稳居业内前三名，成为国内钢铁行业电商平台的领跑者。

2. 服务型平台电商发展现状

服务型平台电商即以企业为主体构建网络平台来实施电子商务活动，目的是通过网站宣传公司整体形象与推广产品及服务，实现网上客户服务、产品在线销售以及为产品或服务提供技术支持等的电子商务平台。以"个推"为例，国内最专业的第三方消息推送技术服务商，个推平台专注提供移动设备长连接 SDK 和服务端接入的整体解决方案，帮助企业通过低成本互联网通道进行消息推送，提供完善、高效、稳定的服务体系，解决了互联网云端到手机端的消息互通问题。截至 2014 年，累计接入个推SDK 的总用户数已突破 25 亿，去重后覆盖的手机终端数约 7 亿，日均分发消息 15 亿，已为超过 12 万开发者和 15 万应用提供高效稳定推送服务，合作伙伴包括了新浪微博、PPTV、墨迹天气、唱吧、博雅、招行、去哪儿等。

"典典养车"是由杭州小卡科技有限公司研发的一款专注于汽车后市场的 App。2015 年 7 月完成 C 轮融资 6000 万美元。创始团队一共 7 人，大多来自腾讯、阿里等互联网公司，7 个人加起来有超过 9 次的创业经历。目前业务已经进入杭州、广州、深圳、北京、上海、南京、天津、合肥、沈阳、郑州、成都、重庆、苏州、厦门 14 个城市，拥有 500 多万车主用户，支持汽车养护服务的商户达 10000 多家。其服务范围包括洗车、美容、大小保养、机械维修、改装升级，道路救援、在线专家提问等。

3. 金融型平台电商发展现状

金融型平台电商即依托于支付、云计算、社交网络以及搜索引擎等互联网工具而产生的一种新兴金融模式，主要包括第三方支付平台模式、P2P网络小额信贷模式、基于大数据的金融服务平台模式、众筹模式、网络保险模式、金融理财产品网络销售等模式。如"挖财"作为国内最早的个人记账理财平台，2009年6月在西湖区起步，专注于帮用户实现个人资产管理的便利化、个人记账理财的移动化、个人财务数据管理的云端化。现有服务包括手机端和Web端，主要产品有"挖财记账理财""挖财信用卡管家""挖财钱管家"等App，以及国内最活跃的个人理财社区"挖财社区"。"挖财"系列App目前已拥有过1亿的海量级用户数量，累计获得了逾8000万美元的资本融资。

"51信用卡"、杭州恩牛网络技术有限公司、首创一键智能管理信用卡账单"51信用卡管家"App，已发展为管理中国信用卡账单最多的移动互联网公司。51信用卡管家于2012年6月上线，是中国领先的移动互联网金融平台，服务于中国亿万信用卡用户，客户使用深度和活跃度在业内一直遥遥领先。2013年11月，51信用卡管家获得中国首届十大金融创新案例中"中国十大商业生活创意产品"奖。2015年公司推出全新互联网金融App"51人品"，建立了一套基于社交关系、电商交易等多维度数据交叉判断的风控模式，以大数据应用来挖掘每个人的影响力价值，将人品价值与个人金融价值相关联，实现真正意义上的P2P资产闭环。公司估值近10亿美元，著名投资机构包括SIG、GGV、JD、小米和A股上市公司新湖中宝等。

14.2 平台型电商发展存在的问题

1. 初创企业野蛮生长，持续发展后劲不足

很多平台型企业初期做法很粗放，只是感受到互联网的交易已经是一种趋势，没有进行全面的数据化管理，只是简单地从线下搬到线上；交易模式、经营方式也很多处于模仿其他成熟平台，并没有对平台所涉及领域的商业形态进行全面分析和精准定位，导致企业的经营机制和管理模式不紧凑甚至缺乏，仅局限于网络平台的机械化使用，未有先进的管理理念和完善的平台管理体系，更谈不上平台发展的规划、平台涉及产业的供应链服务体系支撑；第三方平台功能不全且效率不高问题同样凸显，买卖双方利用平台可以进行交易磋商和合同的签订，但其他如发货和结算等环节无法在平台上有效进行或管理监督，存在"线上谈判，线下交易"的现象。

2. 区域竞争日益激烈，发展空间载体受限

当前，兄弟城区在发展电子商务上投入了大量资源，产业发展各具特色。西湖区电商企业多、电商园区多，但是受中心城区土地资源日益紧缺的限制，企业发展不断

壮大，园区占地规模又较小，周边区域较大的土地承载空间、较低的土地成本和优惠的产业政策，正在吸引西湖区电子商务企业、特别是具有较好成长性的电子商务企业外迁，西湖区电子商务产业竞争优势正在弱化。

3. 物流、技术、复合型人才等深层次服务缺少

一般的电子商务中的B2B均由平台提供相应的物流配送服务，费用可以由买方或者卖方负担。但在国际电子商务平台上这些就不太容易做到。首先是语言的障碍，其次是信任评价体系难以建立，使得跨国的商务平台很难进行扩展式的服务，或是进行相关的扩展的费用和风险都较高，使得平台所有者服务内容只能多数停留于基本信息提供的层面。另外，建设综合完整的电商平台是必然趋势，无论国际贸易还是一般电子商务，都需要提供具有多方面的业务素质，既通晓相关的法律、法规，又要精通业务知识，还要熟练掌握语言，并且具有互联网专业技能才能建设和管理好第三方网络平台，所以对复合型人才的需求仍将有较大缺口存在。

4. 现行机制体制与新经济发展模式不相适应

综观当下发展火热的"滴滴、觅食"等第三方网络平台，在实际运行过程中，显然已暴露出与现行法律法规不相适应的中间地带，这一瓶颈问题在现有市场监管的相关体系中尚无定论。近年来我国互联网相关立法对于互联网平台责任有加重趋势。包括已经制定或正在征求意见的相关立法都体现了该趋势，如《消费者权益保护法》《食品安全法》《互联网食品药品经营监督管理办法》《广告法》等。但值得注意的是：首先，第三方平台责任将加大企业运营成本，不利于互联网产业发展及国家信息化。同时，第三方平台不具备法定安全监管等职能，缺乏必要监管手段与监管能力，难以承担安全监管责任。其次，要求平台承担食品安全责任与当前我国相关立法及国际立法趋势不一致。第三方交易平台责任问题是当前各国互联网发展中都面临的问题，目前美欧日韩等相关立法均未要求平台承担食品安全责任，而是要求平台履行合理义务，根据过错承担有限责任。我国《侵权责任法》《信息网络传播权保护条例》等立法也采纳了类似立场，引入"避风港"等原则，对平台责任问题进行限制。最后，政策措施缺位。这几年，很多地方政府都把电子商务作为战略性新兴产业进行重点培育，但由于前期发展缺少扶持政策引导，大多数电子商务企业还处于初级业态。由于产品同质化严重，往往会采取模仿外观、降低品质、相互压价的恶性竞争模式，在一定程度上影响了电子商务企业健康发展。

14.3 推进平台型电商发展的策略建议

1. 统一思想，提高认识

平台型电商具有资源集聚度高、产业带动力强、综合产出潜力巨大等特点，纵观上述所列典型案例不难看出，平台型电商的高度集聚快速健康发展，对区域电商发展、

服务业首位经济转型提质具有积极重大意义。需要政府及相关部门从上到下形成认识平台型电商的重要性，推进平台型电商加快发展的共识和合力。

2. 积极培育平台电商主体

扶持优势平台电商。扶持已形成规模的平台进一步做大做强，引导由供需对接、促成交易的服务商向基于平台的增值服务提供商转变，创新平台业务产品，系统性解决规模平台电商的载体问题。培育其他平台电商。支持其他平台型电商发展，重点培育商品销售、生活服务、互联网金融等领域的平台电商，建立发展全过程孵化机制。吸引优秀平台电商进驻。面向全国乃至全球招商，吸引优秀平台电商企业、优秀平台电商创业团队进驻发展。发展一批细分市场龙头平台。支持平台电商专业化、细分化发展，聚焦细分市场，加强资源配置、完善服务功能、拓展业务产品，力争孵化发展若干个在细分市场具有全国乃至全球影响力的平台电商。引导平台电商加强供应链整合。重点引导工业制品的 B2B 平台电商，加强对上游供应链的资源整合力度，加强对省内乃至全国特色产业集群对接，成为这些产业集群开展电商分销的核心平台，即成为这些产业集群产品走出去的电商平台，不断完善和创新面向供应链的服务功能。建立平台电商目录。将优势平台电商、培育孵化中的平台电商都纳入专项目录，对于进入目录的平台电商，采用有针对性的跟踪服务与支持。

3. 优化物业载体布局

建立特色电商园。鼓励电商园培育发展平台型电商，培育以平台型电商为特点的电商园或者孵化园，依托这个园区，探索建设支持平台型电商发展的政策体系和公共服务产品。整合与优化利用楼宇资源。平台型电商一旦做大，往往会大量扩容人员，需要有大规模的物业来承载，西湖区需要破解这一难题，可通过资产证券化等手段，整合楼宇资源，促进楼宇资源优化布局，为成长型平台电商做大做强提供良好的物业支撑。

4. 大力营造平台电商发展氛围

加大公共培训课程供应。与相关研究机构、专业机构合作，通过政府采购等方式，开展平台型电商领域的专业培训，提高政府、企业对平台型电商发展的认识。加强平台型电商创业与经营人才的培养。优化平台电商发展的公共环境。平台型电商业态发展需要依赖大量的 IT 人才、需要有良好的资本市场和金融服务氛围，从以上两个方面提升公共环境。推进相关赛事和论坛活动。举办平台型电商高峰论坛，组织平台型电商商业模式创新、创业创新团队等主题赛事，通过会议、论坛、赛事举办，提升发展平台型电商的软实力。

5. 政策措施建议

加强精准施政。加强针对平台型电商的政策体系设计，按照平台交易额、平台电商服务收入两个角度基于财税、补贴等方面的政策配套；通过平台型电商创业创新大赛，为中小微企业和孵化团队提供接触资本市场和专业辅导的机会等。破解体制机制瓶颈。要积极探索"互联网＋政府监管"，要从传统的对微观事物的干预，转变向营造公平有序的良好发展环境，即由"监管"向"治理"转变。既可以创新"一对一""会商制""督导制"破解模式，协同相关部门，通过试点等相关手段破解难题，又可以通过行业自律、企业自律等其他手段解决平台责任，需要多方参与，多管齐下。建议立法层面建立与产业发展相适应的平台责任制度，促进互联网产业发展，推动国家信息化。比如平台型电商面临进项抵扣缺失、收入性质难以定性、部分税种发票无法开、平台主体身份难以明确定义等问题。优化人才扶持政策。电子商务平台的优势需要通过高素质的人才将其发挥，懂得计算机网络知识，熟悉业务操作流程、具备一定法律和电子商务法律知识的复合型人才是企业最为宝贵的资源。目前，电子商务尚未大规模、深层次地开展起来，对复合型电子商务人才的需求还没有明显显现出来，多数高等学校开设的电子商务专业过于侧重对技术层面的培养，没有凸显电子商务的整体优势，以及它对传统业务流程的冲击和改变。因此，建议对电子商务人才的培养思路以及该专业所开设的课程应当有所调整及改进，形成系统的商务观念、学习相关法律法规，熟悉实际业务操作这样的教育模式更有利于复合型人才的培养。同时，在省、市、区各级人才政策基础上，根据平台型电商对 IT、金融、战略、经营人才的需求，进一步优化人才政策，形成人才"引得进、留得住"的政策体系。

15 杭州高新区（滨江）2015年电子商务发展报告

我区电子商务产业起步较早，以阿里巴巴为龙头的电子商务企业引领了全国电子商务的发展，已经逐步形成了综合性电子商务、行业性电子商务和企业独立电子商务等不同类型的电子商务模式，成为少数几个在全国乃至全球处于领先和优势地位的产业，是杭州建设"电子商务之都"的核心区域之一。

15.1 2015年发展概况

我区电子商务产业从2008年开始进入高速增长期，电子商务产业营业收入从2007年的34.3亿元，增长到2015年的325.3亿元，8年年均增幅达34%，远远高于全区服务业增长速度。

1. 拥有领先的服务平台

阿里巴巴是全球最大的电子商务商圈，商品交易额超过亚马逊和eBay交易额之和。作为阿里巴巴的起源地，拥有全球最大的B2B电子商务平台。拥有全国领先平台网盛生意宝（中国化工网、中国纺织网），移动支付平台——连连支付。拥有行业领先平台——艺福堂茶叶、绿城商城、幸孕商城等。

2. 拥有较为完备的产业集群

在电子商务应用方面，我区电子商务服务业已覆盖了第一、第二、第三产业，电子商务纷纷进入农业、工业、传统服务业领域；在产业链层面，已覆盖了电子商务的信息发布、数据管理、信用体系、物流管理、在线支付、信息服务外包等环节。

在交易服务领域，阿里巴巴B2B已经成为全球国际贸易领域最活跃的网上交易市场和商人社区；网盛生意宝采用"小门户+联盟"的运作模式，创新信息资源集聚和搜索方式，成为互联网垂直搜索在电子商务领域的典型应用。

在数据服务领域，阿里云计算机电子商务云开放平台建设项目获云计算应用示范工程中央财政补贴，为中小网站和个人消费领域提供成型的电子商务数据云计算解决方案；网盛生意宝旗下的网盛生意社大宗商品资讯行情平台，已与全国400余家大宗商品电子交易市场建立了广泛的合作与联系。

在电子商务研究领域，阿里巴巴集团研究中心和网盛生意宝中国电子商务研究中心已经成为国内电子商务企业中最具影响力的电子商务研究中心，提供产业发展行情的最重要咨询服务，成为国内外发布中国电子商务产业发展情况的重要窗口。

同时，我区核新同花顺、连连科技、百世物流、川山甲、泰一指尚、绿城电商、易福堂等一批电子商务企业快速成长。

3. 拥有相对完善的产业配套

作为国家级的电子信息产业基地和软件产业基地，我区软件、通信、物联网、集成电路等方面积累了较为雄厚的产业基础，拥有恒生电子、信雅达、新中大、中控等一大批国内一流的软件供应商，为电子商务产业的发展提供了技术支持和人才支撑。

我区目前有阿里巴巴、绿城电商等 10 幢电子商务楼宇，面积超过 30 万平方米，有拓森科技园、江虹国际产业园、和瑞科技园、东冠科技园、储藏快杰、万福中心等电子商务园区。计划到 2017 年达到 15 幢电子商务专业楼宇，10 个电子商务园区。储藏快杰、江虹国际产业园等 6 个园区申报了省市电商示范产业园区。依托阿里巴巴、生意宝等电子商务龙头企业，加快建设电子商务企业聚集区，围绕信息软件、物联网、文化创意、节能环保、先进装备制造、商贸流通业等重点领域，围绕市场园区和物流中心等重点区域。重点建立以产业为导向的电子商务产业园区，促进传统产业与电子商务产业互动发展。

4. 拥有先进的人才培训、产业孵化体系

在电商孵化方面：我区以大众创业、万众创新的有利氛围为契机，注重通过营造环境招引，努力推动跨境电商孵化器投资多元化、管理专业化、服务精准化。2015 年 7 月，我区对王道天使基金提供阶段参股政策扶持。该基金先期规模 5000 万元，我区阶段参股 1250 万元，主要用于扶持"互联网＋"、跨境电商、移动出海等领域的天使轮、种子期项目。现已有 17 个跨境电商相关项目入驻王道园区，其中专注于为跨境电商提供支付支持的 pingpang 项目已获得第一笔风投 500 万元。

在人才培训方面：杭州市电子商务公共服务平台落户在我区海创基地，依托福慕科技为电商企业提供人才培训。福慕科技（品牌：中智汇），中智汇是以在线教育平台为支撑，以电商培训、新闻资讯、人才基地、第三方服务、行业交流、互动社区为 6 大服务中心的综合性电商服务平台，为政府、产业园、企业提供电商成长一站式解决方案，全国数百家县市政府、产业园、企业正在使用中智汇的电商成长一站式服务平台。截至 2015 年年底，旗下互联网品牌"中智汇"在线教育平台已累计完成近 4 亿人次的在线培训，2980 多万人次的在线考试，始终处于行业领先地位。公司产品"电子商务公共服务平台"市场占有率 63%，并且以年增长率 20% 的速度在增长。

15.2　2015 年工作举措

2015 年以来，区委区政府以中国（杭州）跨境电子商务综合实验区为契机，深入

推进杭州国家自主创新示范核心区建设，加强政企合作，充分发挥企业主体作用，着力打造电商产业链和生态圈，全力加快电子商务集聚区建设。

1. 理顺电商工作机制

区委区政府领导高度重视电子商务产业发展，区主要领导多次就电商工作做出重要批示，电商工作基础逐步夯实，电商工作机制得到进一步完善。一是切实履行电商联席会议工作职能，充分发挥各联席会议成员的积极性。根据工作需要，专门成立电商工作领导小组，明确各成员单位职责分工、年度重点工作和目标任务，研究部署电子商务及跨境电商发展重点和政策措施，着力推进我区电子商务各项重点工作；二是成立电商工作机构，加强电商工作队伍建设。成立电子商务部门（科室），安排专人负责电子商务和跨境电商工作。同时，要求各街道有专员负责电商工作。

2. 完善电商产业政策

在认真执行市委、市政府已实施政策文件的基础上，按照省政府提出的"电商换市"实施意见、关于实施支持跨境电子商务零售出口有关政策意见、电子商务开拓市场方案等，广泛开展调查研究，进行任务分解，制订具体实施方案，进一步明确电子商务工作发展目标和具体任务，同时广泛开展产业园区、人才培训、服务体系、示范创建等工作，逐步完善全市电商产业政策体系。在原有"1＋X"产业扶持政策的基础上，专门出台了《杭州高新区（滨江）发展跨境电子商务三年行动计划》和《杭州高新区（滨江）促进跨境电商发展扶持政策》，积极引进平台企业、电商企业、技术提供服务企业及第三方支付企业，促进企业集聚，做大跨境电商产业出口规模。通过政策扶持，积极引导传统外贸出口企业"触网"发展，并推动电子商务企业拓展跨境电商出口业务。

3. 扎实推进跨境电商工作

一是全面动员，大力宣讲和推介。7月30日，我区在智慧E谷组织召开了跨境电商B2B推进大会。区内传统外贸出口企业、跨境电商出口企业、跨境电商平台企业等近100家相关企业参加，促进企业优势互补，资源共享。二是深入开展上门走访。我区与阿里巴巴团队共同走访、宣传综试区和市政府各项扶持政策，做到逐一覆盖，共走访约100家重点企业。目前已走访的500万美元以上重点外贸出口企业中，已上线企业10余家，有意向企业20余家。三是举办跨境电商专题座谈。9月11日，我区组织召开了跨境电商B2B重点企业座谈，区内15家外贸出口重点企业参加，邀请阿里巴巴国际事业部的团队对其服务流程做了详细讲解。四是举办"寻梦之旅"，积极推动企业加快转型。9月24—25日，我区和阿里巴巴联合举办了一场"寻梦之旅"为主题的活动，参观义乌客林客联创园，分享义乌市祥兴工贸有限公司等典型企业开展跨境电商的实战经验。我区粮油、亘嘉科技、瑞裕进出口、康榕进出口、同普贸易等30余家中小微企业赴义乌参加活动，通过观摩学习获得成长经验，尽快适应跨境电子商务新型商业模式，推动跨境电商业务做大做强。

4. 引导电子商务产业集群发展

我区目前有阿里巴巴、绿城电商等 6 幢电子商务楼宇，面积超过 10 万平方米，有拓森科技园、江虹国际产业园、和瑞科技园、东冠科技园、储藏快杰等电子商务园区。计划到 2017 年达到 15 幢电子商务专业楼宇，10 个电子商务园区。储藏快杰、江虹国际产业园等 6 个园区申报了省市电商示范产业园区。依托阿里巴巴、生意宝等电子商务龙头企业，加快建设电子商务企业聚集区，围绕信息软件、物联网、文化创意、节能环保、先进装备制造、商贸流通业等重点领域，围绕市场园区和物流中心等重点区域，重点建立以产业为导向的电子商务产业园区，促进传统产业与电子商务产业互动发展。在跨境电商园区方面，我区以"王道互联网 + 众创空间"认定为契机，培育跨境电商平台和跨境电商孵化园，现已有十几个跨境电商相关项目入驻王道园区。

5. 全面提升企业电子商务应用水平

推进电商换市计划，以产业基础较好、电子商务较易推广的商贸流通业、制造业、服务业、旅游业、文化创业产业、软件和服务外包等产业为突破口，从家具、建材、服装、食品、中药材等优势行业入手，积极支持发动中小企业开展网上营销，提高电子商务应用水平。支持传统批发和零售企业开展电子商务改造，做大做强企业品牌和实力。启动生产企业电子商务三年普及行动计划，全面促进生产企业开展电子商务业务，争取三年内实现 100% 的规模以上企业开展电子商务。

15.3　2016 年发展思路

目前，我区电商工作已逐渐形成较为完整的体系。2016 年我们将以建立完善产业发展、应用推广、服务支撑、行业管理四大体系为总体目标，继续推进电商工作的开展，重点做好以下几个方面的工作。

1. 抢抓移动电子商务发展机遇

大力支持无线城市开放式多媒体综合应用服务平台、无线网游多媒体运营服务平台和云计算中心建设，加快移动电子商务普及应用。加快向移动电子商务服务商开放政府公共资源，逐步在我区普及推广交通执法罚款缴纳、中小学学费缴纳、医院专家门诊挂号等实现手机远程支付，积极发展适应和支持电子商务创新的多样化支付方式和第三方支付平台，引导商业领域市场开放和专业化分工，在移动支付基础上重点发展家庭服务、再生资源回收、餐饮、旅游等服务贸易。

2. 加强跨境电商企业招引工作

围绕《中国（杭州）跨境电子商务综合试验区招强引优专项行动计划》，以加速形成产业集聚，打造跨境电商完整的产业链和生态链为目标，积极引进跨境电商企业和项目。一是以电博会、综试区专题推介活动为重点，积极参与重大招商活动；二是捕捉源头信息，针对不同区域的业态特点，开展不同形式的招商活动。通过上门走访专题推介，围绕跨境电子商务产业链各节点，以区内知名企业的上下游产业链为目标，面向跨境电商平台企业、跨境电商服务和跨境电商应用企业开展精准招商。

3. 加快电子商务示范项目建设

按照省、市示范项目建设标准，努力打造一批电子商务示范项目，积极申报省级电子商务示范平台、基地（园区），认真落实好电子商务示范项目建设，开展示范电商企业和示范跨境电商企业评选活动。我区拟以阿里巴巴、网易、连连科技为核心的区域（东至江虹路，西至南川路，南至江南大道，北至滨康路），申报滨江特色园区，打造示范效应，进一步提升跨境电商企业集聚度。

4. 强化电商人才和政策支持

下一步我区将在充分调研的基础上，研究电商产业扶持政策和电商人才激励机制，完善商贸、物流等相应的配套服务，支持快递物流业与电子商务协同发展，推行电子商务快递物流保险机制，通过保费补贴等方式推动电子商务诚信环境建设，举办电子商务人才培训活动，培养一批高素质的电商队伍，为电商发展创造更好的环境。

16　萧山区 2015 年电子商务发展报告

2015 年萧山区认真贯彻落实省市有关电子商务工作的决策部署，深入实践"互联网＋"重大战略，积极推进全区电子商务各项工作开展。

16.1　2015 年发展概况

2015 年萧山区大力实施招商引资"一号工程"，成功引进以京东全球购、大龙网、顺丰海淘为代表的跨境电商平台型企业，以融易通为代表的外贸服务企业，以有棵树为代表的电商交易企业，以顺丰速运、富士康物流、圆通速递等为代表的物流快递企业。

根据浙江省商务厅统计，2015 年萧山区实现网络零售额 356 亿元。全区可纳入跨境电商统计的出口额为 2.1 亿美元，进口额为 8296 万美元。阿里巴巴萧山产业带已于 2015 年 9 月 21 日试上线，阿里巴巴萧山特产馆开始正式运营。浙江珍诚医药在线股份有限公司被商务部认定为重点企业，浙江珍诚医药在线股份有限公司和浙江华瑞信息资讯股份有限公司被认定为浙江省电子商务示范企业。

萧山区闻堰街道被认定为 2015 年中国淘宝镇，闻堰街道黄山村、长安村、山河村以及瓜沥镇永联村、益农镇众力村、南阳街道横蓬村 6 个村被认定为 2015 年中国淘宝村，淘宝镇和淘宝村的数量在 2015 年实现了零的突破，数量位居杭州地区第二位。

目前，全区已建成中国（杭州）跨境电子商务综合试验区空港产业园、中国（杭州）跨境电子商务综合试验区开发区产业园、杭州湾信息港、中国网商城、萧山农业电商孵化园、中港电子商务园、杭州南部电子商务产业园、杭州台湾城等电子商务产业基地 8 个。

空港产业园于 2015 年 2 月正式开园，已成功引进京东全球购、顺丰海淘、洋码头、鲜生活等 270 多家电商企业，园区海关备案品类接近 1 万个。全年进口 255 万单，验货货值 4.4 亿元人民币，出口 1.34 亿美元。空港产业园推进了总投资 10 亿元、20 万平方米的跨境仓库建设，计划于 2016 年 10 月底投入使用。

开发区产业园采用"政府主导、企业运作"模式，引进大连天呈商业服务公司，成立浙江速通天呈商务服务股份公司，统一负责萧山园区的招商、管理和运营。开发区产业园已引进大龙网、"速通宝"等 40 多家电商企业。全年进口 75 万单，货值 9800

万元左右，出口 12 万单，货值 2300 万元左右。

16.2　2015 年工作举措

1. 完善工作机制

一是健全组织建设。区委、区政府高度重视电商发展工作，根据跨境电商发展的新要求，补充吸收海关、国检等部门及开发区、空港等平台参与，将原有联席会议升格为领导小组，由区主要领导任组长，下设办公室在区商务局。同时，在原有联席会议成员职责基础上，进一步明确部门和平台工作职责，制定了新的电子商务领导小组成员单位工作职责。二是制定扶持政策。为进一步凸显萧山特点与优势，优化电商产业布局，切实增强萧山电子商务发展的核心竞争力，区政府于 9 月出台《关于进一步加快电子商务发展的若干意见》，设立 2000 万元专项资金，对在萧山区独立法人且纳入电子商务统计体系的电子商务企业、平台和园区进行奖励补助，加大了政策支持力度。三是编制发展规划。根据国家、省、市关于电子商务发展的规划设想，紧密结合萧山区电子商务发展和实体产业发展的情况，着眼于未来 1～3 年及"十三五"期间电子商务的发展走向，编制了《萧山区跨境电子商务发展规划（2015—2020）》《萧山区电子商务发展规划（2016—2020）》，鼓励深化应用电子商务。

2. 推进项目建设

一是推进阿里巴巴产业带建设。组织有关镇街及部门赴湖州吴兴等地开展网上产业带建设的考察，正式启动阿里巴巴萧山产业带建设。在区商务局的多方推动以及与省、市商务部门的沟通协调下，阿里巴巴萧山产业带于 9 月 21 日试上线。截至 12 月底，平台企业入驻 313 家，平台交易总金额 7925.2 万元。二是推进农业电商孵化园建设。农业电商孵化园于 7 月在萧山农业大厦开园，至 12 月底已经吸引 20 多家农村电子商务初创型企业入驻。开园以来，孵化园以"孵化园＋公司"模式运作，线上线下结合，在人才引进、物流公共采购、网络资源整合、网络品牌建设、科技金融等方面提供深层次的专业化服务，进一步提高了农村电商从业人员的经营能力，推动了农村电子商务发展。三是推进女性电商微商平台建设。4 月，我区建成并上线了萧山女性电商（微商）网上展销平台，吸引了全区千余名女性电商从业者参与。至 12 月底已有近 300 家网店实现"0 租金入驻"，为电子商务女性从业人员开辟了一个电子商务创业创新的新舞台。

3. 发展跨境电商

一是推动园区平台建设。积极抢抓综试区国家战略机遇，加快重点平台建设，空港产业园和开发区产业园成功引进以京东全球购、大龙网、顺丰海淘为代表的跨境电商平台型企业，以融易通为代表的外贸服务企业，以有棵树为代表的电商交易企业，以顺丰速运、富士康物流、圆通速递等为代表的物流快递企业。同时，充分发挥萧山

"一镇一品"块状经济优势，着力打造以羽绒产业为特色的跨境电子商务园区、以化纤产业为特色的跨贸产业园等具有较强竞争力的行业性跨贸园区。二是推动企业上线运营。引导中小企业与阿里巴巴"一达通"、大龙网、中国制造网及亚马逊等专业跨境电商平台公司合作，推动纺织、服装、卫浴、羽绒等产业企业利用"互联网＋外贸"的模式开辟出口新途径。全年区内企业通过阿里巴巴"一达通"完成出口业务7200余万美元。三是推动企业建海外仓。鼓励企业"走出去"发展，据不完全统计，全区目前已有6家企业通过租赁等方式设立海外仓。其中，传美公司在洛杉矶设有12500m^{2}海外仓，泛亚公司在旧金山设有5050m^{2}海外仓，胜利羽绒、有棵树和准时达分别在日本、英国、中国台湾等地设有海外仓。

4. 推动节展培训

一是组织电博会参展工作。成功举办第二届中国（杭州）国际电子商务博览会萧山主题馆的展出活动，共有15家电子商务园区和企业参展。我区布展的萧山主题馆位于6号馆（县市区展馆）第一个展位，吸引了来自众多国内外客商和市民的驻足观展。二是组织节展活动。举办了第七届萧山购物节·网络购物活动、萧山区第二届青年创业项目大赛暨互联网专场活动。组织电子商务企业参加中德电商领袖杭州峰会、首届中国（杭州）国际快递业大会等各种活动。组织浙江工商大学考察空港跨境电商产业园，并推动双方开展战略合作。三是组织培训讲座。坚持企业人才培训和机关干部培训两手抓，召开跨境电商专家讲座、专题研讨、集中培训、工作推进会、政策宣讲会等10余场次，累计开展跨境电商培训达2200余人次。联合艾瑞咨询举办了消费品电子商务研讨会、商贸服务业电子商务研讨会等专题电商研讨会。举办了电商训练营、"电商换市·人才先行"电商巡讲、"互联网＋"讲座、女性电商实战培训等各种培训讲座数十场，合计普及电子商务知识和培训电子商务人才近1万人次。

5. 加强服务保障

一是做好项目申报。组织认定了第一批萧山区电子商务产业重点培育企业名单，珍诚医药在线等7家电子商务公司入选。组织区重点电子商务企业申报2014年度萧山区电商换市专项资金。组织企业申报全国电子商务与物流快递协同发展试点项目、省级电子商务园区、省农村电商示范企业、省电子商务百强企业、市电子商务示范企业等。二是服务青年电商。以青年电子商务创业联盟、青年众创基地、青年互联网创业孵化园为平台，以首期跨境电商训练营、第二届青年创业项目大赛暨互联网专场、首届"十佳电商创业青年"评选等活动为载体，开展青春助力电商行动。同时，助力电商融资，创新放贷模式，向电商青年创业提供贷款62人，提供贷款资金1000余万元。三是加强协会建设。在原有区电子商务行业协会的基础上，扶持成立了全市首家女性电商微商联谊会和农业网商协会，筹建区电子商务行业协会跨境电商分会，发挥好行业协会行业自律、业务交流、公共服务等作用。指导行业协会承担政府转移委托的数据统计、调查摸底、活动承办等职能，发挥行业协会的优势，推动电子商务抱团集聚发展。

16.3　2016 年工作思路

2016 年我区将以杭州"建设中国跨境电子商务综合试验区,打造国际电子商务中心"为契机,以"互联网 +"和"一带一路"等重大战略为引领,深入实施电商换市,争取实现全区电子商务销售额增长率 15% 以上。

1. 完善电商公共服务体系

(1) 加强电子商务公共服务中心建设。

根据省市要求和我区电子商务发展实际,着力建设区电子商务公共服务中心。中心提供有关电子商务的数据统计、信息发布、政策咨询、培训讲座、行业交流等各方面的公共服务。中心将积极满足企业从登记注册、运营管理、做大做强等各方面的服务需求,为电商企业打造一站式的公共服务。

(2) 加强跨境电商公共服务体系建设。

会同海关、检验检疫、税务、外汇等部门,建立联席会议制度和协商机制,合力帮助企业解决通关过程中遇到的困难和问题。探索监管模式创新,推动海关和检验检疫部门实施跨境电商"一次申报、一次查验、一次放行"全程无纸化通关模式。积极推进跨境电子商务商品质量安全风险国家监测分中心的筹建工作。

2. 建设电子商务产业基地

(1) 推动萧山电商创业孵化园发展。

在国际创业中心三期建设运营萧山区电子商务创业孵化园,招引优质的电子商务初创项目入驻孵化园。通过孵化园便利配套、优惠房租、政策享受、优质服务等各方面有利条件,扶持电商企业成长壮大,发挥示范带动效应,形成良好的电子商务创业创新的发展氛围,积极打造全区电子商务创业孵化中心。

(2) 推动电子商务园区建设。

建立全区电子商务园区"1 + X"的运营格局,统筹推进电子商务园区的资源整合。鼓励和支持各镇街(平台)建设运营电子商务园,引导电子商务园区按照《电子商务产业基地建设与经营规范》标准化建设和运营,开展区级示范电子商务产业园的申报认定。推荐指导电子商务园区开展国家、省、市各级重点示范园区的创建。

3. 大力发展跨境电子商务

(1) 推进跨境园区建设。

以"一园四区"的模式推进空港产业园、开发区产业园、邮政产业园和新塘产业园的规划建设,坚持统筹兼顾、错位发展、资源整合、优势互补,努力将跨境电商园区打造成为基础设施先进、功能配套齐全、产业链条清晰、生活环境优越的示范园区,逐步实现"跨境电商交易主体和跨境电商服务主体双集聚,打造新型产业"目标,推进园区招商,加快园区建设,打造"跨境电商 + 产业"集聚发展平台。

（2）推进 B2B 大贸建设。

鼓励有条件的大型制造企业通过自建平台同线上单一窗口平台对接，扩大出口。推动优势产业企业与第三方平台合作，开展跨境电商业务。鼓励企业在阿里巴巴一达通、大龙网、速卖通、易斯百等跨境电商平台上出口，推动纺织、服装、卫浴、羽绒等产业利用"互联网＋外贸"的模式开辟出口新通路。鼓励有条件的企业建设海外仓，开展 B2B2C 业务。推动跨境电商 B2B 示范区和 O2O 体验店建设。

4. 推进企业应用电子商务

（1）推动萧山产业带做大做强。

发挥阿里巴巴萧山产业带集聚作用，组织更多的区内企业入驻阿里巴巴萧山产业带，通过宣传报道、参加展会、行业交流、阿里活动等各种形式渠道扩大产业带的影响力，提升知名度，吸引更多的商家和消费者到萧山产业并带来批发、采购产品。做好与省市商务部门以及阿里巴巴的沟通协调工作，并积极为该项目争取省商务厅的资助。

（2）推动各产业电子商务应用。

鼓励企业利用阿里巴巴、京东等第三方电子商务平台或自建平台应用电子商务，进行网上研发设计、网络采购和营销，开拓国内外网上市场，提高企业供应链协同和商务协同水平。引导农产品经营主体开展农产品网上销售，鼓励大学生、农村青年依托电子商务进行创业。依托萧山农产品阿里巴巴（聚合页）等平台做大农产品网上销售业务。推动商超市场、餐饮酒店等企业开展网络销售，探索线上销售和线下体验相结合的 O2O 模式，实现线上线下交易融合互动。

5. 加强电子商务节展服务

（1）举办电商节展交流活动。

举办第三届中国（杭州）国际电子商务博览会萧山主题馆的展出活动，全方位展示我区电子商务园区和企业的新发展和新亮点。举办网上购物节和网上药博会等各种节展促销活动，组织企业参加各种电商展会、对接会、招商会等，促进企业和行业间的交流合作。

（2）优化电子商务服务工作。

积极为企业在项目申报、政策扶持、人才招引、行业培训、品牌建设等方面提供周到的服务，加大对行业和企业的宣传推广力度，营造在全社会大力推进电子商务"大众创业、万众创新"的氛围。继续开展电子商务有关知识普及和人才培训等工作，培养电子商务专业人才，引进电子商务人才。积极鼓励、引导更多实体企业发展电子商务，鼓励更多创客开展电子商务创新创业。

17　余杭区 2015 年电子商务发展报告

为主动适应经济发展新常态，全面落实省政府关于大力发展电子商务加快培育经济新动力的总体要求，加快发展电子商务园区、电子商务服务业、农村电子商务等产业，重点发展跨境电商，助力区内企业开拓海外市场，抢占跨境电子商务制高点，我区将发展电子商务作为发展我区信息经济、智慧经济的重要抓手，有针对性地开展工作，抓重点，攻难点，创亮点，取得一定成效，现就相关工作汇报如下。

17.1　2015 年发展概况

1. 电子商务市场规模不断扩大

2015 年我区实现电子商务服务收入（限上）708.83 亿元，同比增长 34.1%。

2. 网络零售业蓬勃发展

2015 年我区网络零售额为 332 亿元，位列全省县（市、区）前列，特色杭州馆中余杭区入驻企业 65 家，杭州产业带入驻企业 702 家。

3. 电子商务产业园区稳步发展

我区已有 8 个电子商务产业园区申报创建，建筑总面积达 20.5 万平方米，已入驻企业 402 家。其中，杭州 555 电商创意产业园、杭州市余杭区邮 E 邦跨境电商园区、余杭经济技术开发区电商孵化园通过改造建设、招商运营等创建工作，已开园运行，并被认定为我区第一批电子商务产业园区。

4. 跨境电商发展迅猛

我区现有开展跨境电商业务企业近 500 家，其中开展跨境电子商务 B2B 业务的外贸企业 417 家（149 家跨境电商 B2B 业务实绩外贸企业），2015 年产生跨境电子商务实绩约为 2.5 亿美元（企业统计数据）。2015 年全区累计组织培训企业近 1300 家，参训 3000 余人次。

2015 年 11 月，经中国（杭州）跨境电子商务综合试验区建设领导小组办公室研究同意，获批中国（杭州）跨境电子商务综合试验区余杭园区；经浙江省商务厅、浙江省财政厅认定，获批浙江省跨境电子商务园（杭州余杭园区）。

17.2 2015 年主要工作

1. 建全机制

为加强跨境电商工作统筹力，响应杭州市政府号召，着力中国（杭州）跨境电子商务综合试验区建设，2015 年 3 月，成立中国（杭州）跨境电子商务综合试验区先导区建设工作领导小组（余政办〔2015〕38 号），成立领导小组日常办公室，设在区商务局，专门负责开展跨境电商的宣传引导、招商引资、对接协调等工作。

2. 编制规划

（1）编制余杭区电子商务产业发展规划。

为明确我区电子商务发展方向，电子商务产业企业招引和培育重点，发挥区域优势，科学布局全区电子商务产业发展业态，2015 年下半年开始，委托艾瑞咨询编制余杭区电子商务产业发展规划，通过调研、编制、评审、上报等环节，该规划已于 9 月由区政府批复印发。

（2）编制创建跨境电商先导区发展规划。

2015 年 1 月，委托浙江省商务研究院编制符合我区实际的创建跨境电商先导区发展规划。目前该规划已完成编制并报区政府印发。该规划明确围绕我区"三城三镇"的发展战略布局，从空间布局、区域特点、产业发展上整体规划。依托临平创业城——梦尚小镇、良渚文化城——梦栖小镇、未来科技城——梦想小镇建设，重点打造临平创业城跨境电子商务园、良渚文化城跨境电子商务园、未来科技城跨境电子商务园三个跨境电子商务先导区核心区。全区各镇（街道）结合各自区域经济特色，整合资源，积极发展跨境电子商务，以推动全区传统外贸企业开展跨境电子商务应用，形成"一区三核，辐射全区"的发展格局。

3. 优化政策

（1）加紧兑现区级电子商务产业政策。

2014 年出台《余杭区支持电子商务产业发展若干政策意见》（余政办〔2014〕152 号）。2015 年是政策兑现的第一年，区商务局和财政局就电商园区认定及企业的政策兑现出台了细则，制定《余杭区电子商务产业园区创建及认定办法》（余商务〔2015〕27 号）及《关于申报 2014 年度余杭区支持电子商务产业发展专项资金的通知》（余商务〔2015〕54 号）文件，进一步引导我区电商园区朝着更专业、更规范、更优质的方向发展。经项目申报、审计、审核、公示等程序，目前，已经完成全区项目补助资金兑现工作，兑现资金 1000 余万元。

（2）调整电子商务扶持政策。

我区原电子商务扶持政策（余政办〔2014〕152 号文件）中涉及电商扶持共 18 条，根据《国务院关于清理规范税收等优惠政策的通知》（国发〔2014〕62 号）等文件精神和我区电子商务发展现状，拟将现有电子商务扶持政策进行调整，目前在部门商议和企业意见征求中。

（3）制定跨境电商扶持政策。

2015年6月，杭州市政府发布《关于推进跨境电子商务发展的通知》（杭政函〔2015〕102号）。在此基础上，针对企业在发展中的"痛点"，优化专项政策扶持跨境电子商务发展，主要内容包括：补助跨境电子商务物流及海外仓储费用；符合我区电子商务产业发展规划的优质项目，可享受产业引导基金支持；对地方贡献大、带动性强、成长性好的跨境电子商务企业给予奖励；补助区内传统企业入驻第三方B2B国际电子商务平台注册年费等。此外，根据跨境电商发展形势制订跨境电商宣传及人才培育招引相关工作方案。

4. 加大招商

（1）与平台联动加大外出招商力度。

借助中国（杭州）跨境电子商务综合试验区落地杭州的效应，多次赴外地开展招商活动，分别于2015年4—10月多次赴义乌、深圳、广州、北京、上海等地召开推介会和资源对接会，成功对接鹰熊汇、海贸会等大型电商社群，向当地企业介绍我区投资创业环境、扶持政策及杭州综试区建设发展情况。举办2015中国·杭州跨境电商峰会，千余人到场，多家电商企业分别与商务局、临平新城和南苑街道完成签约。已成功招引浙江全麦、杭州子不语、协巨贸易、四海商舟、酷睿电商、深圳傲基国际、北京亿亨国际、东方海纳、Toolots等电商平台和企业入驻。

（2）鼓励、引导电商园区开展招商。

截至目前，基本完成绵创电子商务园、东部电子商务园、德裕电商园、恒生电子商务产业园、南苑"邮E邦"跨境电子商务产业园、良渚智谷跨境电商园区等电子商务园区的创建，并且陆续开始招商，已成功招引电商企业400余家成功入驻。其中，杭州555电商创意产业园建筑面积3.2万平方米，园区入驻企业120余家。

5. 强化培训

（1）由政府主导开展宣传、引导类培训。

2015年，在梦想小镇举办全区跨境电商专题培训，区跨境电子商务综试区先导区建设工作领导小组成员、各镇街、平台相关负责人和350家重点外贸企业负责人参加培训；多次召集区内外贸企业召开座谈会，对综试区的目标宗旨、发展历程、扶持政策等进行宣传，同时就企业在开展跨境电子商务业务中所遇到的问题进行交流；先后在良渚新城、未来科技城、临平新城召开三场跨境电子商务B2B政策解读大会，推进跨境电子商务B2B上线经营，培训企业400余家。

（2）由企业主导开展实战、操作类培训。

2015年，联合区内跨境电商以"跨境蓝海、携手共进"为主题举办跨境电商主题沙龙，针对跨境电商的人才、物流、产品等问题展开讨论，分享成功案例，分析电商平台大活动，围绕阿里巴巴速卖通、eBay、亚马逊等主流电商平台，答疑解惑，帮助本地企业在海外建立国际化品牌，实现企业的转型升级和跨越式发展。此外，联系有发展潜力的第三方平台对我区外贸企业及产品进行筛选，集中意向企业进行上线培训。目前已成功对接 WISH 平台，有 20 多家外贸企业的选品及上线培训。

6. 完善配套

（1）推进专业电商园区建设。

电商园区作为发展电子商务产业中的水库，发挥着蓄水（产业集聚）、养殖（响应大众创新、万众创业、孵化企业）、发电（促进传统产业转型升级、为地方政府创税）等方面的作用，我区一直致力打造专业的电商产业园，构建完善的电商生态圈。除正在创建的 8 个专业电商园区外，目前还有源产地冷链物流园、华立创客社区等 6 个园区正在创建。

（2）打造专业跨境发展平台。

为加快形成专业跨境电商产业集聚，着力把专业的跨境电商园区建设成为一个集平台、货源、仓储、物流、金融于一体的跨境电商产业集聚生态群落，以优质服务吸引专业跨境卖家入驻。目前，临平创业城发展势头良好。邮 E 邦跨境电商产业园，一期由邮政余杭分公司运营，内设邮政国际小包收寄服务中心，面向初创期有发展潜力的网店、成长期的中小跨境电商企业进行招商，目前已完成招商；二期选址华星轴承厂房，已完成主体建设及公共部分装修，并成功引进专业园区运营方，截至目前已有 80 多家企业现场了解情况，其中 50 多家达成入驻意向，已有 25 家完成注册，11 家入驻办公，另有 10 家正在进行装修。时代广场附近已投入使用的永安·金鑫大厦、永顺大厦、麦道大厦、天健大厦等多幢甲级写字楼为跨境电商企业提供约 20000m^2 办公室的场地空间。

（3）推进人才库建设。

一方面通过企业的引进带动一批专业人才来到余杭发展，用良好的环境和服务把他们留下来；另一方面加大电商创业扶持，在电商政策中进一步凸显对电商人才的迫切需求和高度重视，鼓励更多电子商务人才来我区创业、创新。

通过近年来的努力，电子商务及跨境电子商务产业的壮大为我区的经济发展带来了新的格局。

①为我区在临平创业城、良渚文化城、未来科技城三个核心区引进了大量年轻、有学历、有活力的年轻人才，改善了城市人口结构，充分符合我区"产城人"融合的发展方向。

②大量电子商务创业企业和人才的入驻，有效利用了我区原有商务楼宇及住宅资源，并同时增强了区域消费能力。

③通过跨境电子商务方式，不少企业初步尝到了培育外贸出口自主品牌、拓展外贸自由渠道、建设售后服务的好处，相关产品利润率大幅提升，为余杭传统外贸的转型做好扎实铺垫。

18 杭州经济技术开发区 2015 年电子商务发展报告

2015 年，在市委市政府《关于进一步加快电子商务发展的若干意见》的要求下，在市商委及管委会的关心指导下，开发区电子商务工作以"创新驱动、集聚领先、产城融合"三大战略为目标，以跨境电商、产业融合为重点，全面推进产业转型升级，大力发展智慧经济及信息经济，在电商换市各项工作中取得了一定的成绩。

18.1 2015 年发展概况

1. 电商企业库持续扩大

2015 年依托下沙电子商务园、新加坡杭州科技园、海创园、出口加工区（跨贸园）等园区，搭建电商企业库，目前在库企业达 330 余家。

2. 电子商务应用积极推广

为区内企业员工、居民和学生提供全方位的服务业信息咨询的"下沙一指通"微信平台于年初正式上线，目前已有使用人数近 1000 人，平台已采集 7000 多家商家数据，由"我的周边、民生配套、公共事业"三大块组成，覆盖"餐饮酒店、休闲娱乐、房产装修、商务服务、生活服务、政府机构、教育培训、卫生医疗、公共配套、楼宇园区"十个小板块，平台及时更新区内服务业企业和商户信息，定期发布服务行业引导公告等资讯信息。完成了开发区楼宇与园区信息管理系统建设，并正式投入使用，目前已纳入系统平台管理楼宇 50 个，累计监测企业 3500 余家，有助于加强对园区内企业的网络化、信息化、实时化管理。同年 4 月，开发区微信公众号"跨境杭州"正式上线，上线后以专业性优、信息量大、政策性强、流传度广、认知度高等特点受到了业内广泛的关注，目前关注量已近 10000。

3. 电商培训活动稳步开展

积极组织区内企业参加浙江省电子商务企业等级评定评审员培训；组织企业参加 2015 届浙江省电子商务师资培训班；2 月 12 日举办跨境电商支付讲座，30 家跨境电商企业近 60 人与会；5 月 25—26 日通过与区内知名互联网培训机构达内、阿里巴巴 1688 等合作，开设跨境电子商务专题培训，有 111 名学员报名参加培训；7 月 22 日经发局联合中国建设银行送金融服务到下沙电子商务园，为电子商务企业搭建金融服务平台，拓宽电子商务企业销售渠道；9 月 19 日 2015 年"蓝领成才"电子商务培训班（第一期）顺利开班；9 月 24 日经发局和杭州市电子商务公共服务中心在歌江维嘉酒店举办"双 11 无线运营促销活动策划"讲座，区内近 20 家电子商务企业共计 33 人次参与；10 月 21 日开展电子商务企业价格政策宣贯会，区内 60 余家电商企业近百名主要负责人及法务代表参加了会议。

18.2　2015 年工作措施

1. 积极参加电商博览会，增加开发区企业影响力

开发区积极筹备参展各项事宜，10 月 30 日开发区跨境电商体验展馆顺利开馆，本馆采用明黄色的主基调，采取不规则切割方式，将场地切割为几块功能区域，分别为入口驻足区、咖啡吧形态可试吃体验区、O2O 产品展示扫码区、园区及企业展示区域、商务洽谈区、游戏互动区。天猫国际、网易考拉、苏宁海外购、银泰网、九阳家电、悠可化妆品等多家企业参展，现场借助网络等方式体验下单购买跨境产品，还有各种试吃试喝活动。浙江省省委常委、杭州市委书记赵一德亲临现场，了解下沙跨贸园的情况，品尝体验馆的产品，并对开发区的布展工作给予了高度肯定。

2. 紧抓跨境电商契机，全面推进产业转型升级

开发区跨境电商发展现状：一是交易规模增长迅速。截至目前，下沙园区累计实现 B2C 进口业务 1281 万单，交易金额 21.9 亿元人民币，其中网购保税 1163 万单，交易金额 19.6 亿元，直邮 118 万单，交易金额 2.3 亿元。2015 年至今，实现进口业务 1184 万单，交易金额 19.7 亿元，其中网购保税 1074 万单，交易金额 17.6 亿元，直邮 110 万单，交易金额 2.1 亿元。业务量提升到平均每天 4 万单，全年业务预计将突破 1500 万单，约 24 亿元。二是产业生态不断完善。通过积极引导和大力培育，随着综试区建设的推进，园内跨境电商生态系统进一步完善，园区集聚了包括天猫国际、苏宁易购、母婴之家在内的 40 个平台电商，网易考拉、银泰网等在内的 44 家垂直电商和中外运、费舍尔等 40 家电商服务企业入园开展相关业务，服务平台上备案的海外电商已达到 400 家。已初步形成了跨境产业集群。三是产品种类不断丰富。截至目前，园区备案品类已超过 9000 个，其中活跃商品达 2500 种。从早期单一的母婴用品，拓展到目前涵盖母婴、服装、箱包皮具、日化、小家电、膳食营养、进口食品、文具、饰品等在内的九大产品类别。按交易金额分，母婴、膳食营养、日化排名前三，箱包皮具、进口食品、小家电紧随其后。2015 年 10 月，园区冷鲜牛肉业务正式启动，进一步丰富了产品类目。

3. 落实责任，切实做好企业服务工作

一是着力破解企业运营难题。为了破解企业关心的备货仓库问题，园区积极申请相关部门支持，完成了 50000m² 临时库房的建设，还规划了路面临时库房，有效解决

了企业仓库紧张的难题。为了降低企业从上海港转关、转运到园区的成本，在属地海关、检验检疫部门的支持下积极研究利用周边港口实现区港联动的方案。二是加强与机场公司战略合作。开发区管委会和杭州萧山国际机场航空物流有限公司就发挥航空口岸优势，创新合作模式，实现实体园区和口岸联动，签订了《合作备忘录》，为区内企业提供便利化的通关服务。三是全力做好"双11"服务保障。跨贸园与属地监管部门提前2个月启动准备工作，与主要电商进行了数轮专题对接，进行了周密的准备，同时，为应对突发情况，综管局安排全局人员进行了"双11"值班，确保了2015年"双11"活动的圆满完成。

4. 完善配套，建设跨境电商物流体系

园区物流平台有序建设，不断满足企业业务迅速发展而对物流平台的巨大需求，为跨境电商产业发展提供充足的发展空间。南部10万平方米仓库全部投入使用，库区容量扩展到原有面积的10倍，有效支撑园区业务单量。在市委市政府支持下，东芝 $50000m^2$ 临库、达缘 $6500m^2$ 冷库也已全面建设完成并投入使用。

5. 加强服务，提供创新创业平台

一是搭建跨境企业办公平台。在新加坡杭州科技园首期投入 $2500m^2$ 作为跨境企业办公场所，目前包括敦煌网、交大校园O2O平台、多拉科技、电子科大跨境微信等项目已落户，已开始装修，近200名跨境人才于2015年年底前入园办公。二是搭建大学生创新创业平台。分别与杭州电子科技大学、杭州师范大学钱江学院、浙江经贸职业技术学院进行对接，陆续签订园区学校战略合作协议，在项目孵化、实验实训、O2O模式探索、园区企业联动等方面进行广泛深入的合作，逐渐形成下沙高效跨境创新创业联盟，支持项目快速启动。

6. 加强宣传，提高跨境电商影响力

在5月7日园区一周年之际，《浙江日报》对下沙园区进行了"打造智造E谷 建设跨贸新城"下沙园区一周年发展纪实宣传报道、杭州电视台等多家主流媒体也推出了系列报导，全面介绍了园区的发展情况，给园区树立了良好形象。同时，园区也积极配合中央、省、市等媒体做好跨贸相关宣传报道，重点做好了央视"一路一带"关于跨境进口在园区实地拍摄，积极配合了专题宣传片《海上丝绸之路》园区拍摄等工作，以及省市媒体关于"双11"宣传报道等宣传。

7. 加强组织，组建完成开发区跨境电商协会

园区积极组织区内注册电商以及海外备案电商，建立了下沙园区跨境电商企业协会。天猫国际为会长单位、网易考拉为常务副会长单位，费舍尔、银泰等为副会长单位。开发区电商协会以参与综合试点建设、建立良性互动为目的，定期组织相应的座谈交流会，促进整个产业的良好发展。同时，园区还积极组织区内企业参加杭州市跨境电商协会，园区的网易考拉为杭州市跨境电商协会会长单位、费舍尔为副会长单位，进一步丰富和完善了园区跨境电商协会组织。

18.3 2015 年工作亮点

1. 做大做强，发挥龙头作用

昆汀公司已完成股改；智在枫为已确定券商，正在股改阶段；2015 年有 13 家电商企业在浙江省股权交易中心创新板挂牌，比去年增加 160%，截至目前，开发区已有 18 家电商企业在省股权交易中心创新板挂牌。

2. 踏实肯干，再创电商佳绩

2015 年"双 11"期间，各家电商企业紧紧抓住黄金时间，销售成绩再创新高。顾家家居再创新高，销售突破亿元，连续 4 年蝉联软体家居排名第一；悠可所运营的各个店铺销售额比 2014 年翻一番；九阳仅用 10 个小时超越去年一整天的销售额；跨境电商业务完成 326 万单，交易金额达 4.1 亿元。且各电商企业充分发挥积极性，参与各类评选活动。2014 年度浙江省电子商务百强评选中，网仓科技获得浙江省电子商务服务十强企业；顾家家居和博库网获得浙江省网络零售十强企业；德邦货代获得浙江省电子商务和物流协同发展十强企业；网仓罗贵获得浙江省电子商务十大领军人物；网仓科技凭借专业的电商第三方仓配服务优势，获批中国（杭州）跨境电子商务综合试验区首批试点企业。同时，我区蒂姆食品、在途旅游、可莎蜜儿、孔凤春、唐品食品等 12 家企业 13 家店铺入驻"淘宝·特色中国"杭州馆。

3. 创建创优，企业建设跨越发展

悠可化妆品、网仓科技、顾家家居、九阳、酬诚等积极申请浙江省电子商务等级认定；九阳申报浙江省党建业务双强企业；悠可化妆品、九阳、酬诚、新加坡杭州科技园等 9 家企业申请杭州市电子商务示范工程创建，其中博库网络、好易购、网仓科技 3 家企业已被认定为浙江省电子商务示范企业。

19 富阳区 2015 年电子商务发展报告

2015 年以来，富阳区电子商务工作力度不断加大，发展氛围日趋浓厚，发展成果初步显现，现将我区电子商务发展情况报告如下。

19.1 2015 年发展概况

富阳区电子商务已形成一定的产业规模，成为富阳新一轮经济发展强有力的引擎。据不完全统计，全区现有 B2B 网站 1800 余家，第三方电商平台活跃网络零售网店 3700 余家，经工商部门登记的具有网上销售经营范围的市场主体 328 家（其中 2015 年新设 141 家）。据省商务厅监测数据，全区 2015 年网络零售额 41.3 亿元。跨境电商上线企业 234 家，其中有实绩企业数 64 家，企业上报跨境电子商务出口额 3370 万美元，新招引跨境电子商务产业链企业 6 家。

1. "一镇多园多平台"产业格局加快成形

（1）培育东洲电商物流小镇。

依托东洲区块已有的项目基础，整合东洲码头、海关监管点、跨境电商服务平台资源，全力联动京东电商产业园和大华智慧（物联网）产业园的智慧物联网应用等设施，打造综合型智慧电商物流特色小镇，并积极申报培育市、省级特色小镇。

（2）加快电商园区项目集聚。

到目前为止，富阳各类在建、续建电商园区共有 7 个，形成差异化、集聚式发展格局。运通网城（富阳）电子商务产业园投资总额约 12.7 亿元，用地面积约 194 亩，1 号楼、2 号楼约 80000m² 已进入招商运营阶段，已基本完成入驻，集聚 30 家以上电商企业。华辰电商园投资总额约 1.1 亿元，建筑面积约 66000m²，基本完成招商，引入飘飘龙 20000m² 毛绒玩具生产和电商基地、送货郎农村电商服务中心等项目，快递集聚区块正在建设。京东杭州电子商务产业园投资总额约 10 亿元，用地面积约 500 亩，一期项目设计方案优化中。跨境综试区富阳园区（一园两区）总规划面积 11.3km²，其中银湖新区产业园 3.8km²、东洲新区产业园 7.5km²。东洲物流港已获批杭州富阳保税物流中心（A 型），配套仓储区正在建设中。东箭富阳电商产业园建筑面积约 60000m²，以建材家居为特色，2015 年园区电商销售额超过 3 亿元。泓隆电子商务产业园投资总额约 8000 万元，建筑面积 28000m²，6 月 25 日开园试营业，营造创业创新生态环境，已有 10 余家企业入驻。晋安电商物流园投资总额约 3 亿元，建筑面积约 80000m²，主要建设快递操作中心、电商仓储和办公用房，实现快递共同配送，项目正启动建设。

（3）推进电商网络平台发展。

培育壮大一批垂直行业 O2O 网络平台，延长产业链，创新商贸模式。如汽车超人 O2O 平台，月销售额已接近 1 亿元，服务门店突破 18000 多家，业务扩展至 300 多个地级市主城区。狈凯奴户外用品主营时尚户外用品的设计、研发、销售，已开设线下实体店 10 余家。省自行车（电动车）电商交易平台 11 月中旬网络平台上线发布，致力于打造自行车电动车行业生态链 B2B 电商交易平台。喜马拉雅 O2O 移动式上门软装清洗服务平台以线下移动服务车结合线上销售的 O2O 模式，为用户提供上门测量、选样、设计、铺装、清洗的全流程服务，无拆卸标准化清洗服务填补国内行业空白。

2. 跨境电商大力推进

（1）布局海外仓体系。

根据省、市海外仓布局建设需要，鼓励企业先行先试设立海外仓。我区企业已在澳大利亚、美国、德国、俄罗斯和荷兰设立了海外仓项目，其中环宇集团的澳大利亚海外仓 2015 年已被省商务厅批准为首批跨境电商海外仓试点经营项目。

（2）加快跨境园区建设。

按照"一园多区、核心启动、分期推进、辐射带动"的总体思路，重点建设东洲新区、银湖新区两大跨境电子商务产业区。2015 年 11 月 19 日，海关总署正式批复同意设立杭州富阳保税物流中心（A 型）。

3. 电商进农村多元发展

积极鼓励企业开拓农村电商市场，市场主体呈现多元化发展，京东、华辰连锁超市、易迅电子、富阳邮政纷纷布局农村电商服务体系，累计投入 1500 余万元，共建成村级服务点 230 个，年网络销售额突破 1.5 亿元。富阳区政府与京东集团签署农村电子商务战略合作协议，共同打造京东在浙江省的首个农村电商示范区。

19.2 2015 年工作举措

富阳区委、区政府高度重视、大力推进电子商务产业的发展，各项工作举措扎实推进。

1. 健全机制，完善电商工作体系

（1）加强组织领导。

补充完善富阳区发展电子商务工作领导小组成员单位，统一组织、协调和推进全区电子商务应用及发展工作，形成抓电商、干电商、兴电商的工作氛围。

（2）修订完善政策。

制定出台《杭州市富阳区人民政府关于进一步加快电子商务发展的若干意见》，扩大政策覆盖面，加大扶持力度，专项扶持资金额度从500万元提高到1500万元。

（3）建立考核机制。

电商工作列入富阳区政府专项考核体系，从培训人数、发展企业家数、农村服务点个数、重大项目推进等方面来进行量化考核。

2. 做实基础，营造电商发展氛围

（1）编制电商发展规划。

委托浙江现代商贸发展研究院编撰《富阳区"十三五"电子商务产业发展规划》，系统谋划今后一段时期内区域电商的发展。

（2）加大宣传力度。

多渠道广泛宣传电商政策、电商动态、培训信息、电商活动、典型企业发展经验等内容。举办2015杭州（富阳）智慧产业发展高峰论坛，参加2015中国（杭州）国际电子商务博览会。

（3）广泛开展培训。

通过各职能部门共同开展电商知识普及培训和电商专业人才培训，2015年累计举办19场各类电商培训，培训人数超过1900人。

（4）招引电商大项目。

2015年先后签约浙江省自行车电动车行业电子商务交易平台项目、京东农村电商战略合作项目、犸凯奴户外电商平台项目等一批电商相关重点项目。

（5）推动示范创建。

鼓励企业参加省、市各类电商示范项目申报和电商竞赛。获评华辰超市陈哲华被评为省农村电子商务创业示范青年，蓝郡农业植物管家项目获2015年"邮储银行杯"浙江农村青年电商创业创富大赛创意组第二名，淘必速团队获2015年杭州市电子商务应用技能大赛团体一等奖。

3. 规范发展，服务电商支撑体系

（1）加强网络专项监管。

市场监管局对宅乐网和富阳外卖网两家本地交易平台上的网络供餐单位进行逐户实地核查，促进网络订餐市场健康发展，又为餐饮行业健康发展注入新的活力。

（2）培育电商服务企业。

大觉科技、云道软件、智果科技、巨果科技、金贝电商等一批电商服务企业步入良性发展轨道。

（3）健全电商统计体系。

组织、开展电商典型企业统计试点工作，确保上报率达到100%。对"双11"富阳电商销售情况进行了摸底统计，全区"科魁""商魁""特维纶""飘飘龙"等近50

家电商企业参与，网络销售总额近 2 亿元。

19.3　2015 年工作亮点

1. 打造"千万工程"升级版

华辰连锁超市投入 600 余万元开发建设"送货郎"网站，依托"千万工程"实施以来发展的 500 余家连锁门店，实现线上代购、线下销售、在线配货、物流中转等多种功能，打造"千万工程"升级版。2014 年 5 月上线至今，累计发展农村（社区）服务点 67 家，销售额和客户数快速上升，网络销售额已突破 1 亿元，会员数量超过 3000 多个。公司负责人受邀参加 2015 全国农村电商现场会并介绍经验。

2. 跨贸 B2B 出口试点

7 月 22 日，联合杭州海关在东洲综合码头举行全国首批跨境电子商务 B2B 出口业务试点仪式，标志着跨境电子商务出口模式从 B2C 模式向 B2B 大货模式延伸。12 月 7 日《人民日报》专题进行报导。

3. 举办大学生村官创业实训赛

区委组织部、农办和团区委于 8 月至 9 月联合组织开展"创青春·淘梦想"富阳区首届大学生村官"互联网＋特色农产品"创业实训赛，大赛选定 10 家富阳特色农产品龙头企业，推广富阳特色农产品 30 余类，累计销售金额 50 余万元，取得销售利润 30 余万元，其中产生线上销售金额 25 万余元，累计网络受众近 10 万人。

19.4　存在困难与问题

1. 配套设施滞后

电商发展环境不尽完善，中高档餐饮、休闲、娱乐等电商发展所需配套服务业尚不能匹配市场需求，教育、医疗等相关布局也尚未完善。

2. 服务资源不足

作为三、四线城市，平台服务商、应用服务商目前仍处于相对落后状态，只能提供网店开设等初级服务。

3. 专业人才缺乏

从事电子商务的专业人才缺乏，运营推广、美工设计和数据分析等各个岗位、高中低各个层次的人才，都有不同程度的人才缺口。

19.5　2016 年发展思路

发展目标：2016 年年末全区网络零售额突破 100 亿元，"一镇多园多平台"电商产业格局进一步提升；推动传统外贸企业电商化应用，跨境电商企业数量、质量上一台阶；开展精准招商，引进跨境电商优质产业链企业 5 家以上。主要将从以下几方面开展工作。

1. 进一步夯实电商发展基础

一要营造氛围凝聚合力。加大电商扶持政策宣传力度，及时挖掘典型案例，加强典型宣传；二要组建电子商务公共服务中心，提供资源对接、电商培训、咨询等服务；三要优化培训健全统计。完善培训方式，实施重点行业电商人才培训，举办电商职业培训和专业人才培训。抓好电商典型企业统计，指导电商企业做好统计工作。

2. 进一步推进电商园区发展

为各类电商园区项目推进做好服务，对园区相关电商企业注册提供便利。继续推进跨境富阳园区项目建设，围绕"一园多区、多点覆盖"的跨境电子商务发展格局，构建跨境电商 B2B 生态体系。

3. 进一步提升电商平台建设

以线上线下融合为特色，培育发展汽车超人、犸凯奴、省自行车电动车电商交易平台、东箭完整家居等一批电商平台，积极招引一批电子商务相关企业。

4. 进一步推动传统企业电商应用

继续做好深入对接工作，鼓励传统企业或个人充分利用第三方交易平台或自建平台开展各类电子商务业务，大力推动传统企业电商应用。

5. 进一步加大电商项目招引

结合招商引资、浙商回归项目推动，对富阳籍在外发展的电商相关企业及人才进行摸底调查，鼓励支持其回富发展。

6. 进一步完善海外仓布局

积极引导企业利用"国内仓"和"海外仓"相结合的跨境电商物流新模式，力争2016 年富阳企业新设海外仓数量达到 6 个左右，推动全区出口平稳较快增长。

7. 进一步加快农村电商发展

继续以京东、华辰送货郎、易迅富阳购物网、富阳邮政、陆加益贸易为主体，共同推进电商进农村，完善网点布局，力争2016 年建设农村服务网点80 个。挖掘培育富春街道秋丰村、春华村、鹿山街道蒋家村、银湖街道东坞山村、金竺村、坑西村等一批电商"萌芽村"。

20 桐庐县 2015 年电子商务发展报告

20.1 2015 年主要工作

2015 年，我县深入贯彻省市"电商换市"战略部署，把电子商务作为发展智慧经济和信息经济重要战略支撑，积极开展"燎原计划"，以"政府主导，企业主体；立足生态，无中生有；全面谋划，系统推进"为原则，重点抓扩面、抓提质、抓突破，全面系统推进我县电商发展。成功创建"浙江省电子商务示范县"，被评为"中国电子商务发展百佳县"。横村村、方埠村、东溪村被评为"中国淘宝村"，城东村被评为浙江省电子商务示范村。

1. 政府主导，电商发展组织体系全面构建

组建县乡两级电商工作领导小组，主要领导任组长，分管领导任副组长。出台《桐庐县人民政府关于进一步助推电子商务产业发展的实施意见》，落实专项资金 1500 万元。制定《关于推进农村电子商务创业就业的实施意见（试行）》，就农村电商人才引育、创业就业资助等方面进行扶持。制定《2015 年桐庐县电子商务重点工作任务分解表》和《2015 年桐庐县电子商务工作考核实施细则》，明确 50 项重点工作任务，每月督查进度。成立县电子商务公共服务中心，配备 2 名事业编制。建立桐庐县电子商务协会、分水镇电子商务协会和横村镇网商协会。

2. 筑巢引凤，电商发展支撑平台系统推进

打造"3+6"电商产业发展主平台，海陆世贸、汇丰大厦、农产品三大县级核心电商产业园共入驻电商企业 80 余家，分水、横村等 6 个乡镇电商孵化园共入驻电商企业 110 余家。建成淘仓仓配、大运物流等 9 个电商仓储物流平台，建成安厨商城、万客商城等 8 个本地电商支撑平台。打造淘宝网特色中国·桐庐馆，汇集本地农特产品 30 种。建立"春江渡口"众创空间和"双创"服务中心，为我县小微企业和电商创业者创新创业打造优质环境。

3. 先行先试，农村电子商务工作亮点纷呈

2014 年 10 月阿里巴巴农村发展战略试点项目落地桐庐，此后我县与阿里巴巴紧密合作，在选人选点、快递物流、培训分享、考核激励等方面进行探索，形成了一套清晰的"桐庐模式"。2015 年 5 月 6 日在我县举行"农村淘宝"桐庐模式 2.0 版本全国首发仪式。目前我县共建成村级服务站点 183 个，成为全国第一个实现"农村淘宝"

全覆盖的县域，发展农村电商的人才、物流和资金三大瓶颈得到了有效突破。全年累计为村民网上代购商品 30.62 万单，实现销售额 4590 万元。建立桐庐县农产品数据库，共录入农产品 10 大类 440 个品种、优质供应商 216 家、农林业高级技术专业人才 36 人。

4. 推陈出新，电商发展环境不断优化

成功创建浙江省电子商务示范县，2015 年 5 月顺利通过省商务厅验收，并在全省农村电商工作现场会上正式授牌。承办第二届中国县域电子商务峰会，吸引来自全国 400 多个县的 1500 多人前来参会学习。创新推出"电商助力贷"系列金融服务产品，落实信用额度 3 亿元。与"三通一达"签订协议，确保海陆和汇丰电商产业园内注册并办公的电商企业享受快递价格优惠。与电信桐庐公司签订电商产业通信业务协议，帮助电商企业降低通信费用。建立桐庐县电子商务公共服务中心网上平台，构建线上线下融合发展的服务体系。建立线上和线下电子商务数据统计库，动态申报电商销售数据。制定《2015 年桐庐县电子商务培训计划表》，全年培训 5600 余人。阿里巴巴全国农村电商培训中心累计举办县长班 30 余期，1100 位县（局）长参加。组织参加 2015 中国（杭州）国际电子商务博览会，举办桐庐县第三届电商发展大会、第二届桐庐电商节、第四届桐庐百姓日电商惠民大展销活动、桐庐－通榆县域电商结对帮扶战略合作活动、"最美桐庐人·十大电商创业青年"评选活动，召开"中国县域互联网＋行动联盟、中国县域互联网＋扶贫协作联盟"成立大会等。

虽然我县电子商务工作取得了一定成绩，但也存在着一些不足。农产品销售渠道不够广、物流体系建设有待提升、电商专业人才不足、电商龙头型企业缺乏等困难和问题制约了我县电子商务的进一步发展，亟待突破和解决。

20.2 2016 年发展思路

2016 年我县将围绕电商发展"精耕计划"，依托"快递之乡"的优势，以制笔、针织等块状经济为着力点，以农村电商为重点，以电商快递物流体系建设为亮点，推动电商精细化发展。

1. 坚持"两线并举"，丰富农村电商"桐庐模式"内涵

提升"农村淘宝"运行绩效。建立村淘合伙人协会，加强村淘合伙人的技能培训，提升创业能力；开通村级站点代销功能、组建代销产品库，提升业绩。加快农产品上行步伐。整合民宿集聚区、村落风景区资源，发展乡村旅游、季节性农产品采摘游、鲜活农产品预订等电商销售模式。

2. 依托快递优势，构建电商快递物流体系

完善农村电商物流体系建设，整合信息资源、降低成本，解决农村配送区域分散、效率低下等问题。探索跨境电商物流体系建设，鼓励本地快递物流企业和电商企业走

出去，建设海外仓。依托省厅跨境电商智能化平台建设契机和我县快递企业海外资源，探索建立跨境电商智能仓储物流平台。

3. 突出集聚效应，完善电商支撑平台建设

加快桐庐农产品电商产业园建设，打造一个集办公、检验检测、仓储配送及小微农产品电商企业孵化为一体的综合性农产品电商平台。以分水镇中国笔业博览中心为载体，研发专业电商平台"淘笔网"。以横村镇针织产业为基础，打造集电商销售和O2O销售模式为一体的针织品专业市场。

4. 注重内引外育，打造电商发展"人才高地"

明确2016年培训工作计划，组织各类人才培训不少于5000人，制订实施电商人才梯队培养计划，将目光聚焦到中层管理人员和技术骨干、运营领军人才上。继续实施"桐庐籍在外电商人士回归和县外高端人才招引"两大工程。建立2016届高校毕业生电商紧缺专业人才库，鼓励桐庐籍毕业生回乡就业。

21 临安市 2015 年电子商务发展报告

2015 年以来，根据临安市委、市政府电商发展的"四攻"战略部署，各地各部门认真抓好工作落实，电子商务在三次产业上的应用发展取得了全面突破。现将有关情况汇报如下。

21.1 2015 年发展概况

农村电商方面，目前全市拥有农产品电商户超过 2000 家，2015 年全年实现网销额 25 亿元。2015 年新增规上企业 11 家，累计达到 29 家。工业电商方面，全市拥有一定网销规模的工业企业 292 家，其中规上 242 家，2015 年工业电商网销额达 109 亿元。旅游电商方面，全市 23 家景区单位基本实现传统模式与 O2O 模式并行发展，近 1000 家农家乐、民宿、饭店和旅行社开展电商业务，其中景区门票收入网销占比 35% 左右，住宿线上销售占比 70% 左右。在跨境电商方面，临安跨境电商园区已成为杭州跨境电商综试区的重要组成部分，园区集聚第三方服务企业 10 家，跨境电商企业 64 家，其中 B2B 企业 52 家、B2C 企业 9 家、进口企业 3 家，覆盖电线电缆、绿色照明、五金工具、复合装饰材料、体育用品、食品、无纺布、纺织服装等行业。全市跨境平台上线企业 280 余家，实现跨境电商出口额 1.84 亿美元，B2B 出口额占 1.5 亿美元，跨境园区已实现跨境电商出口额 8468 万美元。

21.2 2015 年主要工作

1. 主攻农村电商

一是建强线上销售平台。目前，阿里巴巴临安产业带入驻企业 358 家，2015 年农产品销售额突破 1.3 亿元；"淘宝特色中国·临安馆"入驻网店 329 家，2015 年农产品销售额突破 1.1 亿元。二是培育农村电商主体。加大规上企业培育力度，鼓励企业做大做强，引导电商户向企业化发展。其中，"新农哥"网销额达 4 亿元；白牛村的山里福娃、盛记、文文、逸口香、小山宝和昊歌 6 家电商企业，抱团组建了临安奔跑食品有限公司，合力打造"杭果"统一品牌，提高了品牌效应。三是提升电商公共服务中心建设。保持市级电商公共服务中心和白牛村电商公共服务中心的高效运行，白牛村接待考察活动 800 批次。各镇街道、行政村根据各自条件，设立农村电子商务公共服务点，如清凉峰镇电商公共服务中心已经建成。四是保质保量推开农村电商服务站点建设。目前，全市累计建成阿里农村淘宝服务站点 76 个和赶街农村电子商务服务站点 123 个，实现 18 个镇街全覆盖，"双 11"期间总计交易 6800 多笔，总金额 130 余万元。五是开展电商全网络营销。目前，农村电商交易已由原先的以淘宝、天猫平台为主，向微信、京东、1 号店等多元化平台转变，全网营销格局逐步成型。据统计，淘宝、天猫、京东的平台用户分别占 72.7%、4.5% 和 17%，微商用户则达到 30% 以上。六是深入开展农村电商培训工作。制订培训计划，实施菜单式培训。截至目前，全市各部门已完成 55 批 4100 人次的农村电商培训。其中，通过与农林大实施的"伙伴计划"，近百名高校师生走进镇街、村，完成培训 20 余期，培训 2000 余人次，对接农村网商 210 余人，帮助注册网店 180 余个。

2. 强攻工业电商

一是开展工业电商摸底调查工作。重点围绕全市 585 家规上企业，开展电子商务情况调查活动。目前，全市已开展或正在计划开展电子商务业务的企业达 195 家，占比 43.5%。二是召开一系列工业电商会议。2015 年 4 月下旬，组织召开工业电子商务座谈对接会，邀请各行业协会，可靠护理、小王子食品等工业电商代表企业，以及部分电商平台和高等院校专家，研究我市工业电商的发展规划、目标和路径。在此基础上，隆重召开全市工业电子商务推进会，与聚一国际教育、中国制造网、阿里巴巴产业带签订合作协议，进一步造浓了工业电商的发展氛围。三是全力培育工业电商企业。按照电商应用产业全覆盖和企业全覆盖的思路，培育上规模、上水平的线上线下工业电商企业，进一步提升工业企业的市场竞争力。四是积极开展工业电商培训工作。邀请专家对全市 200 家工业企业高管作工业电商专题讲座，举办为期两天的工业电商总裁班培训，组织重点企业赴浙江工业大学参加跨境电商培训。同时，主动寻求各类知名电商培训和服务资源，为工业企业电商规划、定位、应用和培训提供更为精准、专业的服务，切实加快工业企业由传统营销模式向电商发展模式转型的步伐。五是启动建立工业电商产业合作联盟。整合企业、高校、培训服务中介、海关、商检、商务、经信和产业链上下游企业等资源，搭建各条线之间的沟通平台，努力打造工业电商发展的生态圈，开展各类公共服务，推动工业电商规范、有序发展。

3. 巧攻旅游电商

一是建立淘宝网临安旅游官方旗舰店。市旅游局与阿里巴巴集团旗下的旅游子平台阿里去啊旅行网合作，在淘宝天猫店建立"临安旅游官方旗舰店"，并依托临安旅游集散中心维护与运营，各项旅游产品正在整合入驻。二是开设临安旅游微信服务号线路产品预定、支付功能。与省旅游信息中心合作，完善临安旅游微信公众服务号功能，已开通了线路产品预订、支付等功能，实现移动端吸纳客户。三是组织旅游电商专场培训。先后组织召开 2 次电子商务发展讨论会、3 次旅游企业电子商务培训会，全市各旅游企业、特色村参加培训人数 500 余人次。四是建设临安旅游目的地营销管理平台。委托浙江深大公司开发建设临安旅游目的地营销管理平台，该平台将进一步提高我市旅游目的地信息丰富度、旅游信息组织方式和传播模式的多样化。五是承办"2015 互联网＋旅游营销高峰论坛"。邀请国家旅游局信息中心、腾讯网等网络专家，上海、江苏、香港等地旅游部门、企业和电商代表近 300 人齐聚临安，开展"互联网＋旅游"论坛，进一步拓展了旅游电商发展的思路。六是启动编制智慧旅游建设 2016—2020 年总体规划。委托北京巅峰智业旅游文化创意公司，参照国家智慧旅游示范市的建设标准，正式启动我市智慧旅游建设 2016—2020 年总体规划编制工作。

4. 力攻跨境电商

一是以"互联网速度"建设园区。2015 年 5—7 月，在市委、市政府主要领导、分管领导的亲自指导下，短短三个月时间，建成临安跨境电商园，一期总面积 25 亩，办公面积 18000m²，于 8 月 11 日正式开园，并被杭州市综试办评审认定为中国（杭州）跨境电子商务综合试验区临安园区。目前，正在筹备园区二期建设，建筑面积近 50000m²，建成后可容纳入驻企业 200 余家。二是以"集聚化发展"做大产业。坚持把跨境电商园作为全市外贸企业和跨境电子商务的集聚地和核心区，开园至今已入驻企业 55 家，其中，经营类企业 47 家，以 B2B 为主的 42 家、B2C 为主的 5 家；服务类企业 8 家，包括阿里巴巴、中国制造网、321 电商学院、邮政物流等第三方服务企业。目前，入园企业涉及电线电缆、绿色照明、五金工具、装饰纸、纺织、食品等各个行业，出口产品覆盖全市 70% 以上的出口行业。三是以"管家式服务"优化配套。建立园区管理办公室、招驻服务部、政策法规部和后勤管理部"一办五组"的运行机制，引进第三方服务平台和产业链企业，为园区企业提供线上线下的配套服务，其中后勤服务方面，配备 500 余人就餐的餐厅、200 余个停车位和 300 余人规模的大会议室和若干中小会议室。建立公共服务体系，联合海关、邮政、街道、工商、税务等部门和金融机构，上门提供报关、物流、注册、退税和资金等相关服务。充分发挥外贸电商协会的作用，成立临安跨境电商协会，目前入会企业达 200 余家。四是以"专业型标准"培养人才。把园区作为培育电商人才的"摇篮"，服务园区，辐射全市。设立高校跨境电子商务实习培训基地，不定期举办电商服务平台对接会、跨境电商论坛、专业知识培训和跨境电商交流活动，努力培育和孵化一批专家型人才。截至目前，园区已组织举办培训活动 15 次，参加企业 500 余家次，培训人员达 1200 余人。

21.3 存在困难与问题

1. 电商政策体系有待进一步完善

从电商发展"四攻"战略推进来看，我市电商发展的组织架构逐步完善，但政策体系还需要进一步修订健全，特别是工业、旅游和跨境电商的专项政策还相对欠缺，需要各个主管部门加快研究，形成覆盖三次产业和跨境电商发展的更为科学有力的政策体系。

2. 电商人才培训有待进一步提升

无论农村电商、工业电商，还是旅游电商、跨境电商，人才是根本支撑。尽管各条线都在加大电商培训力度，但在取得一定成效的同时，也出现了多头培训、重复培训和培训层次不高等问题，造成事倍功半、资源浪费，需要加快形成有组织、有系统、有计划的电商人才培训体系。

3. 电商统计难题有待进一步突破

2014年，市统计部门初步建立了我市电商统计工作制度，对全市电子商务实施统计工作。但仍然面临一些问题，主要有三个方面：一是电子商务统计标准多。每个线上平台都有各自的统计标准和统计模式，这些统计数据未能统一归口、统一认定、统一发布，导致数据缺乏权威性；二是电商统计应统尽统比较难。阿里巴巴淘宝网等平台对交易数据实行保密制，除规模以上电商企业纳入统计口径，能较为准确地体现数据外，一些小规模的企业，特别是电商经营个体店难以准确掌握；三是对电商统计仍然不够重视。很多镇街对电子商务的统计和完成情况仍然不够重视，电商数据家底还不清。

4. 电商监管工作有待进一步加强

一方面，是对农村电商、工业电商、旅游电商和跨境电商的行业管理服务要进一步加强；另一方面，是对电商产品的质量监管和诚信监督要进一步加强，特别是农村电商中的农产品质量规范问题，应当更加引起重视，强化电商发展的保障。

21.4 2016 年发展思路

坚持市委、市政府的"四攻"战略部署，认真抓好各项工作落实。一是做好规划。坚持规划引领，把电商发展纳入"十三五"规划重点内容，启动电子商务发展规划编制工作，进一步明确发展的思路、定位、目标和空间布局。二是强化"四攻"。农村电商方面，加快建成一批淘宝村、淘宝镇，扩大临安模式、白牛现象，进一步打响以坚果炒货为核心的电商坚果品牌。工业电商方面，进一步引导和鼓励工业企业开展电商应用，力争实现电商应用行业和规模以上企业全覆盖，切实做大规模。旅游电商方面，做强旅游电商平台，推动电商应用向景区、农家乐、民宿等全方位覆盖，全力打造智慧旅游品牌。跨境电商方面，积极培育跨境上线企业，加快启动园区二期建设，进一步打响杭州综试区临安园区的品牌。三是做优"生态链"。按照"缺什么补什么"的原则，深入抓好产业布局、平台建设、网店培育、公共服务、人才培养和物流等基础配套工作，引进电商龙头企业和中介服务组织，全面构建好电商发展的生态链。四是落实保障。进一步完善电商发展的政策体系、培训机制、统计方式和监管办法，保障电商"四攻"各项举措落到实处。

22 建德市 2015 年电子商务发展报告

近年来在"电商换市"的大趋势之下，我市顺应大势积极发展电子商务。2015 年在省、市商务主管部门的关心和指导下，大力实施阿里巴巴"农村淘宝"项目，"支付宝＋县域服务"全国首家试点，深化阿里巴巴·建德产业带、建德农食馆和电商产业园区建设，加强企业和城乡群众电子商务推广应用，全市电子商务发展趋势良好，发展基础不断夯实，运行质量明显优化。

22.1 2015 年发展概况

根据省厅数据统计，全省 1—12 月实现网络销售额 7610.62 亿元，同比增长 49.89%。其中杭州实现网络销售额 2679.83 亿元，占全省网络销售额 35.21%，同比增长 42.57%。

我市 1—12 月实现网络销售额 159695.4 万元，在全省 90 个县（市、区）中排名第 66 位（该数据为第三方电子商务销售平台数据，不包含企业自建网络销售平台、微信等渠道产生的数据）。

2014 年，我市以 5.855 的网商指数，9.044 的网购指数及 7.45 的电子商务发展指数位居全国电子商务百佳县（阿里巴巴电子商务发展指数）第 73 位，较前年提升 11 位。

22.2 2015 年工作措施及亮点

1. 电子商务不断普及和深化

电子商务在我市工业、农业、商贸流通、交通运输、金融、旅游和城乡消费等各个领域的应用不断得到拓展，应用水平不断提高，正在形成与实体经济深入融合的发展态势。截至目前，电商联席会议各成员单位共组织各类电子商务培训 40 余场，培训人次超过 4000 人。跨境电子商务活动日益频繁，移动电子商务成为发展亮点。全年阿里巴巴·建德产业带共入驻企业 297 家，平台线上交易总额 3200 万元，带动线下销售总额约 1.5 亿元；阿里巴巴·建德农食馆共入驻企业 37 家，平台线上交易总额 3970 万元，带动线下销售总额约 1.53 亿元。已完成邮乐网—"建德馆·果蔬乐园"平台搭建工作，并实现 20 家企业 220 多种农产品的上行工作。

2. 电子商务支撑水平快速提高

2015 年电子商务平台服务、电子支付、物流配送等支撑体系加快完善。围绕电子商务信息、交易和技术等的服务企业不断涌现。逸龙文创园等电子商务园区初具规模。逸龙文创园成为省商务厅首批认定的省电子商务产业基地、电子商务实践基地，目前园区共入驻企业 88 家，就业人数达 700 余人，园区企业全年度总营业额约 3.1 亿元，电子商务产业集聚效应开始显现。同时 2015 年 11 月 5 日，我市浙西跨境电商产业园正式挂牌成立，目前园区已明确入驻和意向入驻企业共 22 家，其中本地跨境电商应用企业 17 家，平台企业 4 家，配套物流仓储企业 1 家。针对首批入驻企业，我市也将在场地租金、人才培训、做大出口规模等方面给予大力支持。

3. 电子商务发展环境不断完善

2015 年全市各相关部门协同推进电子商务发展的工作机制初步建立，共召开电子商务各类推进会议 24 次，有效对接农村电商发展的各项工作，第一时间统筹、协调解决问题。学习周边县市先进经验做法并深入调研摸底，起草出台电子商务扶持政策，通过相关部门意见征求会，企业座谈会等多种形式公开进行意见征求并及时修改完善，并于 11 月 30 日正式出台《关于进一步加快电子商务发展的政策意见》，市政府每年统筹安排 1500 万元的电商发展专项资金支持我市电子商务发展。

4. 电子商务服务体系逐渐优化

我局深入贯彻实施《浙江省商务厅浙江省财政厅关于建设全省电子商务服务体系的通知》（浙商务联发〔2014〕60 号）文件精神，积极申报成立我市电子商务公共服务中心，并于 2015 年 6 月获取批复，成功争到省级 30 万元的政策支持用于中心建设和日常运营经费。中心由我局牵头主管，逸龙电子商务产业园区承接的运营模式开展日常工作，主要负责全市公共平台上电子商务服务资源和辖区内企业电商业务的对接工作，同时为全市电商相关企业提供电子商务培训和咨询服务。截至目前，已组织开展各类培训 10 余场，培训达 500 人次；开展全市电商产业相关论坛与峰会 2 场，实现代运营、注册代办、专利申请、法律咨询等配套服务。

5. 大力推动农村电子商务发展

2015 年，阿里巴巴·农村淘宝、京东、邮政村邮站等都在我市建成市级服务中心，并陆续进驻我市农村市场，已覆盖全市 16 个乡镇（街道）。其中农村淘宝已建成 57 个村级服务站，邮政邮站项目建成 232 个村级农村电商服务站，其中带电视机背景墙等的标准化站点 90 个；京东商城项目已签约乡村推广员 105 名。多渠道多方面凝聚强大合力，扎实推进我市农村电子商务发展。在全市 16 个街道（乡镇）分片区组织开展农村电子商务知识培训班 5 场次，近 400 余名镇村（社区）干部参加了培训。积极组织申报创建杭州市农村电子商务示范工程，我市大同村被评为农村电子商务示范村、洋溪街道被评为农村电子商务示范镇（街道）、大洲村电子商务服务站和农村淘宝新叶村服务站被评为农村电子商务村级示范服务点。

6. 全市电子商务工作亮点纷呈

2015 年 7 月 2 日，支付宝全国县域服务首家试点落地建德，将县域内智慧民生（政府、企业涉及服务）、智慧经济（金融支付，小微金融，大数据支持）、智慧旅游（支付宝引流，线上旅游）在县域真正落地，打造中国第一个"支付宝县"。截至 12 月，已上线公积金查询、教育缴费、社保查询等 18 项民生服务，支付宝餐饮项目上线美食餐饮类服务共计 248 家。9 月 30 日上线的支付宝惠生活慧旅游（原"农家乐"）版块累计景点订票共 3184 人次，草莓、橘子采摘共 111 人次，酒店订房共 319 间，线上支付金额共 33.93 万元。

7. 电子商务优质项目积极引进

我市十分重视电子商务企业的招商引资工作，2015 年以来我市成功引进首个物流电商项目"快到网"和我市首家综合性电商平台企业——指来指往电子商务有限公司。"快到网"项目已于 8 月 25 日签约，该项目计划投资逾 1 亿元（注册资金），预计在 5 年内实现营业收入 400 亿元，上缴建德市税收 25 亿元以上，新增就业岗位 500 多个。"指来指往"项目是我市首家专注细分市场的垂直型平台，涵盖 47 个营业项目，注册资本 1.01 亿元人民币，投资总额 20 亿元该公司的成立标志着我市电子商务由网络销售向网上交易领域延伸，实现电子商务模式突破性发展。目前，我局还在接洽清华同方电商园、中国网库"建德产业集群电子商务基地"、优森软件股份有限公司等项目，通过"走出去、请进来"的招商方式，努力促成优质电商项目落地，营造我市电商创业发展氛围。

8. 电子商务发展氛围日益浓厚

2015 年我局联合天天快递、杭州火图科技有限公司联合主办的"2015 微商论剑对话互联网＋"活动，百名微商齐聚我市，畅谈"互联网＋"，畅论微商未来。天天快递董事长奚春阳等多位电商大咖在会上做了主题演讲。牵头组织企业参加 2015 中国（杭州）国际电子商务博览会，展馆整体以美丽江城，智慧建德为主题，以科技蓝为主色调覆盖与 17 度新安江相呼应的 17 个展示区块，同时设计绿道骑行区，让参观者通过现场骑行体验绿道更进一步的感受到建德风光。会展期间共接待参观者 5000 余人，现场通过扫码发放各类景区门票小礼品 7000 余份。同时，我局也自行于 12 月 19—20 日在我市新安江广场举办 2015 第二届建德"淘宝节"，商品涉及家纺、家居、电子用品、化妆品、农特产品、首饰、日用品、婴儿用品、服装、汽车用品、动漫，还有智慧旅游、农村电商、支付宝、美团大众点评、百度糯米等 30 多个类别，1000 余种商品，共计 66 个展位，活动现场同时还设有电子商务知识、网络购物知识普及以及网络消费防骗知识宣传等一系列活动。

22.3　存在困难与问题

1. 电商发展基础较差，电商氛围不浓

目前，我市形成块状经济的支柱产业与电子商务结合得并不紧密。部分原因是由于品牌知名度不高、市场占有份额低、产业特点和产品特征不适合电子商务发展，但更主要的原因在于企业还在用传统方式卖传统产品，互联网思维不够，创新性不足，尚未就自身特点找到合适的电商发展道路和有效的电子商务发展模式。

2. 电商专业人才短缺，服务资源不足

随着电子商务建设的推进，各地都加快电子商务发展的大趋势，使得电商人才的"极化效应"更加显现。我市由于受经济和社会环境相对制约，很难吸引和留住电子商务的专业人才，尤其是领军型的高端人才。本地缺乏电商服务商，电商技术团队水平和管理层次较低，大部分较少运用电子商务方式营销，线上品牌推广和销售意识不强，缺少网络营销专业水平。

3. 缺乏规模化产业园，集聚效应不强

我市虽然建成了逸龙文创园、浙西跨境电商产业园，但提供的服务模式还较为传统，对全市电商企业的支持、各级电商人才的培养以及传统企业电商化的支持和服务不足，难以起到引导全市电子商务发展的作用。特别是缺乏农产品电子商务产业园、乡镇电商孵化园和电子商务专业村。

22.4　2016 年发展思路

1. 推进电商平台建设

一是拓展行业电子商务产业平台。在第三方平台上建立建德特色馆或主题馆，发挥产业带集聚优势。加强与本地网商的合作，实现资源共享。二是组建市电商产业运行监测平台。通过互联网信息技术手段，实现对县域内电子商务行业内信息资讯、行业管理数据收集、分析，为政府提供研判和决策依据。三是打造电商行业交流合作平台。完善电商促进会组织建设，推动电商企业抱团发展。组建电商俱乐部等交流服务平台，加强电商行业业内沟通。

2. 培育电子商务发展主体

一是提升市级电商园区。提升逸龙电商园和浙西跨境电商产业园对全市电子商务产业的引导作用，并申请挂牌"杭州市跨境电商综合试验区建德园区"。二是打造乡镇特色电商集聚区。根据各乡镇的发展定位、产业基础，有针对性地推动乡镇电商产业发展，逐步形成"一乡（镇）一品"的特色发展格局。三是加快农村村（社区）电商服务站点建设。在全市行政村建立村（社区）电商服务站，加快农村淘宝、村邮站、

京东等的农村电商服务网点建设，优化网点布局，整合各方资源，拓展网点配套服务功能。四是培育电商龙头企业。鼓励规模较大的企业依托自身品牌积极拓展网络销售渠道。充分发挥龙头企业在行业发展中的引领示范作用，全面提升我市电子商务发展水平。

3. 夯实电商发展基础

加快电子商务基础设施建设和电子商务应用，为电子商务产业发展提供强有力支撑。一是加强农村电商快递体系建设。按照健全农村快递网络、整合农村快递业务的思路，加快物流配送"村村通"工程建设，对设立物流配送分中心，网点通达到所有行政村且配送时效性、安全性、满意率、乡下快递整合量等达到要求的快递项目，择优扶持；二是加强重点产业电商应用。结合新一轮产业扶持政策的完善优化，进一步围绕我市重点优势产业名录，分类别、分阶段推进重点产业类企业电子商务应用水平；三是推动电商品牌培育。打造一批知名度高的旅游产品品牌和具有建德特色和较高知名度的农产品网销品牌，促进旅游和农特产品的深度融合。

4. 优化电子商务发展环境

一是加强人才支持。加大电子商务人才培养和引进力度。做好建德籍在外电商回归工程；鼓励和支持电商企业与高校、市内职校开展合作，加强党政机关工作人员电子商务、互联网经济的培训及引导。二是强化专业服务。加强与省市商务部门联系，与大型平台、专业电商服务机构合作，为电商企业提供"一站式"服务，降低电商运营成本。三是完善体制机制。进一步健全电子商务工作组织构架，构建市、部门、乡镇（街道）三级工作管理体系。完善电子商务考核机制，提高电商工作在全市考核中的比重。积极加强协会建设，营造我市部门、协会、网商、企业等之间互相扶持、共同发展的良好氛围。

23 淳安县 2015 年电子商务发展报告

2015 年，淳安县电子商务已基本形成了以农特产品、旅游产品、特色工业品为主的特色网商群体，在践行农旅融合的县域电子商务模式的过程中，全县电子商务管理工作继续向精细化、标准化、专业化的方向推进，特别是在电商扶持政策激励下，我县电子商务发展迅猛。电子商务已成为"秀水富民"发展战略的重要组成部分。

23.1 2015 年发展概况

2015 年 1—12 月，全县实现网络销售额 22.1 亿元，同比增长 60.5%（见下表）。其中：网络零售额 15.82 亿元（省商务厅公布的数据）；其余数据为淳安县电商统计监测平台（www.qdhds.gov.cn）取得，旅游酒店类网络销售额 4.26 亿元，同比增长 56.23%；物流类网络销售额 1.46 亿元。目前进入县电商统计监测平台的电商户数共 710 家，比去年增加 445 家。

根据省商务厅公布的全省 1—12 月各县（市、区）网络零售额情况，我县 1—12 月网络零售额在全省 90 个县（市、区）中排名 67，在全省 26 个加快发展地区中排名 11，在 13 个同类区县中排名首位。

2015 年淳安县电子商务统计表

指标名称	计量单位	2015 年 1—12 月	上年同期	同比增长（%）
电商户数	户	710	—	—
全县网络销售总额	万元	220955.07	—	60.5
其中：①网络零售额（省商务厅公布）	万元	158205.88	—	—
②旅游酒店类网络销售额	万元	42606.73	27272.54	56.23
其中：酒店宾馆网络销售额	万元	25483.96	20363.60	25.14
旅游网络销售额	万元	17122.77	6908.94	147.83
③物流类网络销售额	万元	14572.50	17670.60	-17.53
④农家乐网络销售额	万元	1149.98	821.41	40.00
⑤餐饮网络销售额	万元	4179.98	2985.72	40.00
⑥软件打车网络营业收入	万元	240.00	137.45	74.61

23.2 2015 年主要成效

1. 体系建设初见成效

县乡村三级公共服务网络与县级公共服务平台构成的"三横一纵"电商体系正在加快形成，为全县电子商务纵深发展打牢基础。服务集中、资源集约、功能集成的县级电商产业园建成运营，30 余家企业相继入驻，社会建办的磊鑫电商产业园也已有 20 家企业入驻。在乡镇农贸市场改造中融合电商服务功能，加快推进电商公共服务中心建设。设立 400 个村级电商服务站，"村村通"物流体系基本建成，阿里巴巴农村淘宝项目正在引进之中，连接农民和市场的农村电商网络逐步完善。

2. 发展环境更加优化

县委县政府真金白银支持电商发展，2015 年兑现上一年度电商扶持资金 428 万元，扶持 100 家企业商城与个体网店，并且进一步完善电商发展政策，2015—2017 年每年安排 1500 万元扶持资金，数额大幅增加，为往年的 3 倍。制订电子商务三年行动计划，将电子商务发展情况纳入乡镇部门年度目标责任考核。持续加大电商创业宣传，建立电商产业数据监测平台，举办"电商换市、青春助农"网销等活动。按照"横向到边、纵向到底"的要求开展电商培训工作，借助培训的机会进一步宣传电商工作，县级电视台、报纸、微信、户外屏媒等全媒体电商发展口号全年推送。截至 2015 年年底，全县共开展电子商务培训累计 496 场，共 25819 人次。其中由电商办牵头组织的电商理念培训干部月讲坛电商专场 1 场、村级班实现 425 个行政村全覆盖、乡镇班 23 场、学生班 2 场，开展主题沙龙 4 场，开展电商技能培训学生班 2 期 4 个班，电商夜校已完成 2 期 100 多人的培训，全社会反响非常好。

3. 带动作用持续发挥

电子商务的发展，既促进了产品销售、产业融合，又带动了大众创业、群众就业。2015 年旅游电商豆多公司网络销售 3112.5 万元，增长 66.4%；农产品电商野娇娇网络销售 2528 万元，增长 106.5%；跨境电商贝欧自行车从无到有，2015 年全年实现网络销售额 2114.2 万元等，线上产品的销售与推介，都带动着线下农业、旅游业以及其他产业的快速发展。电子商务已经成为年轻人创业就业的重要选择，"猴子啃苹果"、星奇意鞋业都是返乡创业的电商代表，茗泰茶叶、野花香以及鱼妈妈等，也都是本土网商的佼佼者，据人社局数据显示，全县电商就业人口已达到 3300 多人。

23.3 存在困难与问题

一是数量小、主体少。虽然我县电商网络销售额增速较快，但根据省商务厅的数据，我县网络销售额还只有周边桐庐县的 28.2%、临安市的 34.2%，从全市角度来看，我县电商网络销售额只有全市总量的 0.6%。从市场主体来看，我县进入监测平台的电商（即有一定规模的电商）为 700 多家，与周边区县相比还有一定的差距。

二是产业配套比较薄弱。虽然电商园区的硬件设施不断完善，但仓储物流、产品摄影、美工设计、业务培训等配套服务问题依然突出，影响企业的集聚和招引。特别是懂运营、懂管理的复合型电商人才以及电商美工、运营、客服等专业人才缺乏，亟须针对性地加强培养与引进。

三是农村电商发展水平较低。作为"秀水富民"的主战场，我县广大农村地区的电商仍处于萌芽状态，基础设施的完善度以及交易的活跃度都亟待提高，电商对农产品销售、农民增收的带动作用还不明显。目前全县每年农产品网络销售额 1 亿多元，而临安已近 20 亿元，而且我县农产品销售以地瓜干、玉米粿、坚果等干果为主，大量的蔬菜、水果等生鲜产品销售难以成量。

四是缺乏大企业大项目的引领。虽然县委县政府对电子商务发展高度重视，但由于整个电子商务的发展起步较晚，目前大企业大项目尚缺，电子商务大企业、大项目的招引尚未破题。尽管像野娇娇、阿帕其等企业已具有一定的规模，但在总体发展过程中随着电子商务产业的不断深化，也遇到了许多的瓶颈。

23.4 2016 年发展思路

1. 打造农产品电商生态链

为有效解决淳安电商"卖什么"的问题，围绕我县得天独厚的自然生态这一核心竞争力，从生产加工、包装设计、网络营销、储藏运输、质量体系、溯源体系、服务体系等全方位打造农产品电商的生态链。一方面，根据淳安产品网上销售情况，排出若干畅销产品名录，对接农村、农民和基地，做到有序生产、供应，做大规模。另一方面，把我县现有的一些有特色、生态的农产品变成能方便在网上交易的"好网货"，同时打通流通领域的营销、溯源、服务等环节。

2. 完善农村电商服务体系

一是提升村级电商服务站。真正发挥村级电商服务站的作用，将代买、代卖、生活服务、电商创业等功能融入村网点。二是完善乡镇电商公共服务。依托 2015 年建成的乡镇电商公共服务中心，按照网货展示、创业指导、孵化办公、物流中转等功能，发挥好乡镇承上启下的节点作用。三是整合"最后一公里"物流。加大社会化力量参与"村村通"的力度，进一步整合快递企业的力量，提升"村村通"服务水平，努力提高时效性和满意率。四是搭建"最初一公里"物流。在工业产品下乡的同时，要让更多农产品进城，着力破解"最初一公里"难题。五是营造农村电商发展氛围，继续开展电商村级理念培训，以主题式、巡回式、讲座式的电商理念培训开展针对性的讲授，让电子商务理念深入人心。

3. 拓宽网络销售平台

一是建立农、旅产品千岛湖馆。打造千岛湖农特产品、旅游产品"线上产业园"，将有特色、符合标准的生态农产品集中到一个平台，既有利于网商的分销和产品的集聚，又有利于产品质量把控，以及区域品牌的打造和统一营销推广。二是建立电商O2O体验馆。充分利用每年近千万的游客资源，把线下的真实流量转化为消费千岛湖特色网货的忠实粉丝，从而拉长销售周期。三是集中力量开展网络宣传。依托各大平台的千岛湖特色馆、龙头电商企业，在"双11""双12""年货节"等时间段，集中力量营销千岛湖生态品牌，增强影响力。

4. 提升电商公共服务

一是要优化整合电商培训体系。在2015年成功经验的基础上进一步扩大电商基础培训，加强电商专业培训，提升电商精英培训的层次，接轨最新的电商理念。同时，重点加大本土电商讲师的培育力度，挑选有条件的企业骨干、网店掌柜、专业讲师等本土讲师资源赴淘宝大学、阿里研究院等机构深造。二是加强初创网商跟踪服务。在电商培训过后，要对培训学员，特别是有基础、有资源、有意愿创业的学员进行跟踪服务。加大培训学员创业的转化率和成功率。三是大力挖掘开发电商产品。鼓励企业、网店深入挖掘县内农特产品资源，通过包装、生产工艺、营销宣传等方面的创新把好产品变成好网货。四是强化骨干网商的个性化服务。加强走访调研，真正了解骨干网商的实际需求，提供政策咨询、平台对接、融资服务、人才引进等个性化服务。

5. 加强电商招商合作

一是招引电商项目投资。根据农旅电商的发展模式，注重产业协作，有针对性地招引行业龙头电商、平台落户淳安。二是吸引青年返乡创业。积极支持大学毕业生通过电子商务创业，鼓励在外淳安网商返乡创业，鼓励个体工商户、特色农户利用电商拓宽销售渠道，不断壮大我县网商队伍。三是强化电商平台合作。加强与携程、美团等知名电商平台进行合作，共同挖掘、开发千岛湖电商资源。四是加强对外交流合作。建立优秀淳安在外电商人才以及知名电商企业之间的交流机制，通过"请过来"和"走出去"加大交流力度。

6. 让更多人从事电商

一是继续大力营造电商发展氛围。继续在县内传统媒体、新兴媒体上加大宣传力度，使电商理念深入人心。二是开展生产商与电商对接活动。发展电子商务首先要解决"有产品可卖"的问题，通过电商与厂家之间的对接，使县内的"产"与"销"得到最大的优化。三是提升各行各业电商普及应用。一方面要引导生产性企业、服务提供商主动对接电商，另一方面要引导企业用电商理念改造产品的生产。

附录1 2015年杭州市电子商务大事记

1月16日 "跨境B2B生态大会"在浙江杭州白马湖国际会展中心召开。此次大会由杭州高新区（滨江）政府与阿里巴巴（中国）网络技术有限公司联合举办，邀上培训服务商、运营服务商、软件服务商和物流服务商，共创共建更好的跨境B2B衍生服务体系。

1月30日 "2015首届中国电商资源对接大会暨浙江省电子商务公共服务平台启动仪式"在杭州召开。此次大会主张将进一步把电子商务作为主导产业，打造适宜电子商务企业生存发展的生态环境，促进产业和城市的融合发展。加强信息沟通、发挥资源优势，"让天下没有难做的生意"。

3月7日 国务院国函〔2015〕44号文批复同意设立中国（杭州）跨境电子商务综合试验区，杭州成为首个跨境电商"新特区"。杭州承担的使命是着力在跨境电子商务交易、支付、物流、通关、退税、结汇等环节的技术标准、业务流程、监管模式和信息化建设等方面"先行先试"。

4月6日 "全国电子商务质量管理标准化技术委员会成立大会暨第一届一次工作会议"在浙江杭州召开。全标委将主要围绕电子商务的基础通用、质量管理、质量诚信、质量监管、质量风险防控等制定国家标准，完善标准体系。并将通过制定国家标准、推动标准化综合改革和参与国际标准化活动，弥补电子商务质量管理、质量风险控制等方面标准化建设空白，助推电子商务产业国际化。

4月11日 举办"立足华南，放眼世界——华南电商联盟2015杭州游学之旅"，为华南电商企业家提供与世界各个国家知名电商企业对话的机会，了解各国电子商务的整体发展水平及企业经营、战略发展状况，扩大交流，深入学习新思想，发现新商业模式，助力电商企业发展转型升级，实现电商飞跃式发展。

4月12日 为促进大健康电商产业创新能力的提升，探讨新政下大健康电商企业的应对与前景，推动大健康电商产业有序发展，修正药业携手中国医药物资协会特邀大健康产业精英，在杭州举办"2015大健康产业电子商务（西湖）论坛暨第六届中国医药物资协会连锁药店分会年会活动"。

4月21日 浙江省2015年电子商务领域专利保护专项行动正式启动。长期以来，电子商务领域涉及知识产权的问题多、专业性强，相关的法律法规和政策体系还不完善。阿里巴巴（中国）有限公司与浙江省知识产权局在杭州共同签署了《知识产权保护合作备忘录》，联手共同打击电子商务领域专利侵权行为，探索完善电子商务领域知识产权维权体系。同时，由浙江省知识产权局出台的全国首个《电子商务领域专利保护工作指导意见》正式实行。

4月23日 杭州举办"2015年第五届中国电子商务与物流协同发展大会"。本次大会以"物流新常态·互联网跨界·国际化服务"为主题，促进国务院《物流业发展中长期规划》任务；大力提升物流社会化、专业化水平；进一步加强物流信息化建设；推进物流技术装备现代化；加强物流标准化建设；推进区域物流协调发展；积极推动国际物流发展；大力发展绿色物流。

5月21日 "GOMX 2015年首场跨境电商高峰论坛"在杭州龙禧福朋喜来登酒店召开。本次大会将深度聚焦外贸网络营销、跨境电商、外贸B2B、外贸B2C、跨境物流以及跨境支付等主题，通过主题演讲、高峰对话、总结等形式，力求勾勒出2015年外贸互联网产业格局，探明跨境电商2015年下半年的产业发展方向。

6月12日 "2015杭州拱墅区电子商务产业对接交流会暨现代商贸和旅游休闲产业招商项目签约大会"在百瑞酒店举行。此次推介会正是以电子商务为核心，同时进行现代商贸业以及旅游休闲业的招商推介。北软、远洋、万通、万达、中粮等中国500强、世界500强企业纷纷登场为企业做推介，为拱墅做推介。

6月15日 2015年浙江省农村电子商务工作现场会在杭州临安召开。大会通报了全省农村电子商务工作基本情况，发布了《浙江淘宝村研究报告（2015）》，表彰了省级10个电子商务示范村、20家农村电商龙头企业、20位农村电子商务创业带头人、40名农村电子商务创业示范青年，并提出了打造浙江农村电子商务升级版的新思路和新要求。

6月29日 中国（杭州）跨境电商综合试验区建设推进大会举行，吹响全面建设综合试验区的"进军号"。综合试验区将通过制度创新、管理创新、服务创新和协同发展，破解跨境电子商务发展中的深层次矛盾和体制性难题，为推动全国跨境电子商务健康发展提供可复制、可推广的经验，实现跨境电子商务自由化、便利化、规范化发展。

6月29日 2015年产业互联网大会在杭州举行。本次大会以"大智移云，产业互联"为主题，以"互联网＋制造"为核心，探讨传统制造业在信息化互联网时代的发展，交流在云计算大数据方面的最新应用。大会还将发起建立中美产业互联网联合实验室，旨在推进中美在产业互联网方面的交流与合作，助力中国传统产业的转型升级。

7月3日 中国（杭州）跨境电子商务综合实验区建设推进大会在浙江省人民大会堂召开。会上，交通银行被授予中国（杭州）跨境电子商务综合实验区首批试点企业。主要任务是建立以信息为基础、以信用为核心、以技术为支撑的跨境电子商务新型监管服务模式，构建"六体系两平台"（信息共享体系、金融服务体系、智能物流体系、电商信用体系、统计监测体系和风险防控体系，以及线上"单一窗口"平台和线下"综合园区"平台），实现跨境电子商务自由化、便利化、规范化发展。

7月8日　第二届中国县域电子商务峰会暨第三届桐庐电子商务发展大会、第二届桐庐电商节在桐庐举行。在三年不到的时间，桐庐电子商务发展迅猛，到2015年6月底，桐庐全县183个行政村都成立了村级服务站点，成为目前全国唯一一个实现"农村淘宝"全覆盖的县域。

7月10日　中国电子商务协会网络营销推广中心、单仁资讯联合主办的"2015中国电子商务十大牛商分享会"在杭州举办。牛商，在互联网上创造奇迹，是互联网上正在冉冉升起的明星；牛商，是真正具备21世纪新观念、新思想的前沿企业家；中国广大牛商，正在共同塑造中国企业家在21世纪取得成功的商业智慧。"牛商"这一概念由单仁资讯集团于2009年首次提出。

7月15日　中国跨境电子商务研究院成立大会暨首届跨境电商发展论坛隆重举行。中国跨境电子商务研究院的发展目标是：建设专业化和高水准的国内顶尖、世界知名的跨境电子商务高端新型智库。本次论坛有效探索了杭州作为跨境电子商务综合试验区所面临的机遇与挑战，深入分析了加快杭州跨境电商发展的新战略，为建设跨境电商综试区，打造网上丝绸之路提供了多方位、多角度、具有重要价值的战略指导。

7月30日　浙江省电子商务促进会汽车产业链（后市场）专委会成立大会暨第一次会员大会在杭州浙江国际大酒店举行。浙江省电子商务促进会汽车产业链（后市场）专委会的成立，是通过行业组织平台将电子商务资源引入到汽车行业产业链，从而对全省汽车产业链开展规范化的电子商务管理、宣传和培训等工作，有助于进一步促进我省汽车后市场电子商务健康、稳定发展。

8月6日　由《市场导报》社联合世界浙商联盟、浙商女杰理事会、浙江省区域经济合作企业发展促进会、泊心读友会、西子会共同主办，以"创造财富享受生活"为主旨的2015浙商女杰"互联网＋"峰会在杭州召开，来自五湖四海的女性企业家汇聚一堂，共同探讨"互联网＋"带来的新机遇。

8月6日　中国电子商务协会移动应用培训服务专委会在浙江省人民大会堂正式成立。专委会未来紧扣移动应用，从企业实际需求出发，使更多人了解和掌握移动应用技能。同时帮助各行业解决移动互联应用中出现的问题，加强与国内外同行的沟通，积极开展相关移动电商培训，并提出行业移动电商解决方案。

8月20日　2015年金麦奖暨中国（杭州）国际电商营销峰会正式启动。作为大中华地区唯一的电商营销大奖，金麦奖自2013年创办以来，已经成功举办两届。两年之间，先后走访了全球12座商业城市，吸引了上万家电商企业、传统企业、服务商、广告公司参与其中。

8月27日　中国移动浙江省公司于杭州成功举办"互联网＋"开放平台发布暨合作伙伴大会，浙江移动明确"互联网＋""使能者"的定位，为合作伙伴和政企客户迈向"互联网＋"提供全方位的能力支持和资源共享，促进互联网和全产业融合。

8月28日　杭州跨境电子商务协会正式成立。根据市委、市政府大力发展跨境电商的决策部署，由杭州市商务委员会牵头，市综试办提供支持。协会本着"沟通、服务、自律、创新"的宗旨，突破跨境电商界限，实现跨越创新，服务整个跨境电商行业，打造跨境电商生态链。

9月16日　第三届顶级电商高峰论坛"在杭州举行召开。本次峰会以"电商2015：经济转型新驱动"为主题，探讨包括"电商市场趋势、电商服务的产品与未来、移动电商、跨境电商、碎片化流量、互联网＋"在内的六大主题，直击电商发展的全局与未来，助力电商行业走向更大发展格局。

10月14日　2015杭州·云栖大会以"互联网、创新、创业"为主题，展现"互联网"时代下无处不在的云计算与各行各业的交错连接，介绍云计算为产业升级和改革创新提供的源源动力，挖掘云计算助力下生生不息的创业激情和机遇。

10月20日　中国（杭州）跨境电子商务综合实验区·江干园区开园，将努力打造国内领先的跨境电商产业生态圈。江干园区依托东方电子商务园而建。江干准备发挥自己的优势，大力发展跨境电商。具体目标是，全力搭建"一城一街多园"的发展格局，重点打造"三中心"。

10月20日　经海关总署批复同意的《中国（杭州）跨境电子商务综合试验区海关监管方案》正式发布，杭州综试区将实现跨境电商进出口B2B、B2C试点模式全覆盖，申报模式将更加简化，杭州跨境电商发展获改革红利。为促进杭州跨境电子商务发展注入新动力，做跨境电子商务进出口生意的诚信企业将体验到更加便利的通关流程。

10月29日　2015第二届中国水泥备件网会员大会在杭州召开。本次大会以"优质诚信金融创新跨境电商"为主题，特邀行业领导、产业专家与水泥上下游企业代表共聚一堂，分享水泥电商运营经验，探讨水泥行业大数据应用，分析成功案例，畅想未来发展趋势，加快水泥行业"互联网＋"战略进程。

10月29日　2015年中国（杭州）国际电子商务博览会在杭州盛大开幕。电子商务，无界生活。在互联网时代的电子商务生活，电商正成为一支不容小视的强劲发展力量。开幕式上，中国经济改革研究基金会理事长、国民经济研究所所长樊纲发表了"'互联网＋'将带来的电商新机遇"主题演讲，樊纲认为，无论是对实体经济的改造，还是线上线下的融合，"是一种相得益彰的趋势"。

10月29日　"博鳌亚洲论坛——2015中国（杭州）全球电商领袖峰会"上，全球著名市场调研公司尼尔森公司发布《尼尔森中国电子商务行业发展"杭州指数"白皮书》，数据显示，2014年中国网络零售额已跃居全球第一。大数据时代里，"杭州指数"或将成为与杭州甚至中国电商产业同呼吸共命运的一个长期指标。

10月30日　为期三天的2015中国（杭州）国际电子商务博览会在浙江世贸国际展览中心主场馆开幕。本届电博会以"网上丝路，杭州出发"为主题，600余个展位分为跨境电商体验馆、城市馆、智慧应用馆、电商名企馆/园区馆、区县（市）馆五大展区，共有60多个展团携境内外电商发展的最新成果参展。

11月8日 "首届中国特色小镇发展论坛暨浙江经济网上线仪式"。杭州特色小镇建设领跑浙江、享誉全国，成"大众创业、万众创新"新平台。2015年杭州市41个省市级特色小镇共完成固定资产投资438亿元。目前，杭州市有19个小镇列入第一、第二批省级特色小镇，占全省79个的1/4；15个小镇列入省级特色小镇培育名单，数量占全省47个的近1/3。

11月11日 阿里巴巴主导的"双11"交易额突破900亿元人民币，成为全球网民购物狂欢节。2015天猫"双11"全球狂欢节全天交易额达912.17亿元，其中无线交易额为626.42亿元，无线成交占比68.67%，再创新高。中国的"双11"也已成为了世界上最大的网购盛事。

11月11日 杭州跨境电商综合试验区接单量97.9万单，货值8006万元，随着电商全球化，跨境电商成为2015年"双11"购物节的主战场之一。作为中国首个跨境电商实验区，浙江杭州"双11"期间海外仓货量"爆仓"。

11月13日 国际快递业大会在"中国快递之乡"桐庐举行，会上发布《桐庐宣言》。中外快递行业、国家各部委负责人和来自20余个国家和地区的800多位快递人共襄盛会。中国国际快递产业大会将永久性会址落户桐庐，以后每两年举办一次。

11月30日 杭州市供销社电子商务现场推进会在富阳举行。会上，杭州市供销电子商务有限公司正式宣布成立。杭州市供销电子商务有限公司将以农村电商以及城市社区电商为实施载体，着力打造农村社区与城市社区之间的O2O生活闭环，解决"农产品进城、工业品下乡"的"最后一公里"问题。

12月10日 杭州市萧山区农业网商协会成立大会暨2015年萧山区农村电子商务论坛在萧山正式召开，标志着萧山农业农村电子商务行业正式迈入"自我发展，自我服务，自我管理"的新阶段。

12月15日 中国（杭州）跨境电子商务产业园二期暨西狗国际项目签约启动仪式，在杭州市下城区跨贸小镇举行，这意味着全国首个跨境生活体验综合体将在明年亮相杭州。

12月23日 2015年杭州市电子商务应用技能大赛在千岛湖畔举行。此次比赛，旨在通过搭建平台，让更多的电子商务企业和青年同台竞技，交流经验。

附录2 2015年杭州市电子商务主要政策

1. 省级电子商务主要政策（2015）

发布机构	发布时间	政策名称	文号
浙江省政府 浙江省政府办公厅	2015－12－17	浙江省人民政府办公厅关于进一步促进进出口稳定增长的实施意见	浙政办发〔2015〕119号
	2015－12－25	浙江省人民政府办公厅关于加快科技服务业发展的实施意见	浙政办发〔2015〕126号
浙江省商务厅	2015－01－20	浙江省电子商务企业等级评定实施办法（试行）	浙商务办发〔2015〕4号
	2015－09－09	浙江省服务贸易发展基地创建办法	浙商务办发〔2015〕179号
浙江省质量技术监督局	2015－08－03	电子商务产业基地建设与经营规范	DB33—T977－2015
	2015－08－03	电子商务平台安全管理规范	DB33—T978－2015
	2015－08－03	电子商务快递智能终端技术与管理要求	DB33—T979－2015
	2015－08－03	电子商务交易产品质量网上监测规范	DB33—T980－2015
	2015－08－03	电子商务商品分类编码规范　第1部分：消费类商品	DB33—T981.1－2015

续　表

发布机构	发布时间	政策名称	文号
浙江省质量 技术监督局	2015－08－03	农村电子商务服务站 （点）管理与服务规范	DB33—T982－2015
	2015－08－03	电子商务仓储管理与服务规范	DB33—T983－2015
	2015－08－03	电子商务商品编码与追溯管理规范	DB33—T984－2015

2. 杭州市、县、区电子商务主要政策（2015）

发布机构	发布时间	政策名称	文号
江干区	2015－01－07	关于支持浙商创业创新打造浙商总部中心的若干政策意见	江委〔2011〕50号
拱墅区	2015－08－28	杭州市拱墅区人民政府关于加快推进众创空间建设的政策扶持办法（试行）	拱政〔2015〕6号
西湖区	2015－01－06	关于授予西溪码头电子商务产业园等8家单位为西湖区电子商务试点园区的通知	西商务〔2014〕43号
萧山区	2015－05－05	杭州市萧山区人民政府办公室关于印发杭州市萧山区招商引资项目和重点投资项目代办服务暂行办法的通知	萧政办发〔2015〕68号
	2015－05－05	杭州市萧山区人民政府办公室关于印发杭州市萧山区招商引资项目协调推进暂行办法的通知	萧政办发〔2015〕69号
	2015－08－31	杭州市萧山区人民政府办公室关于命名第三批萧山区现代服务业集聚区的通知	萧政办发〔2015〕146号

续　表

发布机构	发布时间	政策名称	文号
萧山区	2015 - 08 - 24	杭州市萧山区人民政府办公室关于印发杭州市萧山区电子商务工作领导小组成员单位工作职责的通知	萧政办发〔2015〕142 号
	2015 - 08 - 17	杭州市萧山区人民政府办公室关于建立杭州市萧山区电子商务工作领导小组的通知	萧政办发〔2015〕143 号
余杭区	2015 - 07 - 09	余杭区加快发展农村电子商务实施意见	余农办〔2015〕33 号
桐庐县	2015 - 05 - 14	关于成立县商务局电子商务工作	桐商〔2015〕016 号
	2015 - 08 - 12	关于核准桐庐县招商局、桐庐县电子商务服务中心岗位设置的方案	桐商〔2015〕038 号
	2015 - 11 - 17	关于核准桐庐县招商局、桐庐县电子商务	桐商〔2015〕038 号